पढ़ि-पढ़ि के पत्थर भया

[आत्मकथा]

पढ़ि-पढ़ि के पत्थर भया

नन्दकिशोर नन्दन

राधाकृष्ण प्रकाशन

राजभाषा विभाग, बिहार सरकार के सहयोग से प्रकाशित

ISBN : 978-81-8361-879-3

पढ़ि-पढ़ि के पत्थर भया

पहला संस्करण : 2018

मूल्य : ₹495

प्रकाशक
राधाकृष्ण प्रकाशन प्राइवेट लिमिटेड
7/31, अंसारी मार्ग, दरियागंज, नई दिल्ली–110 002

शाखाएँ : अशोक राजपथ, साइंस कॉलेज के सामने, पटना–800 006
पहली मंज़िल, दरबारी बिल्डिंग, महात्मा गांधी मार्ग, इलाहाबाद–211 001
36 ए, शेक्सपियर सरणी, कोलकाता–700 017

वेबसाइट : www.radhakrishnaprakashan.com
ई-मेल : info@radhakrishnaprakashan.com

मुद्रक : बी.के. ऑफसेट
नवीन शाहदरा, दिल्ली–110 032

PADHI-PADHI KE PATTHAR BHAYA
Autobiography by Nandkishore Nandan

अनवरत संघर्षरत अपने उन्हीं माता-पिता को
जिन्होंने मुसीबतों के बीच
मुझे मनुष्य के रूप में गढ़ने की चेष्टा की।

किसी जाति के पास सुन्दरता का एकाधिकार नहीं,
न बुद्धि का, न शक्ति का
और विजय के उत्सव में सबके लिए जगह होगी।

–एस. एम. सोजायर
(मार्तीनिक कवि)

साँची बात कबीर की...

अपने अन्तहीन जीवन-संघर्ष की अन्तर्कथा लिखते समय मेरी आँखों के सामने सदियों से वंचित वर्ग के करोड़ों लोग रहे हैं जो वर्णाश्रम पर आधारित यथास्थितिवाद की पोषक पूँजीवादी-सामन्ती व्यवस्था के पैरों तले अभाव, उपेक्षा, अपमान, उत्पीड़न और दमन की यातना से आज भी जूझ रहे हैं। किसी भी देश या समाज में विरले लोग कथित रूप से भाग्यवान् अर्थात् मुँह में 'सोने का चम्मच' लेकर अवतरित होते हैं। बाकी बहुसंख्यक तो क़दम-क़दम पर अभाव, उपेक्षा और अपमान का हलाहल पीते रहने के लिए अभिशप्त होते हैं। मैं भी उसी पथ का एक सहचर हूँ, जिसने होश आने के साथ झंझावातों से लड़ते हुए यह ठान लिया था-'मैं तो अपनी राह चलूँगा।'

हम करोड़ों की यह नारकीय जिन्दगी अकारण नहीं है। स्वाधीनता-प्राप्ति के समय जिन पूँजीपति घरानों की कुल सम्पदा करोड़ों में थी, वह आज न जाने कितने लाख करोड़ों की हो गई है। फिर कतिपय ऐसे कारपोरेट घरानों का विस्मयकारी ढंग से उदय हुआ है, जो उनसे भी आगे निकल गये हैं। लेकिन जिस लोक को लेकर यह कथित सबसे बड़ा लोकतंत्र चल रहा है, उस लोक का तो जैसे लोप ही हो गया है; बचा है तो केवल वह तंत्र, जो जनता की गाढ़ी कमाई लूटने में कारपोरेट घरानों की दरियादिली से मदद करता है। यही वह वजह है कि अमीर और अमीर होते गये हैं, गरीब और गरीब। लोकतंत्र के सभी स्तम्भ एक-एक कर ढहते चले गये, उसे थामने की उम्मीदें भी अब आखिरी लौ की मानिन्द भभककर बुझने वाली हैं।

वैसे कभी-कभार किसी से यह सुनकर अच्छा लगता है कि एक बार कम्युनिस्टों को सत्ता देकर देखना चाहिए। लेकिन यह बात वास्तविकता के विपरीत है। 1925 में जन-आन्दोलनों के साथ भारत में कम्युनिस्ट राजनीति का आगमन हुआ लेकिन वह सम्पूर्ण देश में अपना विस्तार करने की जगह केरल-पश्चिम बंगाल-त्रिपुरा में ही सिमटकर रह गई। निस्सन्देह यह कम्युनिस्ट नेतृत्व की विफलता रही है। यह लिखते हुए तेलंगाना का किसान आन्दोलन जैसे कई आन्दोलन मेरी दृष्टि में हैं। यह तो सभी देशवासियों को स्वीकार

करना ही चाहिए कि अपने यहाँ जिस रूप में भी लोकतंत्र बचा है वह उन लाखों की शहादत का ही फल है, जिन्होंने सर्वहारा के अधिकारों के संघर्ष में सत्ता से मुठभेड़ करते हुए अपने प्राण न्योछावर किए हैं। नक्सल आन्दोलन की यह देन उसके विचलनों और भटकावों के कारण, भुला देना उचित नहीं होगा। भारत जन-आन्दोलन के प्रवर्तक महान जन योद्धा स्वर्गीय डॉ. बी. डी. शर्मा ने छत्तीसगढ़ में आदिवासियों के बीच में काम करते हुए इस सच्चाई को बार-बार अनुभव किया था। यहाँ यह प्रश्न भी अनिवार्य है कि भारत में कैसी लोकतांत्रिक सरकारें हैं, जो जमीन, जंगल, जल, खनिज आदि जन-सम्पदा को देशी-विदेशी कारपोरेट घरानों को बाँटकर जनता को दिनों-दिन कंगाल बनाती जा रही हैं? जब वंचित जनता अपने अधिकारों के लिए कमर कसके सिर में कफन बाँधकर लड़ने निकल पड़ती है तो सरकारें उन्हें मारकर अपनी पीठ ठोकती हैं? छत्तीसगढ़ की सरकार ने सलवाजुडुम के माध्यम से भारतीयों को भारतीयों से ही लड़ा दिया। विषमता मिटाने के प्रयास करने की जगह ये केन्द्र एवं राज्य सरकारें अपने संवैधानिक अधिकारों की माँग करने वाली अपनी जनता को ही दुश्मन समझती हैं। उन्हें अपनी नीतिगत गलतियों का कोई बोध नहीं होता। दूसरी तरफ पश्चिम बंगाल की वाम मोर्चा सरकार ने नन्दीग्राम और सिंगुर में पूँजीपरस्ती का ऐसा परिचय दिया कि सत्ता ही नहीं गई, उसका जनाधार भी खिसक गया। अपनी पुस्तक 'रहबर और रहनुमा प्रेमचन्द' में इसी वास्तविकता पर दृष्टिपात किया तो सी. पी. एम. के कई साथी नाराज हो गये। मैं यह पुस्तक राजेन्द्र यादव को देने दिल्ली में 'हंस' कार्यालय गया तो पुस्तक देखकर वह बहुत प्रसन्न हुए और उन्होंने पूछा-''इन दिनों और क्या लिख रहे हो?''

''आत्मकथा लिख रहा हूँ?'' मैंने कहा।

''मत लिखो।'' उन्होंने कहा तो मैं उनका चेहरा देखता ही रह गया।

''हिन्दी के लेखक आत्मकथा के नाम पर ज्यादातर बकवास लिखते हैं। बाप-दादों को महिमा-मंडित करते हैं।'' यादव जी ने रुककर कहा। ''हाँ, बच्चन ने कुछ अच्छा लिखा है।''

''यह तो मानेंगे कि आत्मकथा आत्मस्वीकृति होती है और आत्मस्वीकृति के लिए साहस चाहिए, आत्मस्वीकृति का वह साहस बच्चन में बहुत कम है।'' मैंने कई प्रसंगों का हवाला देते हुए कहा तो वह मौन हो गये।

''तो बताओ, तुम अपने बाप-दादों के बारे में क्या-कुछ लिख रहे हो? आत्मस्वीकृति की साहसिकता का कोई उदाहरण?'' सिगार का कश लेकर उन्होंने फिर सवाल दागा। जब मैंने कुछ वैसे प्रसंगों का उल्लेख किया तो वह बोले-''तब तुम लिख सकते हो? लेकिन अपने प्रति जितना निर्मम हो सको, होना।''

अब जब पुस्तक प्रकाशित हो रही है, राजेन्द्र यादव का न होना मेरे लिए बेहद शोकाकुल करने वाली घटना है क्योंकि उनकी प्रतिक्रिया मुझे सीखने-समझने की दिशा तो देती ही, यह भी कि अपने सम्बन्ध में लिखते हुए भी कैसे असंग और तटस्थ हुआ जा सकता है। 1960 से जिस सख्स ने एक कस्बाई शहर के लड़के को लिखने की ही नहीं, आदमी होने की तमीज भी दी, उससे बिछड़ना अपने खुद से बिछड़ने जैसा पीड़ादायक है।

अन्त में फिर वही फक्कड़ कबीर याद आ रहे हैं–

साँची बात कबीर की, प्रगट कहौं जग-माँहिं।
जैसे को तैसा कहा, सो तो निन्दा नाहिं।।

–नन्दकिशोर नन्दन

सन् 1988 का जून। राजधानी पटना की तपती दोपहरी, ऊपर से सूरज के अग्नि-वाण तो नीचे कोलतार की पाँव जलाती सड़क। सचिवालय से लौटता हुआ मैं भूख-प्यास से बेहाल। पसीने से लथपथ। कहीं कोई छायादार वृक्ष भी नहीं कि दो पल के लिए भी दम लूँ। तभी ठीक मेरे शरीर से लगभग सटती हुई दो-ढाई फीट आगे जाकर एक लालबत्ती वाली अम्बेसडर गाड़ी रुकी। मैंने उसे देखा, मन में खीझ और गुस्सा भर गया। ''आइए! बैठिये सर। मेरा सौभाग्य कि आप मिल गये। जरूर कोई पुण्य फला है।'' कहते हुए अत्यन्त साँवले से व्यक्ति ने कार का दरवाजा खोला। व्यक्ति ने दप-दप खादी की धोती और कुर्त्ता पहन रखा था। गौर से देखा तो मैंने पहचान लिया। वह हिन्दी एम.ए. करते समय मेरे सहपाठी और आजकल बिहार सरकार में शिक्षा राज्यमंत्री थे। उन्होंने जब मुझसे दुबारा बैठने का आग्रह किया तो मैं उनके बगल में बैठ गया। उन्होंने मुझे बतलाना शुरू किया कि आज ज्येष्ठ शुक्ल पूर्णिमा है, कबीर साहेब का जन्म-दिन। फतुहा मठ में एक बड़ा आयोजन है—कबीर स्मृति संध्या में आपसे अच्छा वक्ता कहाँ मिलेगा? थकान और भूख के बावजूद कबीरदास जी का नाम सुनते ही मैं अणुप्राणित होने लगा। वैसे भी मैं बुद्ध, कबीर, प्रेमचन्द और निराला सरीखे मनुष्य-जाति के मुक्तिदाताओं पर बोलने का कोई अवसर नहीं चूकता, चाहे मेरी जो समझ और क्षमता हो। मंत्री महोदय मुझे लेकर अपने फ्लैट में आये और मुझे अपने ड्राइंग-रूम में बिठाकर चले गये। पहले तो मैं यही सोचता रहा कि फतुहा की सभा में मुझे कबीरदास के बारे में क्या बोलना है लेकिन बीस मिनट गुजरने के बाद भी मंत्री महोदय बाहर नहीं निकले और मेरी जठराग्नि तीव्रतर होने लगी तो मैंने पास खड़े आदेशपाल से पानी माँगा। उसने बड़े अदब के साथ शीतल पानी पिलाकर मुझे कुछ समय के लिए तृप्त किया लेकिन मंत्री जी अन्दर से बाहर नहीं आये। करीब डेढ़ घंटे बाद मंत्री महोदय आये, बिलकुल नहा-धोकर दप-दप खादी कुर्त्ते-धोती में तैयार। ''चलिए। वहाँ लोग इन्तजार कर रहे होंगे।'' उन्होंने आते ही कहा। मैं सब कुछ भूल गया था भूख-प्यास-थकान, मेरी चेतना के केन्द्र में कबीर थे...केवल कबीर।

रास्ते में मंत्री जी मेरी एक तुकबन्दी 'पहन मुखौटा देशभक्त का कर जाये जो माल हजम, नेता है भई नेता है वो, जिसे न कोई लाज-शरम' (1969) के एक बंध के सन्दर्भ में कहने लगे-"आप राजनीति को पतितों की दुनिया मानते हैं और मैं आज भी उसे 'गंगा' की तरह पवित्र मानता हूँ।" मैंने उनसे बहस करना मुनासिब नहीं समझा। इतना ही कहा कि राजनीति कभी रही होगी पवित्र। आज तो राजनीति और धर्म दोनों ही भ्रष्टों के शरणस्थली हैं।

फतुहा के कबीर मठ के विशाल प्रांगण में बड़ी सभा थी और मंच पर कुछ मिनट पहले सभा-अध्यक्ष परम्परा के विपरीत पहले ही बोलने के लिए उठ खड़े हुए थे। हमलोग भी मंचासीन हुए। मैं सभा के अध्यक्ष और अखिल भारतीय साधु सेवक समाज के अध्यक्ष स्वामी हरिनारायणानन्द जी का प्रवचन ध्यान से सुनने लगा। गेरुए रेशमी वस्त्र और कीमती धोती और हाथ में सोने की चैन वाली घड़ी पहने स्वामी जी के शब्दों में कहीं भी विचार की चमक अथवा संवेदना का संस्पर्श नहीं था। मजेदार यह कि उनके प्रवचन में कबीरदास का नाम एक बार भी नहीं आया बल्कि वह बार-बार यह जता रहे थे कि प्रधानमंत्री इन्दिरा जी जब भी किसी मुश्किल समस्या से घिरती थीं तो वह मुझसे विमर्श ही नहीं करती थीं मुझसे सलाह भी लेती थीं। 1973 में अहमदाबाद से शुरू हुए हिंसक छात्र आन्दोलन के समय भी इन्दिरा जी ने मुझे बुलवाया था और मुझसे परामर्श किया था। यही नहीं, वह यह भी कह गये कि बिहार-केशरी डॉ. श्रीकृष्ण सिंह से भी उनके नजदीकी रिश्ते थे। और प्रवचन के अन्त में तो उन्होंने यह कहकर हद ही कर दी-"आज भी जब मैं बम्बई (मुम्बई) दिल्ली, कलकत्ता जैसे महानगरों में जाता हूँ तो मेरे सेठ-साहूकार शिष्य उपहारों के साथ मेरे चरणों में बिछ जाते हैं।" खैर, उनके बाद दो-तीन स्थानीय वक्ताओं के बाद मेरी बारी आई तो मैंने कबीरदास जी के वैज्ञानिक सोच का विस्तारपूर्वक विवेचन किया और आज के पतनशील भारत में उनकी चेतना के प्रचार-प्रसार की अनिवार्यता को रेखांकित किया। लेकिन मैंने व्याख्यान का अन्त इन शब्दों में किया-"मैं कबीर-स्मृति-संध्या के अपने व्याख्यान का अन्त करते हुए यह कहने का लोभ संवरण नहीं कर पा रहा हूँ कि स्वामी जी के व्याख्यान में प्रधानमंत्री इन्दिरा गांधी के साथ उनकी निकटता का बखान हुआ और उनके सेठ-शिष्यों की उनके प्रति कैसी भक्ति है, यह भी सुनने को मिला लेकिन उनके श्रीमुख से कबीर एक बार भी उच्चारित नहीं हुए। मैंने तो जाना-समझा है कि सन्तों की सत्ता-शासन से कभी कोई प्रीति नहीं होती और न ही वे कुबेरों से कोई सम्बन्ध रखते हैं। मुगल-सम्राट अकबर ने मध्यकाल के भक्त कुम्भनदास जी को मिलने के लिए सन्देश भेजा लेकिन वह कृष्ण-भक्ति में ही लीन रहे। जब अकबर ने उन्हें बुला

लाने के लिए अपने लोगों को भेजा तो वह किसी तरह उनके दरबार में पहुँचे। अकबर ने उनसे पूछा–"कितनी बार आपको सन्देश भेजा लेकिन आप आये नहीं?" इस पर उन्होंने अकबर को यह पद सुना दिया–

भगत कौ कहा सीकरी सौं काम।
आवत-जात पन्हैया टूटी बिसरि गयो हरिनाम।।
जाको मुख देखे दुख लागै ताको करनपरी परनाम।।
कुंभनदास लाल गिरधर बन यह सब झूठो धाम।।

जब मेरा व्याख्यान समाप्त हुआ तो स्वामीजी ने एक सधे चतुर नेता के समान माइक लिया और कहा–"लंगट सिंह कॉलेज के प्रोफेसर नन्दन जी ने सही बात कही है, मैं उन्हें धन्यवाद देता हूँ।" मैं स्वामी जी की चतुराई से अधिक उनकी राजनीतिक कुशलता देखकर सोच में पड़ गया–ये सन्त हैं या राजनेता? सभा-समाप्त होते ही मठ के महन्त जी हमलोगों को मठ के ऊपरी तल पर ले गये, जहाँ सुस्वादु भोजन का प्रबन्ध था। हमलोग टेबल-कुसी पर विराजमान हो गये क्योंकि भूख की तीव्रता ने मुझे अत्यन्त विचलित कर दिया था। मैं कैसे भूख से व्याकुल इतनी देर तक विषय-केन्द्रित होकर बोल सका, यह आज भी एक चमत्कार लगता है। मंत्री महोदय के साथ उनके सम्बन्धी, जो उनके आप्त सचिव भी थे और छह-सात सिपाही-अमले भी थे, हम सभी खाने के लिए व्यग्र थे। हमारी मुखाकृति पर भी भूख स्पष्ट रूप से अंकित थी। सामने पत्तलें परोसी जा चुकी थीं और गिलास में पानी आ चुका था! घी में छन रही पूरियों की गंध हमारी नासिका में प्रवेश कर रही थी और भूख को और तीव्रतर कर रही थी। तभी मंत्री महोदय आ धमके। "उठिये। उठिये। चलिये। मैं पटने में अपना व्रत तोड़ूँगा तभी आप लोग भोजन करेंगे।" मंत्री जी ने आदेश के स्वर में कहा तो उनके सभी अमले-प्यादे मेरी तरफ कातर दृष्टि से देखने लगे। महन्त जी मंत्री जी से लगातार विनती करते रहे कि वह उन लोगों को खा लेने दें लेकिन उन्होंने फिर तीखे स्वर में हमलोगों से कहा–"चलिये, चलिये, निकलिये।" महन्त जी ने मेरी तरफ देखा कि मैं मंत्री जी से अनुरोध करूँ लेकिन मैंने इसलिए उनसे कुछ कहना उचित नहीं समझा क्योंकि उनके चेहरे पर इतने सारे भूख से तड़पते हुए लोगों के लिए कहीं कोई संवेदना नहीं थी। वह एक भावहीन चेहरा भर थे, जिसमें किसी कोमलता की कल्पना करना भी अत्यन्त दुष्कर था। मैं भी नीचे उतरकर बिना खाये उनकी गाड़ी में बैठ गया। वह तो कुछ-कुछ बोलते रहे पर मैं बिलकुल मौन था, आत्मस्थ। रह-रह कर मुझे कबीर याद आ रहे थे–

तीर न मारो पाथर पर चोखे तीर नसाए।
तीर मारो जब मोम पर आर-पार करि जाय।।

जब मंत्री जी की कार महात्मा गांधी सेतु पर पटना बाई पास की तरफ जाने वाले मोड़ पर पहुँची तो मैंने उनसे कहा–''गाड़ी रुकवाइये, मैं आपके साथ पटना नहीं जाऊँगा।''

''ग्यारह बजे रात में कहाँ जाएँगे?'' मंत्री जी ने कहा, ''चलिये मेरे साथ। साथ-साथ भोजन करेंगे।''

''कहीं भी जाऊँ मगर मैं आपके साथ नहीं जाऊँगा'' मैंने किंचित् तेज स्वर में कहा। मेरी भंगिमा और आवाज से मंत्री जी को लगा कि मैं किसी भी कीमत पर साथ नहीं जाने वाला। आखिरकार उन्होंने गाड़ी रुकवा दी। मैं किसी-किसी तरह लगभग ढाई-तीन किलोमीटर की दूरी तय कर आलमगंज चौकी, स्थित अपनी ससुराल पहुँचा जहाँ सत्तूभरी पूरी और भुजिया खाकर मैं परितृप्त हुआ।

मेरे अग्रजवत् सामाजिक कार्यकर्त्ता और विद्वान श्री रामेश्वर राय ने समस्तीपुर में एक कॉलेज सन्त कबीर महाविद्यालय की स्थापना की थी। जाहिर है कि कबीरदास जी के प्रति उनकी गहरी आस्था दिखावा नहीं रही है। उनकी इच्छा हुई कि मैं आचार्य जानकीवल्लभ शास्त्री को साथ लेकर उस कॉलेज के स्थापना-वर्ष-सह-कबीर जन्म-दिवस समारोह को सम्बोधित करने अवश्य चलूँ। वह शास्त्री जी को तैयार करने का भार मुझ पर डालकर निश्चिन्त हो गये लेकिन बिना मोटी रकम लिए किसी आयोजन में शास्त्री जी नहीं जाते थे। आखिरकार वह दो हजार रुपये पर तैयार हो गये। खैर, जब हमलोग ट्रेन से उतरकर समस्तीपुर कॉलेज के ही पास स्थित कॉलेज परिसर के सभा-स्थल पर पहुँचे तो सात-आठ हजार की संख्या में श्रोताओं को देखकर गद्‌गद हो उठे कि इतने लोग कबीर के सम्बन्ध में सुनने आए हैं। मंच पर समस्तीपुर कॉलेज के हिन्दी विभाग के कई वरिष्ठ अध्यापक भी थे। वहाँ जाने पर पता चलता कि वही शिक्षा राज्यमंत्री उस कार्यक्रम का उद्‌घाटन करेंगे। निमंत्रण कार्ड में यही छपा था। मंत्रीजी को पाँच बजे आना था, लेकिन छह बजकर 45 मिनट हो चुके थे, फिर भी प्रतीक्षा करने के लिए कहा जा रहा था। आचार्य जानकीवल्लभ शास्त्री का नाम सुनकर कि वह कबीरदास पर बोलेंगे, बिहार के गांधी कहलाने वाले श्री कर्पूरी ठाकुर भी वहाँ पहुँच गये थे। मैं प्रारम्भ से ही इसका सख्त विरोधी रहा हूँ कि किसी एक व्यक्ति के लिए, वह चाहे कितना ही महत्त्वपूर्ण क्यों न हो, सैकड़ों-हज़ारों लोगों का समय उसकी प्रतीक्षा कराकर नष्ट किया जाय। यह एक असह्य स्थिति होती है मेरे जैसों के लिए। सो मैंने आयोजक रामेश्वर बाबू से स्पष्ट कर दिया कि अब मैं कार्यक्रम प्रारम्भ कर दूँगा। मैं माइक के सामने गया घर-फूँक मस्ती वाले क्रान्तिकारी कवि कबीर को अपनी आत्मा में उतारने हेतु आयोजित इस

सभा के उद्घाटन के लिए उस जन-समर्पित व्यक्तित्व से बेहतर व्यक्ति की कल्पना भी कठिन है जिसके जीवन का मूल मंत्र कबीर का यह सन्देश है–

कबिरा खड़ा बजार में लिये लुकाठी हाथ।
जो घर जारै आपनो चलै हमारे साथ।।

मेरा आशय श्री कर्पूरी ठाकुर जी से है। कर्पूरी जी किंचित् संकोच के साथ यह कहते हुए उठे कि जिस मंच पर आचार्य जी और कई विद्वान प्रोफेसर हों, वहाँ मेरे जैसे अनपढ़ को...। मेरे अनुरोध पर वह माइक के सामने खड़े क्या हुए, उनकी परिष्कृत वाणी कबीर की क्रान्तिकारी चेतना का उद्घाटन करने लगी। आचार्य जानकीवल्लभ शास्त्री एकटक उन्हें देखते-सुनते रहे। मैंने इससे पहले शास्त्री जी को, किसी दूसरे को तन्मय भाव से सुनते हुए नहीं देखा था। शास्त्री जी ने उनका व्याख्यान समाप्त होते ही उन्हें गले लगा लिया। बोले–मैंने इस तरह किसी राजनीतिक को ऐसी प्रांजल भाषा में इतने अधिकार के साथ बोलते हुए नहीं सुना था। कर्पूरी जी थे कि संकोच में हाथ जोड़े हुए कह रहे थे कि 'मैं तो आपको सुनने आया हूँ। प्रोफेसर नन्दन जी ने विद्वानों के बीच मेरे जैसे अपढ़ को बुला दिया।' दिलचस्प बात यह है कि हिन्दी की रोटी तोड़ने वाले समस्तीपुर कॉलेज के दो अध्यापकों ने कबीर के सम्बन्ध में न केवल गलत तथ्य प्रस्तुत किये बल्कि कई ऐसी बातें भी कहीं, जो कबीर की काव्य-चेतना के सर्वथा विरुद्ध थीं। भाषा की भूलों का तो कहना ही क्या? एक प्रोफेसर महोदय कबीर का काल बारहवीं सदी बतला रहे थे तभी राज्यमंत्री महोदय का आगमन हुआ। सभा के आरम्भ होने से वह नाराज थे, जब उन्हें यह पता चला कि कर्पूरी ठाकुर ने कार्यक्रम का उद्घाटन किया है तो वह और अशान्त हो उठे। उस प्रोफेसर महोदय के अनर्गल व्याख्यान के बाद मैंने आचार्य जानकीवल्लभ शास्त्री जी को सादर आमंत्रित किया। शास्त्री जी ने वर्तमान परिप्रेक्ष्य में कबीर की महत्ता प्रतिपादित की और कर्पूरी जी के व्याख्यान की भूरिशः प्रशंसा की और यहाँ तक कह दिया कि मैंने किसी बिहारी नेता को किसी कवि पर इस अधिकार के साथ बोलते नहीं सुना है, वह भी धारा-प्रवाह। यद्यपि शास्त्री जी की कबीर विषयक दृष्टि आचार्य रामचन्द्र शुक्ल के ही निकट थी लेकिन उनकी अप्रतिम व्याख्यान-कला ने हम सब को विस्मय-विमुग्ध कर दिया था। शास्त्री जी के भाषण के बाद मंत्री महोदय बोलने उठे तो उन्होंने प्रोफेसरों के द्वारा जिस अज्ञान और दृष्टिहीनता का नमूना पेश किया गया था, उसे और आगे बढ़ाते हुए यह साबित कर दिया कि जन-संघर्ष के कटे हुए नेता न केवल हृदयहीन होते हैं बल्कि विवेकहीन भी होते हैं। जब वह बोल रहे थे, शास्त्री जी मुझसे बार-बार कह रहे थे, एक कर्पूरी जी हैं और एक ये हैं, कहीं कोई समता नहीं। लेकिन रामेश्वर राय जी को ही मेरे इस दुस्साहस

की कीमत चुकानी पड़ी कि मंत्री महोदय जन नायक कर्पूरी ठाकुर को हराकर सांसद बने तो उन्होंने रामेश्वर बाबू द्वारा स्थापित सन्त कबीर महाविद्यालय की कार्यकारिणी से उन्हें न केवल निकलवाया, उनपर मुकदमे कराकर जेल तक भिजवाया और आज उस कॉलेज की स्थिति अत्यन्त दयनीय है। कॉलेज के प्रांगण में स्थित कबीर की प्रतिमा अत्यन्त उपेक्षित अवस्था में है, सर्वत्र जंगल ही जंगल है। कॉलेज भी अपनी प्रकृति और स्वरूप पूरी तरह खो चुका है। आखिर उक्त मंत्री जैसे जनाधार विहीन और मनुष्य विरोधी व्यक्ति से कर्पूरी जी जैसे दृष्टि-सम्पन्न और समाजवादी कार्यकर्त्ता कैसे हार गये? मैंने स्वयं कई क्षेत्रों का भ्रमण किया था और लोगों से बातें की थीं और उनका हृदय टटोला था। जिलाधिकारी और पुलिस प्रशासन की मिलीभगत ने ही कर्पूरी जी को हराने में अहम भूमिका निभायी थी। कबीर को अपना आदर्श मानने वाले को कैसे कांग्रेस की जड़ व्यवस्था सहन कर सकती थी? कबीर की चेतना ने मुझे आज भले ही संवेदना से लबालब भर दिया है लेकिन उस वक्त मैं इतना अधिक उदारवादी और एक हद तक अपनी जाति के प्रति सहिष्णु था कि जब तत्कालीन कांग्रेस अध्यक्ष डॉ. बलिराम भगत ने अपनी जाति के उस युवक को एक पिछड़े वर्ग का एम.ए. पास लड़का समझकर विधान-सभा के चुनाव में बछवाड़ा से टिकट दे दिया तो मैं अपने मझले भाई इंजीनियर साहब के दबाव पर उनके चुनाव क्षेत्र में मदद करने चला गया। उस प्रत्याशी ने उन प्रोफेसर महोदय से भी सहायता की गुहार लगायी थी, जिनसे वह ट्यूशन पढ़ा करते थे लेकिन उन्होंने जाने से साफ इनकार कर दिया। कारण यही था कि वह जिसके विरुद्ध चुनाव लड़ रहे थे, वह राजपूत था और प्रोफेसर साहब भी राजपूत थे। खैर, मैं साठा जगत स्टेशन के निकट गरई गाँव में एक पहलवान के घर में ठहरा, वहीं से मैंने एक सप्ताह तक पूरे क्षेत्र में सघन रूप से प्रचार-प्रसार किया कि आप दो बार से विधायक और प्रतिनिधि रहे व्यक्ति से प्रश्न कीजिए कि आपके लिए उन्होंने क्या किया है? क्यों बछवाड़ा के कई क्षेत्रों में लोग पेड़ की छाल और कीड़े-मकोड़े खाकर जीने के लिए मजबूर हैं? क्यों वे गन्दे तालाबों का गन्दा पानी पीने के लिए अभिशप्त हैं? आपके बच्चों के लिए स्कूल की कहीं कोई व्यवस्था नहीं हैं? अस्पतालों में न डाक्टर रहते हैं न दवाएँ मिलती हैं। गाँवों में अँधेरा क्यों है? मेरे इन सवालों ने उस गरीब इलाके में हलचल पैदा कर दी। संयोग ऐसा कि मेरा यह अभियान कर्पूरी जी के समाजवादी प्रत्याशी के ही विरुद्ध था। मेरे अभियान से वे लोग बौखला कर बेगूसराय से कुछ अपराधी बुलावाने की तैयारी करने लगे। उनके प्रचार करने वाले यहाँ तक कहने लगे-लंगट सिंह कॉलेज के एक प्रोफेसर ने सारा खेल बिगाड़ दिया है। चुनाव के दिन मैं अपनी जान बचाकर किसी तरह साठा

जगत स्टेशन से ट्रेन पकड़कर पटना सिटी अपनी ससुराल चला गया, जहाँ दूसरे दिन अखबार में पढ़ा कि बछबाड़ा के चुनाव में तीन हत्याएँ हुईं। परिणाम कांग्रेसी प्रत्याशी के पक्ष में आया। इसलिए मैं आज भी अत्यधिक ग्लानि और पश्चाताप से भरा हूँ कि मैंने एक ऐसे व्यक्ति को राजनीति में खड़ा होने में जान पर खेलकर मदद की, जिसके जीवन में विचार और संवेदना के लिए कोई जगह नहीं है। इस ग्लानि-बोध से मैं शायद ही कभी मुक्ति पा सकूँगा। यह भी सच है कि व्यक्ति अपने अनुभवों से ही सीखता और बढ़ता है, मैंने ऐसे राजनीतिज्ञों के जीवन से सीखा है कि आप हिंसक पशु या जन्तु के पास होकर भी सुरक्षित रह सकते हैं लेकिन पतनशील पूँजीवादी राजनीतिक लोकतंत्र के कथित रहबरों से ठगे बिना नहीं रह सकते। भर्तृहरि ने कहीं राजनीति-कर्मियों के सम्बन्ध में यहाँ तक कह दिया है कि गले में लिपटा सर्प न भी काटे, वेश्या भी अपने निकट आये व्यक्ति के प्रति निर्मम न हो पर राजकर्मी के प्रहार से किसी का बच पाना असम्भव है।

कबीर के प्रति मेरी आस्था और भक्ति की प्रेरणा के सूत्र मेरे शैशव की उन स्मृतियों में हैं जहाँ एक ओर मेरी माँ हैं तो दूसरी ओर वर्णाश्रम की भेद-भाव भरी कट्टरता पर आधारित सामाजिक संरचना है। उस समय मैं चौथी जमात में पढ़ता था। मेरे घर का वातावरण धार्मिक था। मेरे पिता रामचन्द्र राय और माता चम्पा देवी दोनों सच्चे वैष्णव थे। मेरे दरवाजे पर प्रत्येक मंगलवार को रात्रि में कीर्तन और मानस का गान होता था। उस कीर्तन में शहर के दूरस्थ मुहल्लों से लोग आते थे। मेरी स्मृति में आज भी साँवले रंग के लम्बे सूरदास की आकृति मूर्तिमान है, जो ढोलक बजाने में अत्यन्त निपुण थे। उस भजन-गायक का चेहरा अब भी झलक रहा है, जो अपने पैरों के अत्यन्त छोटे होने के कारण खड़ाऊँ पकड़कर रेगते हए माड़ीपुर से आया करते थे। मुहल्ले के जित्तन महतो बाँसुरी बजाया करते थे। बाद में मेरे बड़े भाई युगल जी, जो जित्तन चाचा के साथ पहलवानी भी किया करते थे, ढोलक बजाने लगे थे। मैं भी उस भजन-मण्डली में बालक के रूप में शामिल होता था और भजन की संगीतात्मकता मेरा मन मोह लेती थी और मैं भाव-विभोर हो उठता था। उस कीर्तन में गाये जाने वाले कई भजनों की पंक्तियाँ आज भी मेरे मानस-पटल पर अंकित हैं-'फुलवरिया है कितनी दूर गमक आवे बेला के', 'प्रेम नगर मत जाना मुसाफिर' (ब्रह्मानन्द), 'बीत गये दिन भजन बिना रे', 'मन फूला-फूला फिरै' और 'मन लागो मेरो यार' (कबीर) आदि। इसके प्रभाव से मैं जहाँ गाने-गुनगुनाने लगा, वहीं मैं कविता की ओर भी अनजाने ही खिंचने लगा।

मेरे माता-पिता बिस्तर छोड़ने से पहले ईश्वर को स्मरण करने के क्रम में भजन गाया करते थे, जिनमें प्रभाती प्रमुख होती थी। इसी तरह कभी-कभार

माँ दिन में हमलोगों को कबीर के पद-दोहे सुनाया करती थीं। माँ जब ब्याह कर आयी थीं तो वह बिलकुल निरक्षर भट्टाचार्य थीं। मेरे पिताजी ने, जो अपनी सौतेली माँ के उत्पीड़न के कारण मैट्रिक की परीक्षा नहीं दे सके थे, मेरी माँ को हिन्दी पढ़ना और अपना नाम लिखना भर सिखला दिया था। इसलिए वह जब भी अपनी थकाऊ दिनचर्या से छुटकारा पातीं तो सुख-सागर आदि लेकर पढ़ने बैठ जाती थीं। उसी क्रम में कभी मौज में कबीर की साखी भी सुनाने लगती थीं।

एक दिन सुबह दमा के मरीज बाबू जी के लिए माँ चूल्हे पर चाय बना रही थीं। तभी किसी बात पर माँ ने कबीर की यह साखी सुनाई :

सुखिया सब संसार है, खावै और सोवै।
दुखिया दास कबीर है जागै और रोवै।।

ये पंक्तियाँ मेरे अबोध-मन को अबूझ लगीं। जो खायेगा और सोयेगा, वह तो सुखी होगा ही। यह तो एकदम साफ और सही बात है। जो जगेगा, जिसे नींद नहीं आयेगी, वह तो परेशान होगा ही। मैंने माँ से कहा तो वह मेरे बाल-बोध पर टिप्पणी करने के बजाय उसका मर्म खोलने लगीं। यह जीवन इतना मूल्यवान है लेकिन लोग उसकी महत्ता न समझ कर सांसारिक सुख-भोग में ही उसे नष्ट किये दे रहे हैं, एक-एक दिन मृत्यु के मुख में जा रहे हैं, यह देखकर कबीर विचलित हो उठे हैं, वह इसलिए दुखी हैं कि लोग यह अमूल्य जीवन खाने-सोने में ही खत्म किये दे रहे हैं। जो भी सोच-विचार करनेवाला व्यक्ति होगा, वह यह देखकर दुखी और उदास तो होगा ही। माँ की यह व्याख्या मैं जैसे-जैसे विकसित होता गया, मेरे अन्तर्जीवन में अपना अर्थ-विस्तार करती गई और मुझे यह विश्वास हो गया कि कबीर संवेदना के संकट से गहरे स्तर पर साक्षात्कार करने वाले महान कवि हैं।

मुजफ्फरपुर से छह-सात किलोमीटर की दूरी पर है मेरा ननिहाल--कोल्हुआ पैगम्बरपुर। उन दिनों मैं टेक्नीकल चौक के पारिवारिक मकान से अपने बड़े भाई के द्वारा प्रताड़ित करके निकाल दिया गया था। इसलिए अपनी माँ, पत्नी और नन्ही बच्ची मेधा के साथ गाँव में रहने चला गया था। वहीं से मैं साइकिल से लंगट सिंह कॉलेज पढ़ाने जाया करता था। यह मेरा सौभाग्य था कि आचार्य जानकीवल्लभ शास्त्री से लेकर युवा कवि मित्र ज्ञानेन्द्रपति तक वहाँ आया करते थे। ज्ञानेन्द्रपति पटना विश्वविद्यालय से अंग्रेजी ऑनर्स कर चुके थे और आगे की पढ़ाई के प्रति उदासीन थे। अन्ततः एक दिन मैंने उन्हें हिन्दी से ही एम.ए. करने के लिए तैयार कर लिया। अब उन्हें मैं बार-बार फार्म भरने के लिए बुलाता लेकिन वह कवि स्वभाव से मजबूर, आज-कल करते रहे। आखिरकार उन्होंने बी.ए. ऑनर्स का प्राप्तांक, प्रवेश-पत्र आदि भेज

दिया। फार्म भरने की आखिरी तारीख इतनी नजदीक थी कि फार्म भेजकर डाक से मँगवाना सम्भव न था। मैं चाहता था कि हिन्दी का एक प्रतिभावान कवि कम से कम एम.ए. तो हो। मैंने फार्म भरे जाने की आखिरी तारीख पर अपने एक छात्र से फार्म भरवाया और हस्ताक्षर वाले स्थान पर स्वयं हस्ताक्षर (ज्ञानेन्द्रपति चतुर्वेदी का) कर दिया। जब मैं अपने विभागाध्यक्ष डॉ. श्यामनन्दन किशोर के पास अनुशंसित कराने गया तो आशंकित था कि कहीं वह पकड़ न लें। लेकिन उन्होंने कहा कि हस्ताक्षर करने वाले को उपस्थित होना चाहिए। मैंने कहा–वह कवि हैं, एक समारोह में गये हुए हैं। खैर, परीक्षा प्रारम्भ हुई तो ज्ञानेन्द्रपति परीक्षा के दो दिन पहले आते और परीक्षा देकर चले जाते। इसी क्रम में एक दिन 1979 की सुबह जाड़े में मैं अलाव के पास बैठकर मुक्तिबोध की कविता का पाठ कर रहा था और ज्ञानेन्द्रपति सुन रहे थे। माँ वहीं पर चाय बना रही थीं। जब कविता की इन पंक्तियों–

> बेबकूफ बनने के खातिर ही
> सब तरफ अपने को लिये-लिये फिरता हूँ
> और यह देख-देख बड़ा मजा आता
> कि मैं ठगा जाता हूँ...

का पाठ किया तो सहसा मेरी माँ कह उठीं–"कबीर साहेब ने भी तो कहा है–

> कबिरा आप ठगाइये और न ठगिए कोय।
> आप ठगे सुख ऊपजै, और ठगे दुख होय।।

ज्ञानेन्द्रपति विस्मय-विमुग्ध हो माँ का झुर्रियों भरा चेहरा देखते हुए बोले–"देखिये, माँ मुक्तिबोध के मर्म तक कितनी सहजता से पहुँच गईं।" मैंने इस घटना का उल्लेख बीस वर्षों बाद तब किया जब दरभंगा में जनवादी लेखक संघ के राज्य सम्मेलन के अन्तिम दिन डॉ. चन्द्रभूषण तिवारी साहित्य के सन्दर्भ में दो दिनों की चर्चा-परिचर्चा और बहसों के बाद प्रस्ताव पढ़ रहे थे। प्रस्ताव सर्वसम्मति से पास हो जायेगा, यह पहले ही मान लिया गया था। उस प्रस्ताव में मुक्तिबोध को हिन्दी की प्रगतिशील काव्य-परम्परा में यह कहकर सम्मिलित नहीं किया गया था कि उनकी कविता में दुरूहता है। इस सम्मेलन में बाबा नागार्जुन और कथाकार इसराइल, तथा सी.पी.एम. के कई वरिष्ठ नेता भी थे। डॉ. तिवारी का कुछ ऐसा प्रभाव और एक तरह से दबदबा था कि कोई भी प्रस्ताव के विरोध में बोलने के लिए तैयार नहीं हो पा रहा था। मुझे यह बात बेतुकी लगी कि किसी समर्थ और ईमानदार कवि को, जो जन-मुक्ति के प्रति पूरी तरह समर्पित रहा हो, इस कारण से काव्य की प्रगतिशील परम्परा से काट दिया जाय कि उसकी कविता में दुरूहता है। मुझसे न रहा गया। मैं मंच पर गया और मैंने स्पष्ट क्या तीखे शब्दों में उस अंश का

विरोध किया और उपर्युक्त घटना का उल्लेख करते हुए कहा कि यह बिल्कुल बेतुकी बात है कि कविता में दुरूहता होती है, जिससे अनुभूति तक पहुँचने में कठिनाई होती है। यदि कविता में जेन्युन अनुभव व्यक्त हुआ है तो वह शब्दों की सतह को भेदकर सामान्य से सामान्य जन तक पहुँच सकता है। क्या बाबा नागार्जुन और केदारनाथ अग्रवाल इसीलिए प्रगतिशील हैं कि उनकी ढेर सारी कविताएँ आसानी से समझ में आ जाती हैं? शमशेर को भी दुरूहता के नाम पर एक हद तक उपेक्षित किये जाने का भी कारण यही तो नहीं है? प्रस्ताव के इस अंश को हटा दिया जाना चाहिए और मुक्तिबोध को भी प्रगतिशील काव्य-परम्परा में शामिल किया जाना चाहिए। इस संशोधन के साथ ही प्रस्ताव पारित किया जा सकता है। इसके बाद तो कथाकार इसराइल और कई अन्य साथियों ने प्रस्ताव में संशोधन पर बल दिया। मैं जब बोलकर बाबा के पास बैठा तो मैं एक अपराध-बोध से घिरा हुआ था कि कहीं बाबा मेरे वक्तव्य से नाराज न हो गये हों? लेकिन मेरे बैठते हुए उन्होंने कहा–तुमने ठीक कहा। कविता में दुरूहता के नाम पर मुक्तिबोध को हम प्रगतिशील न मानें यह कोई बात हुई। सभा इस बात के साथ समाप्त हुई कि प्रस्ताव संशोधन के साथ फिर से तैयार किया जाय। चन्द्रभूषण जी आते ही मुझ पर बरस पड़े–''कामरेड, आपने तो हद कर दी। मैं आपको बिहार जनवादी लेखक संघ का उपाध्यक्ष बना रहा था और आपने ही मेरे प्रस्ताव का विरोध कर दिया?'' मैं उन्हें चुपचाप देखता रहा और सोचता रहा कि इन दोनों बातों में क्या संगति है। तात्पर्य यह कि कभी कबीर से लेकर निराला, शमशेर, नेपाली और मुक्तिबोध तक को हाशिये पर डालने की कोशिशों के मूल में कहीं साहित्य-चिन्तन की गतानुगतिकता तो नहीं है?

मुजफ्फरपुर के दूरदर्शन में निदेशक के पद पर उर्दू के प्रख्यात कथाकार श्री अनीस रफी खाँ साहब आये तो एक दिन उनके कार्यालय में एक रिकार्डिंग के बाद उर्दू-हिन्दी कथा-साहित्य पर उनसे बातें होने लगीं। पास ही उनके सहायक निदेशक श्री रविशंकर त्रिपाठी (गोरखपुर) बैठे थे। लिखने के उद्देश्य की चर्चा चलते-चलते बात बुद्ध और कबीर पर पहुँच गई। जब मैंने कबीर की व्यापक मानवीयता का उल्लेख करते हुए उनकी साखियों से उद्धरण देने की कोशिश की तो त्रिपाठी जी कबीर की भर्त्सना पर उतर आये। उनके पाण्डित्य की सारी कलई उनकी भाषा ने ही खोल दी। ''कबीर कुछ नहीं था, एक नम्बर का अपढ़ और गरिहण्डा था''–यह वाक्य मुझे आज भी याद है। हम दोनों हत्प्रभ हो उस लम्बे-चौड़े टीकाधारी सुन्दर व्यक्तित्व की यह

विरूपता देखते रह गये। सहमति हो या असहमति, उसकी अभिव्यक्ति जैसे ही मर्यादा तोड़ती है, वह अपने सतहीपन को उजाकर कर देती है। हम दोनों उन्हें कबीर होने का मतलब समझाते रहे पर वह अपनी जगह से टस से मस न हुए। आखिरकार मुजफ्फरपुर के हिन्दूवादियों को एक सुपठित, संवेदनशील और कथाकार निर्देशक श्री अनीस रफी खान को बर्दाश्त करना कठिन हो गया तो एक साल होते-होते उनके खिलाफ लिखा जाने लगा। अन्ततः उनका तबादला हो गया और सहायक निदेशक त्रिपाठी जी ही प्रभारी की हैसियत से कार्य करने लगे। कारण यह कि केन्द्रीय सरकार और उसके विभागों में उच्च पदों पर ब्राह्मणों की गहरी पैठ है, यह किसी से छिपी बात नहीं है। वह जब तक रहे, कोई निदेशक आया ही नहीं, वही निदेशक का कार्य करते रहे। कुछ दिनों बाद उन्होंने अपने अनुज को भी गोरखपुर दूरदर्शन से मुजफ्फरपुर केन्द्र में बुलावा लिया। उसके बाद तो दूरदर्शन केन्द्र में जिस अपसंस्कृति और भ्रष्टता का नंगा खेल शुरू हुआ, वह भी कबीर की ही याद दिलाता है—ऊँचे कुल का जनमिया...

मैं जैसे-जैसे कथित बड़े लोगों (उच्च शिक्षा प्राप्त) से मिलता गया, उनकी सम्मोहनकारी और आदर्शों से पूर्ण वचन-चातुरी के विपरीत उनकी क्षुद्रता, संकीर्णता और कट्टरता से रू-ब-रू होता चला गया, वैसे-वैसे मैं कबीर के और अधिक निकट पहुँचता गया। यह भी अनुभव करने लगा कि कबीर के कथनों में ऐसी मारकता या दाहकता कहाँ से आयी होगी?

जन्म और मृत्यु आकस्मिक घटनाएँ हैं जिन पर व्यक्ति का कोई अधिकार नहीं है। जन्म लेने पर अधिकार होता तो भारतीय समाज में वर्णाश्रम के आधार पर सदियों से उपेक्षा, अपमान, यातना और उत्पीड़न का दंश झेलते हुए भयावह नारकीय जीवन जीने वाले सारे दलित और पिछड़े ब्राह्मण-कुल में ही जन्म लेना चाहते। लेकिन जन्म एक ऐसी आकस्मिक घटना है कि आपके लिए कोई विकल्प नहीं है कि आप किस जाति में जन्म लेना पसन्द करेंगे। नीचे जातियों के खाने बने हुए हैं, आपको एक अच्छी सुबह पता नहीं होता कि आप किस खाने में आ गिरेंगे और कौन-सा खाना किस जाति का खाना है। धरती पर आये तो पता चला कि अमुक-अमुक खानों में गिरने पर लोग सवर्ण होते हैं तो अमुक-अमुक खानों में गिरने से शूद्र। अब यहीं से शुरू हो जाता है श्रेष्ठता और हीनता का घोर अमानवीय सिलसिला, जो मृत्युपर्यन्त चलता है। जन्म की यह आकस्मिक घटना तो व्यक्ति की पहचान से ऐसे नत्थी हो जाती है कि अपनी प्रतिभा और संघर्ष से अर्जित उसकी पृथक् पहचान सर्वथा अर्थहीन हो जाती है। होना तो यही चाहिए कि व्यक्ति अपनी प्रतिभा, संघर्ष और परिश्रम से जो व्यक्तित्व अथवा अपनी पहचान निर्मित करता है,

वही उसका परिचय हो परन्तु यही भेद-भाव, यही संकीर्णता राजनीति, शिक्षा, प्रशासन से लेकर सभी क्षेत्रों में सारी उच्च घोषणाओं और विकास के बड़े-बड़े सरकारी दावों के पीछे प्रेरक शक्ति बनी रहती है, जिसका कुफल स्वाधीनता प्राप्ति के सत्तर वर्षों के बाद भी दलितों, आदिवासियों और पिछड़ों को भुगतना पड़ रहा है। आरक्षण ने जरूर कुछ दलितों, आदिवासियों और पिछड़ों को राजनीति और प्रशासन में शिखर तक पहुँचाया है लेकिन दुर्भाग्य है कि वे भी लोहिया के शब्दों में नये प्रकार के द्विज बन गये हैं। इन प्रसंगों में मेरे अनुभवों ने मुझे यह मानने के लिए विवश कर दिया है कि जहाँ पढ़े-लिखे और बौद्धिकता के शिखर पर पहुँचे सवर्णों की जातिवादी संकीर्णता दलितों और पिछड़ों के प्रति व्यवहार में खुलकर प्रकट होती है वहीं कुछ शिक्षित पिछड़े एवं दलित अपने ही अन्तर्विरोधों के कारण उनका अपमान झेलते रहे हैं।

आचार्य जानकीवल्लभ शास्त्री का (2010 के 4 अप्रैल को) 95 वर्ष की लम्बी आयु में निधन हुआ था और अब उनके कथित भक्त निराला-निकेतन में लाखों की लागत से उनकी आदमकद प्रतिमा लगाने में जुटे थे। मेरा शास्त्री जी के साथ चार दशकों से भी अधिक गहरा सम्बन्ध था। इतना गहरा कि साथ-साथ खाना-पीना, सिनेमा देखना, दिल्ली, पटना आदि जगहों में जाना होता था और मैं ऐसे कई अन्तरंग क्षणों का भी साक्षी रहा, जिसे शायद कम ही लोग जानते हों। उनके प्रति उत्कट आदर और आत्मीयता के बावजूद यह कहना अत्यन्त पीड़ादायक है कि व्यवहार के स्तर पर उनकी संकीर्णता ऐसी भाषा में प्रकट होती थी कि सोचना पड़ता था—नाना पुराण निगमानिगम के निष्णात ज्ञाता, कालिदास-भवभूति-रवीन्द्र सुकान्त सबको जानने-समझने वाला पंडित और अपनी कविताओं में मानवीय मूल्यों और संवेदना के गायक के व्यवहार में भी ऐसी तुच्छता, ऐसी संकीर्णता, ऐसी कट्टरता?

उन दिनों मैं बिलानागा (1970 से 1990) दो-चार दिनों के अन्तराल पर आचार्य जानकीवल्लभ शास्त्री जी के निवास पर जरूर जाता था। लिखने वाली मुनीमी पर एक चेक पड़ा हुआ था। मुझे लगा, किसी पुस्तक की रायल्टी आदि का चेक होगा। मैंने पूछा—"यह कैसा चेक है?" "दुसधवा दे गया है।" शास्त्री जी ने कहा। "मैं समझा नहीं।" मैंने कहा। "अरे वही जो रामेश्वर कॉलेज में प्रोफेसर है।" शास्त्री जी ने कहा तो मैं अवाक् उनका मुँह देखता रह गया। कभी के मेरे छात्र थे श्री राम प्रताप नीरज। मैंने उन्हें एम.ए. तक कई साल पढ़ाया था। वह अपनी कहानियाँ लेकर भी मेरे पास आते थे, तब भी मैं इससे पहले उनकी जाति नहीं जानता था क्योंकि जाति जानना-पूछना मेरे स्वाभाव और व्यवहार में कभी नहीं रहा। 'अच्छा' मैंने विस्मय से कहा।

कहना जरूरी है कि डॉ. रामप्रताप नीरज वही व्यक्ति हैं, जो प्रत्येक वर्ष आचार्य जानकीवल्लभ शास्त्री जी को हिन्दी-दिवस पर (14 सितम्बर) अभिनन्दन नामक स्मारिका निकाल कर और विराट आयोजन कर सम्मानित किया करते थे और उस अवसर पर एक अच्छी-खासी सम्मान राशि भी प्रदान करते थे। वह उसी सम्मान राशि का चेक था।

शास्त्री जी के साथ इतने दीर्घ और आत्मीय सम्बन्धों के बीच कई ऐसे अवसर आये जब उनकी संकीर्णता और कट्टरता ने मुझे आश्चर्य से अधिक अन्तर्वेदना से भर दिया। आचार्य जानकीवल्लभ शास्त्री जी के लिए कोई कुछ भी करे; वह अपनी जान भी दे दे, यदि वह ब्राह्मण अथवा कम से कम सवर्ण नहीं है तो वह उनकी सहज आत्मीयता का पात्र नहीं हो सकता था। सन् 1984 में उनकी पत्नी छाया जी के ऊपर खपरैल वाला घर ही गिर गया था, जिससे उनका ऐसे अंग-भंग हुआ कि उनका बच पाना मुश्किल हो गया था। उन्हें मुजफ्फरपुर सदर अस्पताल में तत्काल भर्ती किया गया। उनका एक अत्यन्त अल्प शिक्षित भक्त छाया जी की प्राणपन से सेवा में लग गया। मैंने भी रात-दिन एक कर दिया। मेरी पत्नी भी उनकी सेवा में लगीं। वह मेरे घर से अस्पताल निकट होने के कारण खाना बनाकर ले जाने लगीं। उन दिनों बिहार विश्वविद्यालय मुजफ्फरपुर के कुलपति समाजवादी विचारधारा से बैद्धिक स्तर पर जुड़े डॉ. नर्मदेश्वर झा थे। उनका शास्त्रीजी से मित्रवत् सम्बन्ध था। शास्त्री जी की इच्छा थी कि उनको यह खबर दे दी जाय। मैंने उनसे बतलाया और अनुरोध किया कि शास्त्री जी आपको याद कर रहे थे। खैर, दो-तीन दिनों के बाद डॉ. नर्मदेश्वर झा लालबत्ती वाली अम्बेसडर कार से छाया जी को देखने आये और शास्त्रीजी के पास काफी देर तक रहे। लेकिन उस अपढ़ और अशिक्षित भक्त की निःस्वार्थ सेवा और अस्पताल की उपलब्ध श्रेष्ठतम चिकित्सा ने अन्ततः छाया जी को नया जीवन दे दिया। दसियों साल बाद एक दिन वह छोटे कद का अपढ़ और अशिक्षित व्यक्ति होमगार्ड के यूनिफार्म में लाठी लिये मिला। मैंने पूछा–"आप आचार्य जी के जन्म-दिन के समारोह में भी नहीं दिखलाई देते?" "अब नहीं जाता। उनके यहाँ एक पिछड़े के लिए कोई जगह नहीं है।" उसने कहा तो मुझे काठ मार गया। उसने अस्पताल में छायाजी का मल-मूत्र साफ करने से लेकर उनकी हर तरह से सेवा की थी।

आचार्य शास्त्री ने अपनी कहानियों का संग्रह 'बांसों का झुरमुट' का प्रकाशन नये रूप में अपने ही साधनों से किया था। सिन्हा लाइब्रेरी पटना से उसकी साढ़े चार सौ प्रतियों की आपूर्ति का आदेश मिला था। यह वह संग्रह है जिसकी कई कहानियों में दलितों और वंचितों की यातना भरी जिन्दगी के भी

चित्र अंकित हुए हैं। इसके ब्लर की सामग्री मैंने ही लिखी थी। उन दिनों शास्त्री जी की आर्थिक स्थिति कुछ अच्छी नहीं थी। उन्होंने अपने निकट आने वाले कई लोगों को सिन्हा पुस्तकालय, पटना में किताबों का बण्डल पहुँचाने का आग्रह किया था। लेकिन कोई तैयार न हुआ। संयोगवश मैं शाम को मिलने गया। उन्होंने अत्यन्त दुखी स्वर में कहा–"नन्दनजी, कल पुस्तक आपूर्ति करने की अन्तिम तिथि है। कई लोगों से कहा, कोई तैयार नहीं हुआ। आपूर्ति हो जाती तो इस कड़की में मदद होती।" पहले तो मैं भी झिझका, किताबों का इतना बड़ा बण्डल लेकर मुजफ्फरपुर से रेल द्वारा पहलेजाघाट ले जाना, फिर वहाँ से जहाज द्वारा पटना और पटना में रिक्शा से सिन्हा लाइब्रेरी लेकिन आचार्य जी की आर्थिक अवस्था का ख्याल आते ही मैं तैयार हो गया। दूसरे दिन मैंने कॉलेज से अवकाश लेकर बण्डल सहित पटना के लिए रवाना हो गया। किताबों का बण्डल अस्सी किलो से कम न रहा होगा। किसी-किसी तरह ढाई बजे दिन में रिक्शा पर बण्डल लेकर सिन्हा लाइब्रेरी के परिसर में दाखिल हुआ तो रिक्शा वाले ने बण्डल बाहर उतार कर पुस्तकालय के बरामदे में ही डाल दिया। पता चला, दोमंजिले पर बड़ा बाबू हैं, वहीं ले जाना होगा। रिक्शावाले से मिन्नत की–पहुँचा दो, पैसा दूँगा, तो भी वह तैयार न हुआ–मैंने बण्डल की तरफ देखा तो मेरी हिम्मत सीढ़ियों पर लेकर दूसरी मंजिल तक ले जाने की सोचकर ही चुक गई। ट्रेन से उतारकर रिक्शा तक ले जाने में कुली का भी पसीना छूट गया था। मैंने बड़े बाबू से जाकर अपना परिचय दिया कि लंगट सिंह कॉलेज में अध्यापक हूँ। बण्डल आपके परिसर में आ गया है। आप खुद चलकर उसे देख लें और मुझे प्राप्ति की रसीद दे दें। बड़ा बाबू सचमुच बड़ा ही बाबू था। वह तैयार न हुआ। मुझे शास्त्री जी की आर्थिक अवस्था का खयाल आने लगा और मैंने किसी तरह बण्डल को उठाया और सीढ़ियाँ चढ़ने लगा। मात्र दो तीन सीढ़ियाँ चढ़ा और लड़खड़ा गया। किसी तरह पहली मंजिल तक पहुँचा कि थककर बैठ गया। गर्मी और पसीने से बुरा हाल था। तभी चपरासी आकर बोला–"बड़ा बाबू चले जाएँगे।" मैंने उससे गिड़गिड़कर कहा–"देख रहे हैं? मैं बण्डल लेकर आ रहा हूँ। उन्हें पाँच मिनट और रोकिये।"

खैर, किसी तरह मैं बण्डल बड़ा बाबू के कमरे तक ले गया। बड़ा बाबू को कुछ सुँघाना पड़ता है, यह मुझे मालूम न था। चपरासी ने बाद में धीरे से कहा–पचास रुपये दे देते तो आपको कष्ट न उठाना पड़ता। मैं जब सिन्हा लाइब्रेरी से बाहर आया तो जान में जान आई। वह बण्डल मेरे लिए 'सद्गति' की उस गाँठ से कम न था। मैंने फोन से शास्त्रीजी को सूचित किया कि किताबों का बण्डल पुस्तकालय में पहुँच गया और प्राप्ति की रसीद भी मिल गई है। वह अत्यधिक प्रसन्न हुए। दूसरे दिन मैंने रसीद उन्हें दे दी।

हाजीपुर की सुप्रसिद्ध संस्था 'किरण-मण्डल' के स्वर्ण-जयन्ती समारोह के अवसर पर एक विराट् कवि-सम्मेलन था, जिसकी अध्यक्षता आचार्य जानकीवल्लभ शास्त्री करने वाले थे। उनको लेकर गया के प्रो. मारुतिनन्दन पाठक जानेवाले थे। शास्त्री जी मारुतिनन्दन को पुत्र के समान प्यार करते थे। मैं ट्रेन से हाजीपुर गया। मुझे संचालन करना था। कुछ देर के बाद आचार्य जी आये तो मंच पर कवियों के बीच एक कुर्सी पर उन्हें बिठाया गया। वह नीचे बैठ नहीं सकते थे। मैंने उन्हीं से उद्घाटन करवाया कि वह इस विशेष अवसर पर कविता पर बोलें। कवि-सम्मेलन के बाद हम लोगों के भी परिक्रमा-सदन में ठहरने की व्यवस्था थी। वहीं आचार्य जी ठहरे थे। जब उनके कक्ष में गया तो मैं घबरा गया। उनका बिस्तर खून से लाल था। मैंने पूछा-"यह क्या है?" तो उन्होंने बतलाया कि कवि-सम्मेलन जाने के लिए तैयार होने गया तो बास-बेसिन ठीक से फीट नहीं था, वह गिरा तो मैं भी उसी पर जा गिरा, जिससे छाती में कट-फट गया। उसी दशा में मारुतिनन्दन पाठक मुझे गंजी और कुरता-धोती बदलवाकर कवि-सम्मेलन में ले गया। रात के एक बज रहा था। उनकी चोट और वेदना ने मुझे विचलित कर दिया। आयोजकों ने उनके खाने-पीने की भी व्यवस्था नहीं की थी। पहले मैं मूव खरीद लाया। उसी के साथ दो-तीन पैकेट बिस्कुट लिए और वहाँ के कर्मचारियों से आरजू-मिन्नत कर कॉफी बनवायी। मैंने छह बजे सुबह से कई बार आयोजक किन्हीं प्रो. चौधरी से संपर्क करना चाहा मगर असफल रहा। मैं मुजफ्फरपुर के लिए टैक्सी ठीक करके लौटा तो देखा-शास्त्री जी उन्हीं हृदयहीन आयोजक से घुल-मिलकर बातें कर रहे थे। खैर, मैं टैक्सी में उन्हें लेकर सकुशल निराला-निकेतन पहुँचा तो मैंने चैन की साँस ली। उनके साथ गहरे स्तर पर जुड़े रहने के बावजूद मैं हमेशा उनकी नजर में दोयम दर्जे का ही नागरिक रहा, इसकी वजह मेरा सवर्ण न होना था। यही कारण है कि उनके लिए निःस्वार्थ भाव से यथा-सम्भव सब कुछ करने के बावजूद मेरी उपस्थिति में ही उनके मुँह से मेरे लिए जो शब्द उच्चरित हुआ, वह मेरे लिए इसलिए अत्यन्त पीड़ादायक है कि उनके मुख से वह शब्द मेरे लिए निकला, जिसकी कल्पना मैं सपने में भी नहीं कर सकता था।

कोई सज्जन पहले से बैठे थे, जिन्हें मैं पहचानता नहीं था। शास्त्री जी उनसे प्रगतिशील कवियों के बारे में बोल रहे थे। अपने सोच के अनुरूप नागार्जुन से त्रिलोचन तक पर बरस रहे थे। मैंने श्रद्धापूर्वक प्रणाम किया और बैठ गया। उक्त सज्जन ने शास्त्री जी के समर्थन में ही एक-दो वाक्य कहे होंगे कि शास्त्री जी ने कहा-"यहाँ सिर्फ 'नन्दनवा' है न, वही प्रगतिशीलों की तारीफ करता है।" दो-तीन मिनट के बाद जब मुझ पर उनकी दृष्टि पड़ी तो उन्हें बोध

हुआ–यह मैं क्या बोल गया? वह हाथ से अपने मुँह पर मारने लगे–शिव! शिव!! यह क्या बोल गया?

मैंने बात को दूसरी दिशा में मोड़ते हुए उन्हें सहज करने की चेष्टा की थी। यह कम विस्मयकारी नहीं है कि वह जिस दरिद्र ब्राह्मण परिवार में उत्पन्न (मैगरा, गया) हुए थे, वहाँ घोर गरीबी ही नहीं थी, उन्हें जमींदारों के अपमान और उत्पीड़न से भी गुजरना पड़ा था। यह बात मैंने कई बार उनके ही मुँह से सुनी है। एक प्रसंग याद आता है, जो इस तथ्य का प्रमाण भी है और उदाहरण भी कि अभाव और उत्पीड़न से गुजरने वाले प्रकाण्ड पंडित ब्राह्मण भी वंचित पिछड़ों और दलितों के प्रति घृणापूर्ण व्यवहार करते हैं। वह इसलिए कि वह अपने वर्ग चरित्र से ऊपर उठने की कभी कोशिश नहीं करते।

मुझे साल याद नहीं है लेकिन गया की ही खबर थी। मैं और डॉ. रामप्रवेश सिंह दोनों उनके सामने बैठे थे। हॉकर अखबार दे गया। हेडलाइन ऐसी थी, जिसमें बारह–तेरह रातपूतों के गया में मारे जाने की घटना छपी थी। रामप्रवेश सिंह ने क्षोभ व्यक्त करते हुए कहा कि हद हो गई, हरिजनों ने अत्याचार को पराकाष्ठा पर पहुँचा दिया। यह सुनकर शास्त्री जी ने कहा–कल तक आप उन पर अत्याचार करते थे, उन्हें भेड़-बकरियों की तरह काटते-मारते थे, आज समय बदल गया है। उनके भी हाथों में बन्दूकें आ गयी हैं। उन पर जुर्म करते हुए, उनकी बहू-बेटियों की इज्जत लूटते हुए यही राजपूत-भूमिहार कभी सोचते थे कि ये लोग भी मनुष्य हैं। जब रामप्रवेश सिंह ने इस घटना की तार्किक संगति के विरुद्ध कुछ कहना चाहा तो उन्होंने तेज स्वर में अपना यह अनुभव सुनाया था–

सुनिये, एक सच्चाई। मैं गरीब ब्राह्मण परिवार में पैदा हुआ था। मेरे पिताजी संस्कृत के प्रकाण्ड पंडित थे लेकिन पूजा-पाठ यज्ञादि कराकर जीविका अर्जित करते थे। मैं उस समय बारह-तेरह वर्ष का बालक था। बाबूजी कहीं बाहर गये हुए थे। हमारा इलाका भूमिपतियों का इलाका रहा है। किसी जमींदार साहब की ड्योढ़ी पर सत्यनारायण व्रत की कथा होने वाली थी। बाबूजी चाहे जितने बड़े प्रकाण्ड पंडित रहे हों पर थे तो गरीब ही। इसलिए हम उन भूमिपतियों की दृष्टि में हेय थे। शायद चार बजने को थे। जमींदार का आदमी बाबूजी को पूजा कराने के लिए लेने आया। उसने अत्यन्त अभद्र ढंग से घर के बाहर आवाज लगायी–"पंडित कहाँ है? पूजा कराने चलना है।" "वो बाहर गये हैं?" माँ ने घर के अन्दर से घूँघट ताने हुए कहा। इस पर वह और क्रोधित हो उठा। उसने कहा–"आज पूजा नहीं होगी तो पता चलेगा। जहाँ है, वहाँ से बुलाओ।"

माँ डर गयीं। मैं भी डर गया। वह बाहर खड़ा बार-बार यही कहता रहा– "जहाँ से भी हो, पंडित को बुलाओ।"

"बचवा भी पूजा करा देगा।" मेरी माँ ने जब कहा तो वह गन्दे ढंग से हँसा और बोला—"यह क्या जानता है, जो पूजा करायेगा।"

"इसको वेद-पुराण सब कंठस्थ हैं। पूजा भी कराता है।" माँ ने जब कहा तो वह मुझे ले जाने के लिए राजी हो गया। माँ ने झोली में सत्यनारायण व्रत की कथा वाली पुस्तक और शंख रखकर मुझे उसके साथ पूजा कराने भेज दिया। जब तक मैं न लौटा, मेरी माँ के प्राण नहों में समाये हुए थे।

जाति की श्रेष्ठता और निम्नता की धारणा बड़े से बड़े ज्ञानियों के मन में इस कदर बद्धमूल है कि वे वाचिक और लिखित स्तर पर चाहे जितने उदार और सहिष्णु दिखलाई पड़ते हों, वे व्यवहार के स्तर पर अपनी असहिष्णुता और पक्षपात प्रकट कर ही देते हैं। जो अपवाद हैं, वे सचमुच मनुष्य-जाति के सिरमौर हैं।

आचार्य जानकीवल्लभ शास्त्री जी ने एक दिन मुझसे कहा—"नन्दनजी, कोई शुद्ध लिखनेवाला छात्र हो तो दीजिए। वह 'बेला' के प्रकाशन में मेरी सहायता करेगा।" मैंने हामी तो भर दी लेकिन ऐसा कोई छात्र मिलता न था। अन्ततः शिवशंकर नाम के छात्र, जो शुद्ध भी लिखते थे और जिनकी लिखावट भी सुन्दर थी, इस कार्य के लिए सहर्ष तैयार हो गये। वह ठक्कर बाबा छात्रावास में रहते थे और मेरे अत्यन्त निकट भी थे। मैं उन्हें लेकर आचार्य जी के पास गया। वह उनके यहाँ नियमित जाने लगे। एक दिन शास्त्री जी ने उनकी प्रशंसा भी की। वह प्रतिभावान भी थे और गौरांग भी। समय के साथ मेरी पारिवारिक और सामाजिक व्यस्तता बढ़ती चली गई। इस कारण मैं शास्त्री जी के यहाँ हर सप्ताह जाने के बजाय महीने में एक-दो बार जाने लगा। कभी प्रसंग भी नहीं आया कि शिवशंकर के विषय में पूछता।

तीन-चार वर्षों के बाद एक दिन बाजार में शिवशंकर दिख गये। उन्होंने प्रणाम किया तो मैंने उनका और उनके घर का हाल-चाल पूछा। पढ़ाई-लिखाई की बावत मैंने पूछा—"आचार्य जी के यहाँ जाते हैं न?"

यह सुनकर शिवशंकर मौन हो गये। वह कुछ कहने को तैयार नहीं हुए। जब बहुत कुरेदा तो उन्होंने अत्यन्त उदासी से श्लथ शब्दों में इतना ही कहा—"लगभग साल भर गया था, उसके बाद जाना छोड़ दिया।" "क्यों?" मैंने पूछा तो उन्होंने पहले तो कारण बतलाने से साफ इनकार कर दिया। लेकिन बाद में उन्होंने जो कुछ बतलाया, उससे मुझे जोरदार आघात लगा। दरअसल शास्त्री जी के निराला-निकेतन के कुछ कमरों में उन्हीं की जाति के विद्यार्थी रहते थे, उनमें से एक शिवशंकर का साथी था। उसी ने शिवशंकर को यह सच बतला दिया कि शास्त्री जी के यहाँ उन्हें समोसे आदि नाश्ता जिस प्लेट या तस्तरी में दिया जाता है, उसी प्लेट या तस्तरी में उनके कुत्ते-बिल्ली को

भी दूध या खाना दिया जाता है। यह सब जानने के बाद मैं गहरे सोच में डूब गया कि मनुष्य के साथ मनुष्य के व्यवहार का आधार जाति क्यों है? क्या यह व्यवहार हमारी अर्जित ज्ञान-सम्पदा, प्रसिद्धि और प्रतिष्ठा के बावजूद हमें कठघरे में खड़ा नहीं कर देता? ऐसे समय कबीर ही याद आने लगते हैं–

आत्मा परमात्मा देखु सब एक को
दया धरू हृदय में सुमति जागै।

ऐसा नहीं है कि आचार्य जानकीवल्लभ शास्त्री के सम्बन्ध में मैं आज उनके नहीं रहने पर यह सब लिख रहा हूँ। वह कभी-कभार यह कहा करते थे कि निराला तो गोश्त खाते थे और शराब भी पीते थे, मैं तो बिलकुल वैष्णव और शाकाहारी हूँ। कई बार उनके कथन से यह भी झलकता कि वह सांसारिकता से एकदम ऊपर उठ चुके हैं। मैंने यह सब देखकर एक लेख लिखा था जो तीन-तीन बार छपा। शीर्षक है–'परम्परा की शक्ति और सीमा'। इसमें मैंने उनके सकारात्मक पक्ष का उल्लेख करते हुए यह विवेचित किया था कि निराला के निकटतम होने के बावजूद वह निराला से सर्वथा दूर और पृथक् हैं क्योंकि वह अपने पाण्डित्य और व्यक्तिवादिता का अतिक्रमण कर सहज मानवीयता का विस्तार करने से चूक गये हैं। मैंने उनकी महानता के पाखण्ड पर चोट करने वाली एक कहानी 'अन्तर्विरोध' भी लिखी थी जो 'आज' की रविवारी दृष्टि स्तम्भ में छपी थी। 'परम्परा की शक्ति और सीमा' पढ़कर शास्त्री जी अत्यन्त क्रोधित हुए थे, जो स्वाभाविक था क्योंकि इससे पहले मुजफ्फरपुर से एक पत्रिका प्रकाशित करने वाले श्री राधे 'अज्ञानी' ने उन पर केन्द्रित एक पुस्तक प्रकाशित की थी, जिसमें ज्यादातर लेखकों ने उन्हें सन्त के रूप में स्थापित किया था।

व्यवहार का एक पहलू यह भी है कि हम अपनी जाति से इतर लोगों की श्रेष्ठता के बावजूद उन्हें वह सम्मान नहीं देते, उनके साथ दोयम दर्जे के नागरिक जैसा तो कभी-कभी तो अमानवीय होने की हद तक व्यवहार करते हैं। दूसरा पहलू यह है कि अपनी जाति के ऐसे व्यक्ति को अधिक सम्मान देते हैं, जिसके वे कतई अधिकारी नहीं होते।

भोजपुर के नरही चाँदी गाँव में जन्मे और सकड्डी टोला चकिया में मुसहर टोली में रहने वाले लोक कवि, नाटककार और सामाजिक कार्यकर्त्ता महेन्द्र गोस्वामी ने अन्तहीन अभाव और अपमान का नरक भोगा था। श्री जानकीवल्लभ शास्त्री के पिताजी के समान उनके पिता भी पूजा और यज्ञादि कराकर जीविका अर्जित करते थे। वह तो तंत्र-मंत्र, झाड़-फूँक के

अलावा भिक्षाटन भी करते थे, जिसे बालक महेन्द्र गोस्वामी कभी पसन्द नहीं करते थे। लेकिन बड़ा होते ही वह पिता के कर्मकाण्डों के द्वारा जीविका अर्जित करने का खुलकर विरोध करने लगे, जिससे पिता उन्हें कुलद्रोही आदि कहते थे। वयस्क होने पर भी उनके जीवन में अभाव का वही आलम रहा। वह माता-पिता के न रहने पर अपनी जीविका के लिए बच्चों को पढ़ाने का काम करने लगे लेकिन अन्याय और गलत कार्यों का सतत् विरोध करने वाले महेन्द्र गोस्वामी को स्वाभिमानी और अक्खड़ होने के कारण हर जगह से निकल जाना पड़ता था। इसलिए अभाव उनका जीवन-सहचर बन गया था। कई बार उन्हें घर की लोटा-थाली बेचकर रोटी-दाल का इन्तजाम करना पड़ता था। वह अक्सर कहा करते थे–"मैं गरीबी की आखिरी तह तक पहुँच गया हूँ, इसीलिए मेरे भीतर इतनी आग है।" उन्होंने सामन्ती अत्याचार और बर्बरता की चरम पराकाष्ठा को निकट से देखा ही नहीं था, स्वयं भी उसे भोगा था। गाँव के सामन्त और दबंग लोग मुसहरों को बाँधकर ले जाते थे, उनसे जबरन खेती आदि का काम बेगारी के रूप में करवाते थे। यदि उन्होंने भूल से भी मजदूरी माँग ली तो उन्हें पेड़ों से बाँधकर बेरहमी से पीटा जाता था। उनमें शिक्षा का अभाव था, इसलिए वे सताये जाते थे। वे भूमि-सामन्त मुसहरों की बहू-बेटियों को उनके झोपड़े से उठा ले जाते और उनकी इज्जत लूटने के बाद भी उन्हें मार-पीट कर घायल कर देते थे। कभी-कभी उनकी हत्या तक कर देते थे लेकिन उनके आतंक से कोई उफ तक नहीं कर पाता था। यह अत्याचार देखकर महेन्द्र गोस्वामी मुसहरों के बच्चों को अपने ही दरवाजे पर पढ़ाने-लिखाने लगे और बचपन से ही उनमें अधिकार-बोध और अन्याय के प्रतिकार की चेतना जगाने लगे। परिणामतः वह सामन्तों और जमींदारों की आँखों की किरकिरी बन गये। उन दबंगों के द्वारा उन्हें किसी न किसी रूप में पीड़ित-प्रताड़ित किये जाने की घटना उनकी दिनचर्या का अंग बन गई। एक बार दबंग जमींदार, मुसहरों द्वारा दूसरे इलाके में बेगार करने से इनकार करने पर उन्हें बाँधकर पीटने लगे और उन्हें तरह-तरह से सताने लगे। यह सुनते ही उनसे न रहा गया, वह अकेले ही वहाँ अत्याचार का प्रतिरोध करने पहुँच गये। पहले तो दबंगों ने उन्हें बभना जैसे शब्दों से सम्बोधित किया, फिर वे उन्हें भद्दी-भद्दी गालियाँ देने लगे लेकिन वह उनसे प्रश्न करते रहे–"पहले आप बताइए, ये मनुष्य हैं या नहीं? ये भी आपकी ही तरह भारतीय हैं कि नहीं?" "बभना ऐसे नहीं मानेगा" कहते हुए उन लोगों ने मुसहरों के समान ही उन्हें भी पेड़ से बाँधकर लगातार पीटा, जिससे उनकी दाहिनी बाँह टूट गई। इसके बावजूद गोस्वामी जी झुकने के बजाय अडिग रहे और आजीवन वंचितों के अधिकार की लड़ाई लड़ते रहे।

महेन्द्र गोस्वामी के काव्य और व्यवहार की एकता इस रूप में चरितार्थ हुई कि वह सहज रूप से इस तथ्य के अद्‌भुत उदाहरण बन गये कि साहित्य 'लिखन्त-पढ़न्त' भर होकर 'पढ़-पढ़कर पत्थर' होने वाले समाज तक ही सिमट कर रह जाता है, वह जन-वाणी के रूप में व्यापकता और विस्तार नहीं पाता है, जो पीढ़ियों को अन्याय का प्रतिकार करने का जीवन-मंत्र देकर मानवीय स्तर पर संस्कारित करता है। इस दृष्टि से देखें तो आज के अधिकतर हिन्दी कवियों और लेखकों का साहित्य 'लिखन्त-पढ़न्त' भर है, वह स्कूलों-विश्वविद्यालयों की कक्षाओं में पढ़ाया जाता है, हजारों साहित्यकारों और अध्यापकों के बीच बहस-विमर्श का विषय होता है, उसी आधार पर पत्रिकाएँ कवि-लेखक की लोकप्रियता और श्रेष्ठता की घोषणा भी करती हैं। सरकारी खरीदों के आधार पर की गई यह घोषणा कि अमुक लेखक-कवि श्रेष्ठ है और लोकप्रिय है, इस बात का प्रमाण है कि यह सारा आकलन लेखकों की सामान्य जनता में गहरी पैठ के आधार पर नहीं होता। इसके ठीक विपरीत महेन्द्र गोस्वामी कहा करते थे-"मैंने जिस वंचित और उपेक्षित वर्ग की यातना और संघर्ष को वाणी दी है, उसे मुझे उन तक पहुँचाना है, उन्हें बतलाना है कि आपकी सदियों से चली आ रही अछोर यातना किनके कारण है? यही नहीं, मैंने जिन सामन्ती-पूँजीवादी ताकतों के प्रतीक-व्यक्तियों को अपनी कविताओं में बेनकाब किया है, यदि उन्हें अपनी कविताएँ नहीं सुनायीं तो बड़े-बड़े प्रकाशकों से किताबें छपवाकर समीक्षा लिखवाने और गोटी बिठाकर पुरस्कार पाने से साहित्य और समाज का क्या भला होगा? ऐसे साहित्य की सामाजिक परिवर्तन में क्या भूमिका है?" वह अपनी धारणा में इतने दृढ़ और एक हद तक दुस्साहसी थे कि वे अन्यायी को मुँह पर ललकारने जा पहुँचते थे, परिणाम चाहे जो हो।

एक बार उनके इलाके के जमींदारों और दबंगों ने कांग्रेस के मंत्री शंकर दयाल सिंह को बुलाकर सम्मानित किया। मुखिया-सरपंच सभी दबंग लोग थे। मंत्रीजी के बारे में जानकारों का भी कहना है कि वह एक खनन माफिया थे और किसी भी जमींदार से कम बड़े शोषक और अन्यायी न थे। सभा चल रही थी, मंत्री जी का गुणगान हो रहा था कि भीड़ में किसी तरह छिपते-छिपाते गोस्वामी जी मंच के पास पहुँच गये, उन्हें देखकर घबराये दबंग उन्हें पकड़े-पकड़े तब तक वह मंच पर चढ़ गये और माइक पकड़ कर तीन-चार मिनटों में ही इलाके के गरीबों की दुख-दर्द शोषण वाली तस्वीर रख दी और मंत्री जी के चेहरे से भी नकाब उतार दिया। 'पकड़ो-पकड़ो' कहते हुए दबंगों ने पकड़कर उन्हें ऐसी बेरहमी से पीटा कि वह कई दिनों तक बिस्तर पर पड़े रहे। जैसे ही चलने लायक हुए, उन्होंने हमेशा की तरह वह झोली उठायी,

जिसमें हमेशा एक जिस्ता सादा कागज रहता था, वह पैसेंजर ट्रेन से पटना के लिए चल पड़े। रात में वह बिहार के डी.जी.पी. (पुलिस उप-महानिरीक्षक) श्री डी.एन. सहाय की कोठी पर पहुँच गये। सुरक्षा-प्रहरियों ने पहले तो रोका पर उनके सिर पर पट्टी लगी देखकर उन्हें उनके प्रति सहानुभूति हो आई। उन्होंने अपने नाम का पुर्जा भेजा, जिस पर लिखा था–लोक कवि महेन्द्र गोस्वामी। कुछ मिनटों के बाद सहाय जी स्वयं आये। उन्होंने उनसे पूछा–"आपकी यह हालत कैसे हुई?" तब उन्होंने अपने साथ हुई घटना ही नहीं बयान की, अपने इलाके के दबंगों द्वारा गरीबों और मुसहरों के सताये जाने का बर्बर इतिहास भी रख दिया। श्री डी.एन. सहाय ने भोजपुर के पुलिस अधीक्षक को फटकार लगाई और उन गुण्डों को पकड़कर कार्रवाई करने का आदेश दे दिया। परिणामतः कुछ दबंग सामन्त पकड़े गये और जेल भेज दिये गये जिसकी भयंकर प्रतिक्रिया इस रूप में हुई कि जहाँ दबे-कुचले और सताये जा रहे गरीब मुसहरों एवं अन्य गरीब-वर्गों में खुशी की लहर दौड़ गयी वहीं सामन्त-जमींदार गोलबन्द होने लगे और धमकियाँ देने लगे–"बभना को सबक सिखाना होगा, यह कुत्ता जब तक रहेगा, हमलोगों को चैन से नहीं रहने देगा।" इस घटना ने तो गोस्वामी जी की पत्नी को भी यह कहने के लिए विवश कर दिया कि आपसे शादी करके जिन्दगी नरक हो गई। गोस्वामी जी पर बढ़ते खतरों की आशंका से त्रस्त मुसहरों की टोली उनके साथ चलने लगी और रात में वह उनके घर पर ही सोती थी कि कोई उनका बाल बाँका न कर सके। वंचित-प्रताड़ित मुसहर उनके सुरक्षा-कवच बन गये थे।

गोस्वामी जी समाज के शोषकों-वंचकों को एक्सपोज करना भी कवि-कर्म का अनिवार्य अंग मानते थे। कागजी विकास के द्वारा गरीबों की गाढ़ी कमाई लूटने वाली व्यवस्था की विद्रूपता को उजागर करने की जैसे उन्होंने कसम ही खा ली थी। एक बार उन्होंने पटना के आयुक्त को पत्र लिखकर अपने इलाके में मुसहरों की दयनीय अवस्था देखने का ऐसा मार्मिक अनुरोध किया कि आयुक्त महोदय स्वयं को रोक नहीं पाये। उनमें शायद थोड़ी-बहुत संवेदना बची रही होगी। वह वहाँ के किसी भी प्रशासनिक पदाधिकारी को सूचित किये बगैर मुसहर टोले में जा पहुँचे। उन्होंने मुसहरों और अन्य गरीब वर्गों की दयनीय दशा देखी और उनके मुँह से उन पर होने वाले सामन्ती अत्याचार और यातना की दारुण कथाएँ सुनीं तो वह सकते में आ गये। प्रखण्ड विकास पदाधिकारी और अन्य अधिकारियों की भेजी गई रिपोर्टों के अनुसार उस इलाके में शिक्षा, स्वास्थ्य, पेय जल की ही नहीं, कृषि के क्षेत्र में भी अभूतपूर्व प्रगति दिखलाई गई थी। सुशासन में आज भी यही हो रहा है। जब प्रखण्ड विकास पदाधिकारी आदि अफसरों को कमिश्नर के अचानक

आ जाने की बात मालूम हुई तो उनके ही नहीं, उस इलाके के अत्याचारी शोषक और दबंग लोगों को भी साँप सूँघ गया। कमिश्नर साहब ने उन अधिकारियों को न केवल खरी-खोटी सुनायीं, उनमें से कुछ का तो तत्काल तबादला भी कर दिया। यही नहीं, पुलिस को दबंगों की सूची तैयार कर कार्रवाई करने का आदेश भी दे दिया। कमिश्नर चले गये तो भोजपुर के खासकर सकड्डी टोले और आस-पास के दबंग सामंत गोस्वामी जी को तरह-तरह से उत्पीड़ित करने लगे, बल्कि उनके घर के सामने से जाने के रास्ते को बाँस की बल्लियों से घेरकर उनका आवागमन ही बन्द कर दिया। उन्होंने इसके विरुद्ध अनुमण्डल पदाधिकारी को कानूनी प्रावधानों का उल्लेख करते हुए प्रतिवेदन दिया जिसके फलस्वरूप अनुमण्डल पदाधिकारी सदलबल आये और उनके घर के सामने लगी बाँसों की बल्लियों को उखड़वाकर लोगों को दण्डित किया। अनुमण्डल पदाधिकारी की त्वरित कार्रवाई का कारण आयुक्त महोदय के आने से मचा हड़कम्प था।

महेन्द्र गोस्वामी एक ओर अपने इलाके के दबे-कुचले अभाव-ग्रस्त सभी वर्गों के मानवीय अधिकारों की लड़ाई लड़ रहे थे तो दूसरी ओर उनके रोगों का भी इलाज करते थे। उन्होंने होम्योपैथ की चिकित्सा पद्धति का गहरा अध्ययन किया था और घर पर गरीबों का निःशुल्क इलाज करते थे। अपने इलाके के सांस्कृतिक उन्नयन के लिए मित्रों के सहयोग से वह 'आपन गाँव' पत्रिका निकालते थे। यहाँ आचार्य जानकीवल्लभ शास्त्री की पत्रिका 'बेला' का उल्लेख आवश्यक है। न केवल आचार्य जानकीवल्लभ शास्त्री और महेन्द्र गोस्वामी की जीवन-दृष्टि और जीवन-व्यवहार में आकाश-पाताल का फर्क रहा है बल्कि साहित्य कर्म में भी अछोर अन्तर रहा है। इसलिए जहाँ गोस्वामीजी की पत्रिका 'आपन गाँव' में ग्रामीण जनों के संघर्ष और यातना को व्यंजित करने वाली भोजपुरी कविता-कहानी-व्यंग्य प्रकाशित होते थे, वहीं 'बेला' के कुछ अंकों को छोड़कर सभी अंक शास्त्री जी पर ही केन्द्रित होते थे। निराला के प्रति भक्ति के कारण कुछ दिनों तक निराला की रचनाएँ और निराला पर लेख अवश्य छपे। 'बेला' हिन्दी की एक अकेली पत्रिका होगी, जिसका प्रायः हर अंक उसके सम्पादक आचार्य जानकीवल्लभ शास्त्री की स्तुति वन्दना से भरी रहती थी। 'आपन गाँव' का हर अंक इसके उलट जन सरोकारों की लोक पत्रिका थी। सौ रुपया देने वाला हर कवि-अकवि 'बेला' में छप जाता था या सम्पादक की प्रशस्तिपरक कविता या लेख लिखने वाला। लेकिन 'आपन गाँव' का चरित्र एकदम विपरीत था। कहीं कोई समझौता नहीं। इन दोनों व्यक्तित्वों की तुलना इस दृष्टि से निरर्थक और अटपटी लग सकती है कि कहाँ आचार्य जानकीवल्लभ शास्त्री और कहाँ

अधिक-से-अधिक दक्षिण बिहार में प्रसिद्ध महेन्द्र गोस्वामी, भोजपुरी का लोक-कवि-नाटककार। एक वह व्यक्तित्व, जिस पर दर्जनों शोध हुए हैं, उनके प्रशंसक और भक्त अब भी उन्हें सन्त बनाने में प्राणपन से लगे हैं। उनकी मृत्युपरान्त आदमकद प्रतिमा लगाने से लेकर उनके सभी ग्रन्थ बड़े-बड़े प्रकाशक छाप रहे हैं, उनके नाम पर ट्रस्ट बना रहे हैं। वहाँ एक अत्यंत साधारण लोक कवि को उसके बरक्स रखकर देखने का क्या औचित्य है? औचित्य है, वह भी कबीर की पंक्तियों में है-कहंता तो बहु मिला गहंता मिला न कोय। सो कहंता बहि जान दे जो न गहंता होय।' अब तो जानकीवल्लभ जी को निराला के समकक्ष या उनसे श्रेष्ठतर सिद्ध करने की मूढ़ता भरी कोशिश भी शुरू हो गई है। निराला के निकट रहने भर से कोई निराला के समान कैसे हो सकता है जबकि उसका जीवन और साहित्य जन-संघर्ष से बिलकुल कटा हुआ और घोर व्यक्तिवादी हो।

प्रथमद्रष्टया यह तुलना बेमानी लग सकती है लेकिन जब देश की अस्सी प्रतिशत जनता ऐसे त्रासद संकट से गुजर रही है, जहाँ लोकतांत्रिक व्यवस्था के प्रतिनिधि-प्रायः सभी राजनीतिक दल और उनके नेता विचारशून्यता एवं संवेदनहीनता के शिकार हों, सत्ता-प्राप्ति और उसके जरिये अपार दौलत और विलासिता प्राप्त करना ही जिनका एक मात्र उद्देश्य हो, जहाँ देशी-विदेशी पूँजीपति-उद्योगपति देश की भू-सम्पदा, जन-सम्पदा, वन-सम्पदा और खनिज सम्पदा लूटकर एक ओर मालामाल हो रहे हों; छत्तीसगढ़, उड़ीसा, झारखण्ड, बंगाल, मध्य प्रदेश और गुजरात के आदिवासी और किसान अपनी सदियों की भूमि से बेदखल किये जा रहे हों, जहाँ दलितों के विकास के लिए प्रस्वीकृत 744 करोड़ रुपये राष्ट्र मण्डल खेलों के बहाने लूटे जाते हों और बुलडोजर लगाकर दलितों की बस्तियाँ उजाड़ दी जाती हों, जहाँ प्रतिवर्ष कई हजार धरती पुत्र किसान आत्महत्या कर रहे हों, जहाँ हिन्दुत्व के नाम पर गांधी के गुजरात में हजारों निर्दोषों को दंगे की भेंट चढ़ाने के बाद नेता प्रधानमंत्री बन जाते हों, जहाँ लाखों टन अनाज सड़ रहे हों और जनता भूख से मर रही हो, ऐसे समय संवेदनशीलता दिखलाने वाले सर्वोच्च न्यायालय के निर्देश को ईमानदार (?) कहलाने वाले प्रधानमंत्री (डॉ. मनमोहन सिंह) अव्यावहारिक बतलाकर संवेदनहीनता का परिचय देते हों, जहाँ देश की गरीब जनता की गाढ़ी कमाई काले धन के रूप में विदेशी बैंकों में जमा हो, जहाँ उद्योगपतियों और व्यापारियों के घर भरने के लिए चीजों के दाम आकाश को छू रहे हों और वित्तमंत्री से लेकर कृषिमंत्री तक सभी जनता के प्रति पत्थर हो चुके हों, जहाँ शोषित जनता की हितैषी ज्यादातर कम्युनिस्ट पार्टियाँ भी यथास्थितिवादी हो गयी हों, वहाँ वैसे साहित्य-कर्म का क्या अर्थ है, जो प्रतिदिन टनों के हिसाब

से लिखा-छापा जाता है पर देश में गुणात्मक परिवर्तन की दिशा में जड़ हो चुके लोकतंत्र के शरीर पर एक हल्की-सी खरोंच भी नहीं लगा पाता? यह सारा लेखन कागजी नहीं तो और क्या है? यदि कहीं कोई कुछ हो रहा है, जिससे उम्मीद बँधती है तो उन्हीं कवियों-लेखकों की रचनाओं के द्वारा जो रचनाकार होने के साथ-साथ प्रतिबद्ध एक्टिविस्ट हैं, जो हर स्तर पर अन्याय-उत्पीड़न और शोषण के प्रतिरोधी संघर्ष में योद्धा की तरह सक्रिय हैं। भाषा कोई भी हो, इन रचनाकारों की प्राथमिकता वंचित जनता की शोषण-मुक्ति के संघर्ष को तीव्रतर कर उन्हें आर्थिक, सामाजिक और राजनीतिक स्तर पर मानवीय गौरव प्रदान करना है।

दक्षिण बिहार के सामन्त-वर्ग के जिस प्रतिनिधि नेता और तत्कालीन मुख्यमंत्री के हाथों आचार्य जानकीवल्लभ शास्त्री ने रवीन्द्र-भवन, पटना में राजेन्द्र शिखर सम्मान प्राप्त किया और गौरवान्वित हुए, उन्हीं मुख्यमंत्री के सामन्ती चरित्र को बेनकाब करने वाली अपनी भोजपुरी कविता सुनाने पहुँच जाने वाले महेन्द्र गोस्वामी के फर्क को समझने का ही नहीं, महसूस करने का भी वक्त आ गया है। अपने बचपन से महेन्द्र गोस्वामी को अपना गुरु मानने वाले एक कवि को पटना में उस दिन उनके आदर्श गोस्वामी जी मिल गये। कवि ने पूछा-"कहाँ जा रहे हैं?"

"मुख्यमंत्री जी के आवास पर जाना है।" गोस्वामी जी ने कहा।

"उनसे कोई काम है?" कवि ने पूछा।

"काम क्या है? एक कविता सुनानी है।" गोस्वामी जी ने कहा तो कवि भी साथ हो गये। ढाई-तीन दशक पहले इन सामन्ती नेता के द्वारा पटना से एक पत्रिका निकलती थी, जिसके सम्पादक भी उन्हीं की जाति के कथित विद्वान होते थे। उसी के कार्यालय में उनसे गोस्वामी जी की जान-पहचान हुई थी जिससे वह जानते थे कि गोस्वामी जी भोजपुरी के लोकप्रिय कवि हैं।

मुख्यमंत्री उनके विद्रोही रूप से कदाचित परिचित नहीं थे। जैसा कि उक्त कवि ने बतलाया, वे दोनों मुख्यमंत्री के पटना आवास पर पहुँचे। मिलने वालों में अधिकांश मुख्यमंत्री के ही कुल-गोत्र के लोग थे क्योंकि मुख्यमंत्री अपनी बिरादरी के देव तुल्य नेता थे। ठीक वैसे ही जैसे एक जाति विशेष के लिए श्रीकृष्ण सिंह थे तो एक दूसरी जाति विशेष के लिए रामलखन सिंह यादव। जब मुख्यमंत्री अपने महलनुमा भवन से बारह बजे के आस-पास नीचे उतरे तो उनका चरण छूने और आशीर्वाद पाने वाले उमड़ पड़े। सुरक्षा-प्रहरियों की व्यवस्था के अनुरूप चरण-वंदन समाप्त हुआ तो एक कोने में खड़े महेन्द्र गोस्वामी पर मुख्यमंत्री जी की नजर पड़ी तो उन्होंने उनसे आने की बावत

पूछा तो उन्होंने बतलाया कि उन्होंने उन्हें ही सुनाने के लिए एक कविता लिखी है। मुख्यमंत्री ने सपने में भी उस कविता की कल्पना न की होगी कि वह उनके विरुद्ध होगी। उन्होंने सुनाने की स्वीकृति दे दी। महेन्द्र गोस्वामी सुनाने लगे–

हमहु मालिक जब बन जइति
रऊआ नौकर जब बन जइति
रऊआ कइसन लागित जी
रऊआ से हड़वा हम चलवइति
साँझ के कुछो न दे पइति
रऊआ के खम्भा में बन्धवइति
आउर लाठी से पिटवइति
रऊआ कइसन लागित जी

वह इतना ही सुना पाये थे कि 'मारो-मारो' की आवाज उठने लगी और एक सुरक्षा प्रहरी ने गोस्वामी जी को पकड़ लिया। इस बीच मुख्यमंत्री को देव-तुल्य मानने वाले भक्तों और गोस्वामी जी के बीच धक्का-मुक्की में उन्हें दो-तीन मुक्के भी लग गये। मुख्यमंत्री के चेहरे पर तो सरे-बाजार थप्पड़ खाने की प्रतीति थी लेकिन उन्होंने लोगों से कहा–"उन्हें छोड़ दो।" सामन्ती चरित्र की यह भद्रता भी, आज के मुख्यमंत्रियों में ढूँढ़े भी नहीं मिलती। कल्पना कीजिए, उनकी जगह कोई और मुख्यमंत्री होता तो गोस्वामी जी की क्या गत होती।

यह कितनी बड़ी विडम्बना है कि हम अपने साहित्य में बड़े-से-बड़े आदर्श या मूल्य को अभिव्यक्त कर गर्वोन्नत होते हैं कि हम अपने साहित्य के द्वारा समाज को आलोकित कर रहे हैं जबकि हम अपनी निजी महत्त्वाकांक्षा की अँधेरी-तंग गुफा से एक पल के लिए भी बाहर नहीं निकलते। हम गिरने की उस हद तक गिरते चले जाते हैं जिस हद तक एक औसत आदमी भी जो अपनी रोटी के लिए दिनरात मेहनत-मशक्कत करने के बावजूद कभी नहीं जा सकता; वह अपने समस्त दुखों-अभावों में भी अपनी नैतिकता बचाये रखने के लिए यथासम्भव संघर्ष करता है। फिर भी हमी महान हैं। हमारी ही प्रतिमा लगती है, हम पर ही शोध होते हैं और हम साहित्य के इतिहास पुरुष बन जाते हैं जबकि हम जीवन-भर समाज को देने के बजाय उससे लेते ही रहते हैं। फिर भी हमेशा हमें ही शिकायत रहती है कि हम घोर अभाव में है, कोई देखने वाला नहीं है। सारा देश जानता है कि शंकर गुहा नियोगी जैसे जन-प्रतिबद्ध एवं समर्पित महान व्यक्तित्व की हत्या किस साजिश के तहत हुई और उसमें किस शराब निर्माता उद्योगपति की संलिप्तता

थी। 'सौ-सौ चूहे खाके बिल्ली हज को चली' कहावत चरितार्थ करने वाले हमारे पूँजीपति साहित्यकारों, संगीतकारों, चित्रकारों और अन्य सांस्कृतिक व्यक्तित्वों को सम्मानित किया करते हैं ताकि उनकी जन-शोषक छवि थोड़ी बेहतर दिख सके। ऐसे जन-शोषक सेठों के धन से बने ट्रस्टों से सम्मानित होने वाले रचनाकारों की नैतिकता कहाँ चली जाती है, जब वे उनके रक्त-सने धन से निर्मित पुरस्कार प्राप्त कर गौरवान्वित होते नहीं थकते? शिखर आलोचक डॉ. रामविलास शर्मा भी निराला के निकट थे और आचार्य जानकीवल्लभ शास्त्री भी किन्तु दोनों में से एक डॉ. शर्मा ने तो अपने जीवन--कर्म और रचना-कर्म दोनों से यह सिद्ध कर दिया कि वही निराला के सच्चे उत्तराधिकारी थे और वह उनके कवि और मनुष्य दोनों को सही रूप में गहरे स्तर पर जानते-समझते थे। लेकिन जीवन-पर्यन्त निराला का सर्वाधिक समीपी होने का राग अलापने और लाभ पाने वाले शास्त्री जी उसी शराब-माफिया के न्यास से जिसके हाथ छत्तीसगढ़ के गांधी कहे जाने वाले शंकर गुहा नियोगी के खून से रंगे थे, लखटकिया पुरस्कार श्री धर्मवीर भारती के साथ लेने के बाद दिल्ली से लौटे तो अपने स्वागत-सम्मान की कथा कहते हुए नहीं थक रहे थे। इसलिए शास्त्री जी की ये पंक्तियाँ आज उन्हीं का मुँह चिढ़ा रही हैं :

कुपथ-कुपथ रथ दौड़ाता जो
पथ-निर्देशक वह है
लाज लजाती जिसकी कृति से
धृति उपदेशक वह है।

आखिर यह सब क्या है? गरीबी की आखिरी तह तक पहुँचने वाले महेन्द्र गोस्वामी हों या गोरख पाण्डेय जैसे-जन समर्पित कवि, उनके सामने टनों लिखे जा रहे कागजी साहित्य की क्या अर्थवत्ता है?

ऐसा समय अक्सर आता था कि महेन्द्र गोस्वामी के घर में चूल्हे जले कई-कई दिन हो जाते थे। तब किसी के खेत से उनकी पत्नी साग खोंटकर लाती और उसे ही भून-भानकर क्षुधा की आग बुझायी जाती थी। वर्षा होने लगी थी, उस शाम चार-पाँच भिखारी उनके बरामदे में आश्रय माँगने आ गये। गोस्वामी जी ने उन्हें सहर्ष रहने के लिए कह तो दिया लेकिन पत्नी अन्दर भुनभुनाती रही। खैर, भिखारी लोग रात होने लगी तो ईंटें जोड़कर उसी पर खाना बनाने लगे। वर्षा रुकने का नाम नहीं ले रही थी। कई दिनों की वर्षा से गोस्वामी जी के घर की दयनीय दशा उन भिखारियों के सामने उजागर हो गई। उन लोगों ने गोस्वामी जी से कहा कि आप क्यों नहीं हमारा पेशा (भीख माँगना) अख्तियार कर लेते। यह बहुत अच्छा है। इसमें न योग्यता की

जरूरत है न पूँजी लगाने की। गोस्वामी जी चुपचाप सुनते रहे। न तो उन्होंने इनकार किया और न ही स्वीकार। कई दिनों से उपवास का क्रम चल रहा था। ऐसी दारुण स्थिति में उनकी पत्नी उन्हें यह ताना भी देती थी कि आप से अच्छे तो ये भिखारी हैं। इन चोटों ने उन्हें अन्दर से इतना विचलित कर दिया था कि उस स्थिति में कोई भी आसानी से टूट सकता था। जब वर्षा समाप्त हुई तो भिखारीगण बोले, ''गोस्वामी जी! चलिये हमारे साथ। हमें देखिये और सीखिये–हम कैसे भीख माँगते हैं। यह एक पेशा भी है और कला भी।'' वह उनकी बात सुनकर उनके साथ चले तो लेकिन शहर के निकट पहुँचकर घर लौटने लगे। भिखारियों ने उन्हें रोका–''ऐसे तो एक दिन भूखों मर जाइयेगा।'' गोस्वामी जी डबडबा आये–''भूखों मरना पसन्द है भीख माँगना नहीं।'' इसके बरक्स जानकीवल्लभ शास्त्री रायगढ़ के राजा के दरबारी कवि ही नहीं बने, वहाँ से अपने ही अन्तर्विरोध के कारण लौटे तो पिता श्री रामानुग्रह शर्मा, (मैगरा, गया) की फटकार पर मुजफ्फरपुर चले आये, वहाँ भी एक अत्यन्त धनी जमींदार बाबू उमाशंकर के यहाँ उनकी पुत्री को संस्कृत भाषा और साहित्य पढ़ाने लगे। स्वाभिमान का प्रदर्शन करने के बावजूद उन्होंने ढेर सारे पुरस्कार स्वीकार किये, जिनमें बड़ी राशि होती थी।

कवि का रचना-कर्म कोई आकाशी सृजन नहीं होता कि उसके जीने और रचने में गहरी फॉक हो और वह उसकी रचना में न दिखे। इस प्रसंग में मुझे 2010 में हिन्दी के अत्यन्त महत्त्वपूर्ण कवि श्री केदारनाथ सिंह के साथ हुई बातचीत याद आती है। हमलोग नामवर जी के यहाँ जा रहे थे। मैंने केदार जी से कहा–''जीने और रचने के बीच की दूरी अक्सर रचना को कमजोर बना देती है?'' ''नहीं, ऐसी कोई बात नहीं है। कवि की दुर्बलता या उसके अन्तर्विरोध की घटनाएँ दस-बीस साल के बाद लोग भूल जाते हैं। सामने तो उसकी रचना ही रहती है।'' केदार जी ने कहा। ''लेकिन रचना में कवि का जीवनगत अन्तर्विरोध अपने चिह्न वैसे ही छोड़ जाता है जैसे लाख चतुराई और सावधानी के बावजूद अपराधी अपराध के सुराग छोड़ जाता है।'' मैंने उनसे कहा तो वह एक पल चुप रहे, फिर बोले–''वह कैसे? कोई उदाहरण?'' मैंने उनसे कहा–''बहुत से सेलिब्रेटी कवियों-लेखकों की रचनाएँ इसकी मिसाल हैं। देश के राष्ट्रकवि हैं दिनकरजी। हिन्दी आलोचना के अनुसार दिनकर और बच्चन उत्तर-छायावाद के सर्वाधिक लोकप्रिय कवियों में हैं लेकिन उनके जीवन का द्वैध रचना में बार-बार काव्यात्मकता के बावजूद प्रकट हुए बिना नहीं रहता।'' मैंने उनसे कहा–दिनकर के कविता-संग्रह 'हुंकार' की भूमिका में 'क्रान्ति का कवि' कहते हुए बेनीपुरी जी ने न केवल यह कहा–''हमारे क्रान्ति-युग का सम्पूर्ण प्रतिनिधित्व कविता में इस समय दिनकर कर रहा है।''

बल्कि उन्होंने उन कविताओं को 'मील का पत्थर' भी बतलाया था। उनकी एक प्रसिद्ध कविता है 'परिचय'। कवि अपना परिचय दे रहा है–

सुनूँ क्या सिन्धु मैं गर्जन तुम्हारा
स्वयं युग-धर्म का हुंकार हूँ मैं,
कठिन निर्दोष हूँ भीषण अशनि का
प्रलय गाण्डीव की टंकार हूँ मैं
दबी-सी आग हूँ भीषण क्षुधा की,
दलित का मौन हाहाकर हूँ मैं
सजग संसार, तू निज को सँभाले
प्रलय का क्षुब्ध पारावार हूँ मैं,
बँधा तूफान हूँ, चलना मना है
बँधी उद्दाम निर्झर धार हूँ मैं
कहूँ क्या, कौन हूँ, क्या आग मेरी
बँधी है लेखनी लाचार हूँ मैं

(हुंकार, पृष्ठ–101, 102)

कवि को आईना उसकी अपनी ही पंक्तियाँ दिखला देती हैं, जब वह स्वयं को बँधा तूफान और बँधी उद्दाम निर्झर-धार कहता है और 'बँधी है लेखनी लाचार हूँ मैं' का रोना रोता है। क्या किसी ने वह तूफान देखा है जो बँधा भी हो और तूफान कहलाता हो? क्या कभी किसी ने ऐसी बँधी हुई उद्दाम निर्झर धार के दर्शन किये हैं? फिर लेखनी बँध ही गई तो वह क्रान्ति युग का सम्पूर्ण प्रतिनिधित्व करने वाली लेखनी कैसे हुई? दिनकरजी गर्जन के स्वर में कहते हैं–

"हटो व्योम के मेघ, पंथ से, स्वर्ग लूटने हम आते हैं, 'दूध-दूध' ओ वत्स। तुम्हारा दूध खोजने हम जाते हैं," तो उसका कोई स्थायी प्रभाव नहीं पड़ता क्योंकि कवि तो निजी जीवन में घोर सामन्ती और व्यक्तिवादी रहा है।" मैंने केदार जी के इस तर्क पर कि पश्चिम के अनेक महान कवियों-लेखकों का जीवन दुर्बलताओं से भरा रहा है, फिर भी उनका साहित्य महान साहित्य है। मैंने यह निवेदन किया था कि मनुष्य आखिरकार मनुष्य है, उसमें दुर्बलता या अन्तर्विरोध स्वाभाविक है लेकिन सच्चा व्यक्ति वह है, चाहे वह जिस क्षेत्र में भी हो, उन दुर्बलताओं पर विजय प्राप्त करता है, जैसे-जैसे अन्तर्विरोध कम होते हैं, उसका व्यक्तित्व निखरता चलता है। लेकिन वचन और लेखन में तो महान आदर्शों की अभिव्यक्ति और जीवन-व्यवहार में घोर सामन्ती और व्यक्तिवादी संकीर्णता और क्षुद्रता। यह द्वैध आज ही नहीं अनेक पूर्ववर्ती साहित्यकारों में भी है। स्वयं राष्ट्रकवि दिनकर का यह जीवन-प्रसंग इसकी जीवित मिसाल है।

2008 की 30 जनवरी को बेगूसराय के सिमरिया पुस्तकालय में 'दिनकर जी की क्रान्तिकारी चेतना' पर एक संगोष्ठी आयोजित हुई थी। मुख्य वक्ता के रूप में मैं और साहित्य अकादमी पुरस्कार से सम्मानित मैथिली के कथाकार-कवि प्रदीप बिहारी थे। हमलोगों ने दिनकर की प्रगतिशील कविताओं के जरिये उनकी कथित क्रान्तिकारिता पर प्रकाश डाला। जब सभा समाप्त हुई तो वहाँ उपस्थिति एक अत्यन्त बुजुर्ग स्वतंत्रता-सेनानी ने (नाम स्मरण नहीं है) कहा-"आप लोग तो दिनकर जी की क्रान्तिकारी चेतना पर बोल आये, वह मंच की बात थी लेकिन यथार्थ में यह उनकी नेता जैसी वचन-सेवा मात्र थी (उनके शब्द था लीप-सर्विस) व्यवहार में वह घोर सामन्ती और जातिवादी थे। मैंने कहा-"कैसे?" तब उन्होंने यह प्रसंग सुनाया-दिनकरजी पर हमें भी गर्व है मगर गरीबों के प्रति उनकी उदारता या प्रगतिशीलता कविता के शब्दों तक ही है। आजादी की लड़ाई के हमारे एक साथी थे मेदिनी रजक। उनकी बेटी ने फर्स्ट डिवीजन से मैट्रिक पास किया था। हमलोग उसे आगे पढ़ाने की सोचने लगे। लेकिन मेदिनी भाई ने गरीबी के कारण पटना विश्वविद्यालय में पढ़ाने में असमर्थता प्रकट की तो हमलोग उसे पढ़ाने के लिए चन्दा एकत्र करने में लग गये। इसी क्रम में मैं दो-तीन स्वतंत्रता-सेनानी साथियों के साथ दिनकरजी के यहाँ गया। दिनकर जी ने आने का कारण पूछा तो हमलोगों ने बतलाया कि मेदिनी भाई की बेटी मैट्रिक में फर्स्ट डिवीजन से पास हुई है। हमलोग उसे पटना विश्वविद्यालय में पढ़ाने के लिए चन्दा इकट्ठा कर रहे हैं। आप भी कुछ दीजिए। इस पर दिनकर जी ने जो कुछ कहा, वह सुनकर हमलोगों को काठ मार गया। उन्होंने कहा था-"आप लोगों का दिमाग खराब हो गया है। धोबिनिया पढ़ेगी तो हमलोगों का कपड़ा कौन धोयेगा?" यही है राष्ट्रकवि की क्रान्तिकारिता, यही है उनके दलितों, किसानों-मजदूरों पर लिखी गई कविताओं की आन्तरिक सच्चाई, फिर भी पूँजीवादी व्यवस्था के इस जन-विरोधी जनतंत्र में वही बनते हैं राष्ट्रकवि, संसद भवन में उन्हीं की तस्वीर लगती है वही आलोचकों और साहित्यकारों के ही नहीं, अपने आपकी नजर में भी राष्ट्रकवि की सारी विशेषताओं से परिपूर्ण व्यक्तित्व हैं। यह कितनी बड़ी विडम्बना और भयावह विरोधाभास है कि जो कवि एक स्वतंत्रता सेनानी की बेटी को पढ़ाने हेतु चन्दा एकत्र करने वाले स्वतंत्रता-सेनानियों को इसलिए 'दिमाग खराब छौ' कहते हुए यहाँ तक कह जाता है कि "धोबिनिया पढ़ेगी तो हमलोगों का कपड़ा कौन धोयेगा?" जैसे वाक्य का प्रयोग करता है, वह भी जातिवाद की शिकायत करता है, जो उसके निम्नांकित पत्र में व्यक्त हुआ है-"और यहाँ की विद्वतमंडली तो पहले जाति पूछती है। सबसे दूर, सबसे अलग आजकल सिमटकर अपने घर में घुस गया हूँ। बिहार नष्ट हो गया,

इसका सांस्कृतिक जीवन भी अब विषाक्त है। अब तुम जाति की सुविधा के बिना यहाँ न तो कोई दोस्त पा सकते, न प्रेमी, न प्रशंसक और न मददगार। जय हो यहाँ की राजनीति की, और सुधार कौन करे?'' सुधार तो तब न होती जब उपेक्षित सूत पुत्र कर्ण पर 'रश्मिरथी' लिखकर दलितोद्धार का दावा करने वाले कवि भी निजी जीवन में दलितों-उपेक्षितों की वेदना महसूस करते और उन्हें मानवीय गौरव प्रदान करते तथा जीने और रचने की एकता का आदर्श प्रस्तुत करते। यहाँ स्मरणीय है कि श्री मेदिनी रजक की पुत्री पढ़-लिखकर डिप्टी कलक्टर बनी तो इसका श्रेय भी उन्हीं जेल जानेवाले, स्वतंत्रता सेनानियों को है जिन्होंने चन्दा इकट्ठा कर उन्हें पढ़ाया-लिखाया था।

कई रायबहादुरों की भी अन्तर्कथा दिनकर जी और जानकीवल्लभ शास्त्री जी से कतई भिन्न नहीं है। मुजफ्फरपुर से बारह किलोमीटर पर स्थित बाघी स्टेट के जमींदार बाबू श्यामनन्दन सहाय जी के ही पड़ोस में—नयाटोला में मेरा घर है। मेरे पिताजी मुजफ्फरपुर के जिला परिषद् कार्यालय में दफ्तरी का काम करते थे और गोपालन के द्वारा दूध और मलाई-राबड़ी बेचकर परिवार का भरण-पोषण करते थे। वह अपनी विमाता के कारण मैट्रिक की कक्षा पास न कर सके थे, फिर भी हिन्दी-अंग्रेजी पर अधिकार था। मेरे बड़े भाई पड़ोस के एक मुख्तार साहब की पत्नी की दुष्टता के कारण उसकी कुसंगति में स्कूल जाना छोड़कर दिनभर ताश खेलने के कारण पढ़ाई से विरत हो गये लेकिन मझले भाई मैट्रिक की परीक्षा में जिलाभर में प्रथम श्रेणी में ग्यारहवें स्थान पर आये थे। यह 1954 की बात है। उस समय बिहार विश्वविद्यालय पटना विश्वविद्यालय से पृथक होकर नया रूप ले चुका था और बाबू श्यामनन्दन सहाय जी उसके कुलपति बने थे। बाबूजी को पता था कि वाइसचांसलर-ग्रांट मिला करता है। पड़ोसी होने के नाते बाबूजी की बाबू साहब से अच्छी जान-पहचान थी। बाबूजी को भरोसा था कि इतने बड़े आदमी हैं, गरीब के मेधावी बच्चे की जरूर सहायता करेंगे। सो बाबूजी उनके 'दरबार' में चले गये। जब उन्हें बुलाया गया तो बाबू जी ने अपनी गांधी टोपी उतारकर जेब में रख ली और टायर वाली चप्पल बाहर छोड़कर 'दरबार' में प्रवेश किया और झुककर उन्हें प्रणाम किया। उन्हें देखते ही राय बहादुर श्यामनन्दन सहाय ने बज्जिका में पूछा—''कहिए, रायजी कैसे आये?''

''हुजूर। गरीब का लड़का फर्स्ट डिवीजन में मैट्रिक पास हुआ है। आप वीसी-ग्रांट देंगे तो गरीब की मदद हो जायेगी।'' बाबूजी ने हाथ जोड़कर प्रार्थना की।

''लड़का पढ़ेगा तो गाय कौन चरायेगा?'' बिना देर किये बाबू साहब ने कहा तो स्वभाव से स्वाभिमानी बाबू जी आहत मन लिये उल्टे पैर लौट आए।

बाबू श्यामनन्दन सहाय भी कम पढ़े-लिखे नहीं थे, वह बड़े विद्वान माने जाते हैं। कहना न होगा कि बाबू श्यामनन्दन सहाय ब्रिटिश सत्ता के समर्पित वफादारों में थे, जिन्हें ब्रिटिश-राज ने वफादारी के लिए ही राय बहादुर के खिताब से नवाजा होगा और जब देश स्वतंत्र हुआ तो उन्हीं रायबहादुर बाबू श्यामनन्दन सहाय जी को भारत सरकार ने पद्मविभूषण से सम्मानित किया था। इनसे भिन्न कथा अंग्रेजी शासन में 'सर' की उपाधि पाने वाले एक बड़े जमींदार सर सी.पी.एन. सिंह की नहीं है। बिहार के गवर्नर फोर्ड के कृपा-पात्र तो थे ही, देश-स्वतंत्र हुआ तो राज्यपाल भी बनाये गये। यदि इन लोगों के जीवन में विचार और संवेदना का अनिवार्य समन्वय किंचित् मात्र भी होता तो वे ब्रिटिश-सत्ता की वफादारी के बजाय स्वतंत्रता-संग्राम में शामिल होते। हर तरह से समृद्ध और विद्वान कहे जाने वाले ये लोग भी कबीर की इसी उक्ति के उदाहरण थे-"पढ़ि-पढ़ि के पत्थर भया...।"

भारतीय जन-जीवन के दृश्य-पटल पर जाज्वल्यमान नक्षत्रों के समान चमकने वाले अनेक व्यक्तित्वों की कथनी-करनी पर दृष्टिपात करते ही उनके आस-पास बना-बनाया सारा प्रभा मण्डल बिखर कर गहन अंधकार में बदल जाता है। स्वतंत्रता प्राप्ति के पश्चात् निरन्तर बढ़ती गई आर्थिक विषमता और उसके फलस्वरूप देशी-विदेशी पूँजीपतियों की बढ़ती गई आकाशी समृद्धि और उसके बरक्स देश के मिहनत-मशक्कत करने वाले किसानों, मजदूरों आदिवासी और वन वासी आदि वर्गों की नारकीय जिन्दगी के जिम्मेवार देश के शीर्ष पदों पर बैठे हुए यही विद्वान शासक-प्रशासक कथित योग्य लोग ही हैं। जब-जब मैं कबीर को स्मरण करते हुए इन व्यक्तित्वों की कथनी-करनी के अन्तर का अवलोकन करने बैठता हूँ तो देश के लगभग 80 करोड़ लोगों के अभावग्रस्त, दुखों से आच्छादित और उदास चेहरे आँखों के समाने घूम जाते हैं। कारण यह है कि वे लोकतंत्र के कथित प्रहरी सांसद एवं विधान सभाओं में जनता का प्रतिनिधित्व करने वाले लोग जन कल्याण करने की संवैधानिक शपथ लेने के बावजूद यंत्र बन चुकी विधायिका और कार्यपालिका का यंत्र मात्र अर्थात् संवेदन शून्य अंग बन जाते हैं, उनकी संवेदना महज अपने और परिवार तक के लिए ही रह जाती है, दूसरों का दुख-दर्द उन्हें भूल से भी नहीं छू पाता। यदि प्रतिरोध को मुखर करने वाले जनकवि गोपाल सिंह नेपाली ने 1957 में ही इस जनतंत्र को तमाशा कहा था, तो क्या गलत कहा था-

जब चन्द्रकिरण में महलों की दीवार चमकती रहती है
झोपड़ियों से चाँदनी लिपट भर रात सिसकती रहती है
यदि दूर कुटी के घेरे से
आजादी की राजभाषा है

जनतंत्र कहो या एकतंत्र
यह सारा तंत्र तमाशा है
जो जनता देश की शक्ति है, वह राहें तकती रहती है
झोपड़ियों से चाँदनी लिपट भर रात सिसकती रहती है।

दया दया भाव जानै नहीं, ज्ञान कथे बेहद।
ते नर नरकहि जाहिंगे, सुनि सुनि साखी शब्द।।
दया दिल में राखिये, तू क्यों निरदई होई।
सांई के सब जीव हैं, कीड़ी कुंजर सोई।।

जब देश में हो रहे जन-संहार की घटनाओं के सन्दर्भ में पढ़े-लिखे वर्ग यह प्रतिक्रिया देते हैं कि जन-संख्या भी बहुत हो गई है, कुछ को मरना भी चाहिए। उस समय उनकी चरम अमानवीयता ही उजागर होती है। हमारी लोकतांत्रिक व्यवस्था को निर्जीव और यथास्थितिवादी तंत्र बनाने वाले सत्ता के शिखर पर बैठे लोग देश की राजधानी से लेकर राज्यों की राजधानियों में जीवन का सर्व सुख लूट रहे हैं, अखबार और मीडिया सब मिलकर उन्हीं की चर्चा और गुणगान में जुटे हैं और स्वयं भी मालामाल हो रहे हैं। देश और जनता के प्रति कोई संवेदना जैसे शेष नहीं रह गई है। अभी-अभी पश्चिम बंगाल में दो हादसे हुए। अस्पताल में आग लगी तो 90 से अधिक लोग मरे और उसी सप्ताह जहरीली शराब पीने से 180 से अधिक लोग मर गये। इस पर भी सुशिक्षित समाज की यही प्रतिक्रिया है। आप कहते हैं, जनसंख्या बहुत बढ़ गई है, कुछ को तो मरना ही चाहिए-तो उस 'कुछ' में आप भद्र जन क्यों नहीं होते, ज्यादातर सामान्य जन ही क्यों होते हैं? दंगों में, रेल-दुर्घटना में, बाढ़ या भुखमरी में अथवा अन्य कारणों से मौतें हों, लाख-दो लाख का मुआवजा-यही है लोकतंत्र? क्या एक लोकतांत्रिक व्यवस्था में शासकों की यह संवैधानिक जिम्मेवारी नहीं है कि वे अपने नागरिकों की सुरक्षा सुनिश्चित करें? भारत के कथित लोकतंत्र की इस लुंज-पुंज हो चुकी अमानवीय व्यवस्था के बरक्स पश्चिमी देशों की व्यवस्था को देखें तो आप इस पश्चाताप और ग्लानि से गुजरे बगैर नहीं रह सकते कि आप किन पत्थर दिल शासकों के देश में जीने-मरने के लिए अभिशप्त हैं? 'दि हिन्दू' ने कोलकाता के निजी एडवांस मेडिकल रिसर्च इंस्टीच्यूट अस्पताल में 9 दिसम्बर, 2011 की सुबह लगी भयावह आग में अपने स्वस्थ होने और जीने की उम्मीद लेकर आये नब्बे से अधिक नागरिकों के मारे जाने पर अपने सम्पादकीय में हमारे शासकों की औपचारिक एवं तदर्थवादी लोकतांत्रिक व्यवस्था की क्रूरता को उजागर करते हुए अक्षरशः सही लिखा है-"अग्नि से सुरक्षा और आग लगने पर बचाव के सुरक्षा-उपायों के

लिए ठोस कदम उठाने तक और कितने प्राणों की बलि ली जायेगी? पिछले ही साल कोलकाता के ही स्टीफेन कोर्ट भवन की पाँचवीं और छठी मंजिलों में लगी आग में 43 नागरिकों को अपने प्राणों से हाथ धोने पड़े। इस घटना के एक माह पहले सिलकन सिटी बंगलुरु के व्यावसायिक भवन में आग लगी जिससे 9 लोगों की मौतें हुईं और 68 लोग बुरी तरह जलकर घायल हो गये थे। सम्पादक ने हमारे यहाँ अग्नि-सुरक्षा के लिए उठाये कदमों की तुलना करते हुए यह भी संकेत किया है कि लन्दन के बड़े अस्पतालों में 2008 की जनवरी और 2009 की फरवरी के बीच आग की पाँच घटनाएँ हुईं किन्तु सभी रोगी सुरक्षित रहे। क्या मृत्यु के बाद मुख्यमंत्री, अधिकारी और व्यावसायिक स्वार्थों की पूर्ति में जुटे लोग अपने नागरिकों को मारकर घड़ियाली आँसू (शोक-संवेदना) बहाने और मुआवजा मात्र बाँटने के लिए ही देशभक्ति की शपथ लेते हैं? ये सबके सब पढ़े-लिखे लोग ही तो हैं। अभी-अभी कोलकाता में ही जहरीली शराब पीकर 180 से अधिक लोगों को अपने प्राण गँवाने पड़े तो इसी (2012) साल मुजफ्फरपुर के नेकनामपुर गाँव में जहरीली शराब पीने से 14 गरीब लोग मरे, पीड़ित परिवारों की कोई खबर लेने कोई मंत्री नहीं पहुँचा। यह सिलसिला अब भी जारी है। पटना में छठ की संध्या अर्क के समय सुशासन में बाँस का चचरीपुल टूटा, जिसमें 22 लोग मरे। न तो कोई चिकित्सा की सुविधा मिली, न कोई सहानुभूति, ऊपर से विरोध करने पर नीतीश के निवास पर आक्रोशित लोगों पर लाठियाँ बरसीं। ये कौन लोग थे? गरीब मजदूर और किसान। क्या ये असमय मरने के लिए ही पैदा हुए हैं?–चाहे वे अकाल से मरें, बाढ़ में डूबकर मरें, दंगों की आग में मरें, आतंकी हमले में मरें, जहरीली शराब से मरें या अपने अधिकारों की माँग करते हुए अपनी ही पुलिस की गोलियों के शिकार हों; लोकतंत्र की निर्ममता की पाशविक गाथा लिखने वालों के लिए कहीं कोई फर्क नहीं पड़ता। अखबारों और टी.वी. चैनल्स पर वही तो छाये रहेंगे और वही हमारे नायक-महानायक भी बने रहेंगे। यह बात अलग है कि उनमें औसत आदमी जैसी भी नैतिकता नहीं है। नैतिकता अर्थात् कर्म में विचार और संवेदना की एकीकृत अभिव्यक्ति। लेकिन इसका अभाव हमारे कथित गौरवशाली 'स्वर्ण-युग' के कतिपय महान और इतिहास-पुरुष कहलाने वाले शासकों में भी रहा है। जब कभी किसी लोकधर्मी महापुरुष ने लोलुप, क्रूर और कट्टर वर्णाधारित व्यवस्था के यथास्थितिवादी चरित्र के संरक्षक शासकों को चुनौती देकर समरसता पर आधारित मानवीय समाज की स्थापना का प्रयास किया, हिन्दुत्व की कट्टरता के ध्वस्त होते साम्राज्य को बचाने के लिए उन्होंने उन पर बर्बर आक्रमण किया और अहिंसा, करुणा और शान्ति से निर्मित होने वाली इस मनोहरा पृथ्वी को रक्त-रंजित कर सम्पूर्ण अस्तित्व को ही आन्दोलित

करने वाले आर्तनादों से प्रकम्पित कर दिया। यहाँ इतिहास की पुनरावृत्ति अभीष्ट नहीं होने पर भी यह उल्लेख प्रासंगिक है कि सबकी मुक्ति के लिए करुणा, अहिंसा और शान्ति का निर्मल अमृत सन्देश देने वाले बौद्धधर्म और उसके अनुसरणकर्त्ता बौद्धों और बौद्ध-मठों को ध्वस्त करने वाला और कोई नहीं, ब्राह्मण सम्राट पुष्यमित्र शुंग ही था। बौद्ध धर्म की ही नहीं, चार्वाक और लोकायत जैसी तर्क संगत, व्यावहारिक और लोकोन्मुखी जीवन-दृष्टि का लक्ष्य वर्ण और जाति में विभक्त भारतीय समाज का शोषण-उत्पीड़न करने वाली घोर संकीर्ण और अमानवीय व्यवस्था का अन्त कर बहुजन हिताय और बहुजन सुखाय की महती भावना को व्यावहारिक धरातल पर चरितार्थ करना था। इसीलिए बुद्ध ने कहा था—''घूमो, जनता के हित के लिए घूमो, जनता के सुख के लिए, देवों और मनुष्यों के कल्याण के लिए घूमो। कोई दो एक तरफ न जाओ। तुम लोग उस धर्म का उपदेश करो जो आदि में कल्याण है, मध्य में कल्याण है, पर्यवसान में कल्याण है।'' यदि ऐसे विराट् मानवीय दर्शन का विरोध संकीर्ण ब्राह्मण धर्म के अवलम्बियों ने किया तो क्या आश्चर्य?

ब्राह्मण धर्म का कट्टर समर्थक और प्रसारक 'सेनापति' के नाम से ख्यात पुष्यमित्र मूलतः ब्राह्मण कुल का ही शासक था, जो आखिरी मौर्य-शासक बृहद्रथ की उस समय हत्या कर स्वयं शासक बन गया जब बृहद्रथ अपनी सेना का निरीक्षण कर रहा था। यह बात पुराणों एवं 'हर्षचरित' में उल्लिखित है। इतिहासकार डॉ. राधाकृष्ण चौधरी ने स्पष्ट किया है—''बृहद्रथ की हत्या के पीछे बौद्ध धर्म के विरुद्ध ब्राह्मणधर्म का विद्रोह काम कर रहा था।'' इतना ही नहीं, डॉ. चौधरी यहाँ तक कहते हैं—''सभी उपलब्ध साधनों के आधार पर हम एक ही निष्कर्ष पर पहुँचते हैं कि शुंग लोग ब्राह्मण थे और विपथ क्षत्रिय-वर्ग के विरुद्ध व्यवस्थापक ब्राह्मण वर्ग की योजना का नेतृत्व कर रहे थे। 'दिव्यावदान' में पुष्यमित्र को ब्राह्मण वर्ग का कट्टर समर्थक कहा गया है और साथ ही यह भी कि उसने बौद्ध मठों पर काफी प्रहार किया।'' कतिपय इतिहास ग्रंथों के अनुसार उसने बौद्धमठों को ध्वस्त ही नहीं किया, हजारों बौद्धों की हत्या कर ब्राह्मण-वर्चस्व और हिन्दूमत की प्रतिष्ठा का अथक प्रयास भी किया। तीन दशक हो या छह दशक अपने शासन-काल में उसने मनु और शंकराचार्य द्वारा प्रस्थापित कट्टर हिन्दुत्व के प्रचार-प्रसार के क्रम में अपनी कट्टरता और निर्ममता के द्वारा हत्यारे शासक होने का भी श्रेय प्राप्त किया। इस क्रम में गौरवशाली हिन्दू इतिहास के एक बड़े अन्तर्विरोध पर भी दृष्टिपात करना जरूरी है, जहाँ शंकराचार्य ने जगत् और जीवन की भौतिक वास्तविकता को मिथ्या कहकर (जगत मिथ्या) बिलकुल नकार दिया और इन्द्रियातीत और अनुभव से सर्वथा परे ब्रह्म को ही सत्य मान लिया, जिसका

दुष्परिणाम यह हुआ कि ब्राह्मण-पुरोहित वर्ग ने सामान्य जन के मन में यह भ्रान्ति गहरे बिठा दी कि यह जगत् एक भ्रम या माया है, जो अज्ञान की उपज है, जैसे ही दिव्य-ज्ञान होगा, इस संसार की माया से मुक्त हो जीवन उस एक मात्र सत्य-परमब्रह्म से एकाकार होकर मोक्ष प्राप्त कर लेगा। जिस ब्रह्म को किसी ने आज तक प्रत्यक्ष रूप में अनुभव ही नहीं किया, उसी ब्रह्म के नाम पर धर्म और भक्ति का ऐसा पाखण्ड रचा गया कि मनुष्य-जाति सदियों से मानवीय विकास से वंचित हो गई और आज भी भक्ति, कीर्तन, अष्टयाम, तीर्थ, व्रत, यज्ञ, आदि के रूप में अपनी ऊर्जा, समय और सम्पदा व्यर्थ ही नष्ट करती आ रही है। इतना ही नहीं, उस अदृश्य और अस्तित्वहीन अप्रत्यक्ष ब्रह्म या ईश्वर के नाम पर कट्टरतावादियों के धार्मिक उन्माद ने जन-संहार कर रक्त-रंजित इतिहास के काले अध्याय लिखे जिनमें वह करुणा ही खो गई, जहाँ से मनुष्य की सर्वोत्तम कृतियाँ आकार लेती हैं। गहरी निराशा और उदासी से गुजरते हुए हताशा के तीव्रतम क्षणों में मुझे महावीर, बुद्ध, मार्क्स और कबीर की वाणी टूटने से बचा लेती है। जहाँ महावीर का सन्देश सत्य, अहिंसा, आस्तेय, अपरिग्रह और सच्चरित्रता हमें धार्मिक पाखण्ड, संकीर्णता, कट्टरता और हर सम्प्रदाय की क्रूरता के बीच मानवीय स्तर पर जीने का सम्बल देता है, वहाँ बुद्ध की महाकरुणा मेरी संवेदनशीलता का निरन्तर विस्तार करती है और मुझे एक व्यक्ति और रचनाकार के रूप में अधिक समृद्ध करती रही है। और कबीर तो मेरी समग्र चेतना के पथ-निदेशक ही हैं।

स्वाधीनता प्राप्ति के बाद जैसे-जैसे मेरा जीवनानुभव बढ़ा, मैंने राजनीति, धर्म, साहित्य और संस्कृति के क्षेत्र में हो रही पतनशीलता को गहरे स्तर पर अनुभव किया है। मैं यह सोच-समझकर और भी उदास होता चला गया हूँ कि जो स्वतंत्रता मनुष्य को पहले की अपेक्षा समग्र रूप में अधिक मनुष्य बनने के लिए मिली, वही उसे स्वार्थी, पाखण्डी, पतित, बर्बर और सर्वरूपेण भ्रष्ट बनाने का साधन बन गई है। यह देश स्वतंत्रता के साथ क्रान्तिकारी शहीदों के सपनों का भारत बनने के बजाय उन शहीदों के सपनों और अरमानों की समाधि बन गया है। वे सपने क्या थे? आर्थिक, राजनीतिक, सामाजिक, धार्मिक और सांस्कृतिक दृष्टि से सम्पूर्णतः भेद-भाव और विषमता को समाप्त कर वर्णहीन और वर्गहीन मानवीय समाज की स्थापना। लेकिन न तो आर्थिक विषमता मिटी और न ही सामाजिक विषमता बल्कि धनी हजार गुणा धनी होते जा रहे हैं और गरीब अधिक-से-अधिक गरीब होते चले जा रहे हैं। साम्प्रदायिकता और जातिवादी उपेक्षा, अपमान और हिंसा मिटने के बजाय सत्ता, शासन और प्रशासन सभी क्षेत्रों में भयावह रूप से अपनी जड़ें जमा चुकी हैं, जिसका

अनुभव मनु और शंकराचार्य जैसे भगवानों के द्वारा बनाये गये शूद्र शताब्दियों से शारीरिक और मानसिक प्रताड़ना और यंत्रणा से पल-पल गुजरते हुए एक दिन में सौ-सौ बार मर-मरकर भी नरक जीने के लिए आज भी अभिशप्त हैं। इन्हीं अधिकांश सवर्णों की दृष्टि में जातिवाद मिट चुका है, जो इस कथित लोकतंत्र में पद-प्रतिष्ठा और सम्पदा के निर्विरोध भोक्ता हैं।

मनुष्य द्वारा अपनी प्रतिभा, परिश्रम और संघर्ष से निर्मित पहचान को वर्णाश्रम से उत्पन्न जातिवाद ने पूरी तरह निष्प्रभ और निरर्थक बना दिया है। यह पहचान भी उन्हीं के लिए अर्थ रखती है, उन्हीं को पद प्रतिष्ठा और सामाजिक स्वीकृति प्रदान करती है, जो ब्रह्मा के पवित्र अंगों से अवतरित हुए हैं अन्यथा शूद्रों को अपनी समस्त प्रतिभा, परिश्रम और संघर्ष के बावजूद स्वाधीनता के 70 वर्षों के बाद भी उपेक्षा, अपमान और उत्पीड़न का नरक भोगना पड़ रहा है। एक लैटिन कहावत के अनुसार मनुष्य का व्यक्तित्व वही है जो फूल के लिए उसकी सुगन्ध है। शेक्सपियर ने तो यहाँ तक कहा है—नाम में क्या रखा है? गुलाब को किसी भी नाम से पुकारो—उसकी प्रकृति उसकी सुगन्ध ही उसकी पहचान है। लेकिन हिन्दू समाज के भाग्य-विधाता कथित भगवान मनु ने नामकरण को इतनी चालाकी से भेद-भाव से भर दिया है कि हम शूद्रों में जन्म लेने के कारण आज भी दासों के दर्जे से बाहर नहीं निकल सके हैं।

मनुस्मृति के अनुसार ब्राह्मण का मंगलवाचक, क्षत्रिय का बल-वाचक, वैश्य का धन से युक्त और शूद्र का निन्दा से युक्त नाम रखना चाहिए। शर्मांत ब्राह्मण का (जैसे गोपीनाथ शर्मा), क्षत्रिय का रक्षा से (रघुवीर सिंह आदि), वैश्य का पुष्टि से युक्त (वैसे घनश्याम गुप्त) और शूद्र का दास से युक्त (बलराम दास) नाम रखना चाहिए।'' (मनु स्मृति, अनुवादक पंडित ज्वाला प्रसाद चतुर्वेदी, द्वितीय अध्याय, 31-32, पृष्ठ संख्या-32) इस जाति-सूचक शर्मा, सिंह, गुप्त और दास-राम सरीखे महत्त्वपूर्ण पहचान का कारक बना दिये गये पदों ने जाति के आधार पर श्रेष्ठता और निम्नता का ऐसा निर्धारण कर दिया कि बहुसंख्यक हिन्दू समाज (पिछड़ा, दलित, आदिवासी, वनवासी आदि) नागों के संचित विष से भी अधिक विषैली घृणा की ज्वाला में आज भी तड़प रहा है।

देश के प्रायः सभी राज्यों में प्रतिदिन दलित-उत्पीड़न की होने वाली बर्बर घटनाएँ स्वयं ही मेरे कथन का साक्ष्य प्रस्तुत करती हैं। 13 जनवरी, 2012 के 'जन सत्ता' का यह सम्पादकीय 'उत्पीड़न का सिलसिला' भारतीय लोकतंत्र के

गाल पर एक बड़ा तमाचा है–''महाराष्ट्र के कराड़ में दलित उत्पीड़न की ताजा घटना इस बात की गवाह है कि देश में अपेक्षया विकसित कहे जाने वाले राज्यों में भी मध्ययुगीन बर्बरताएँ अपने अलग-अलग चेहरों के साथ मौजूद हैं। सतारा जिले के कराड़ तालुका में तथाकथित ऊँची जाति के लोगों ने एक दलित महिला को जमीन पर गिरा कर बाल पकड़ कर घसीटा, निर्वस्त्र करके डंडों और चप्पलों से पिटाई की और उसी हालत में गाँव में घुमाया। इसकी वजह महज इतनी थी कि पीड़ित महिला के बेटे को ऊँची कही जाने वाली जाति की लड़की से प्रेम हो गया और तकरीबन महीने भर पहले वह उसके साथ कहीं दूसरी जगह चला गया। इससे नाराज लड़की के परिजनों और उसकी जाति से जुड़े लोगों ने लड़के की माँ के साथ वह बर्बर बर्ताव किया। यह किसी भी सभ्य कहे जाने वाले समाज को शर्मिंदा करने के लिए काफी है।''

किसी कमजोर तबके की महिला पर इस तरह के अत्याचार की यह पहली या अकेली घटना नहीं है। करीब चार महीने पहले बिहार में मुख्यमंत्री नीतीश कुमार के गृह जिले नालंदा के पोखरपुर गाँव में नाखून काटने से इनकार करने पर एक अत्यंत पिछड़ी जाति की महिला को बाल पकड़ कर गलियों में घसीटा गया, उसे निर्वस्त्र करके पुरुषों और महिलाओं ने बेइज्जत किया, गर्म सलाखों से दागा और उसके शरीर पर खौलता पानी उड़ेल दिया। ''देश के अलग-अलग हिस्सों में समाज की निचली कही जाने वाली जातियों के साथ ऐसे मामले अक्सर सामने आते रहे हैं।'' जबकि दलितों की सुरक्षा के लिए बाकायदा अनुसूचित जाति जनजाति (अत्याचार निवारण) कानून लागू है। लेकिन व्यवहार में शायद ही कहीं इस पर ईमानदारी से अमल होता है। दलित उत्पीड़न की ज्यादातर घटनाएँ सामने नहीं आ पातीं और जो आती भी हैं उनमें न्याय मिल पाने का रिकार्ड अच्छा नहीं है। खुद अनुसूचित जाति-जनजाति आयोग अपनी एक रपट में बता चुका है कि कमजोर वर्गों के खिलाफ अत्याचार के मामलों में लगभग सत्तर फीसद अभियुक्त बरी हो जाते हैं। इसे विडंबना के सिवा और क्या कहा जा सकता है कि आजादी के सत्तर सालों के बाद भी समाज की कमजोर जातियों के लिए न सुरक्षित और सम्मानजनक स्थितियाँ सुनिश्चित की जा सकी हैं, न अत्याचार का शिकार होने के बाद न्याय पाने का हक। दूसरे, ऐसी हर घटना हमारी आधुनिकता और विकास के उन दावों को मुँह चिढ़ाती हैं, जिसका दम भरके, हम दुनिया से होड़ लेने की घोषणा करते रहते हैं। सवाल है कि यह कैसा सामाजिक विकास और शिक्षा-पद्धति है, जो हमें जातिगत दुराग्रहों से मुक्त नहीं कर पाती कि तैंतीस वर्षों से भी अधिक बी. आर.ए. बिहार विश्वविद्यालय के स्नातकोत्तर विभाग में साहित्य का अध्यापन करने के बाद डेढ़ दर्जन से अधिक पुस्तकें लिखने और सामाजिक कार्यकर्त्ता

के रूप में अपनी सक्रिय भूमिका के बावजूद एक सवर्ण व्याख्याता ने अभी-अभी 24-11-2012 को मुझे पिछड़ा कहकर मेरी माँ को भद्दी-भद्दी गालियाँ दीं। उससे कभी मेरा कोई न सरोकार था न संवाद। आखिर यह क्या था? सत्तर की उम्र में मुझे पढ़े-लिखे गाली देने वाले व्यक्ति की किस उच्चता की पहचान है?

व्यक्ति की प्रतिभा और उसका ज्ञान उसके मन और मस्तिष्क के व्यापक क्षितिज के द्वार खोलने के साधन हैं लेकिन वे अधिकतर आज उसे अनैतिक ही नहीं, संकीर्ण और निर्मम बनाने के जघन्य साधन बन गये हैं। प्रख्यात क्रान्तिकारी और लेखक श्रीमन्मथनाथ गुप्त की यह टिप्पणी इसी बात की स्वाभाविक पुष्टि है जहाँ वह सुकरात की चर्चा करते हुए लिखते हैं-''सुकरात के समय में कुछ फिरके, सम्प्रदाय ऐसे थे जिनकी बातों को लोग बिना सोचे-विचारे मान लिया करते थे। उन्हीं बातों को जानना उस समय विद्या कहलाती थी। दुख है, उनके लगभग ढाई हजार वर्ष बाद परम्पराएँ और अंधविश्वास सत्य के मार्ग को सम्पूर्ण रूप से अवरुद्ध किये हुए हैं। हमारे यहाँ तो मुसीबत यह है कि ज्ञान-प्राप्ति के साथ-साथ लोगों के आचारण में कोई फर्क नहीं आता मानो ज्ञान का आयाम और हो, जीवन जीने का आयाम और हो।'' भारतीय समाज की यही विसंगति उसकी सम्पूर्ण अर्जित ज्ञान-सम्पदा को मानवीय व्यवहार में चरितार्थ न होने के कारण मानवता का उपहास बना देती है और आदर्श से उद्भासित उसकी सारी उक्तियाँ (सर्वेभवन्तु सुखिनः और सर्वभूतेषु आत्मवत्' आदि) उसका मुँह चिढ़ाने लगती हैं।

मेरे नाम से जुड़ा 'राय' (नन्दकिशोर राय) शब्द ने जहाँ मुझे उस सहज सम्मान और स्वाभाविक प्राप्तव्य से वंचित किया है, वहीं अपने अधिकतर गुरुजनों से लेकर सहपाठियों तक के उपहास और अपमान का पात्र बना दिया। व्यवहारतः मुझे हेय दृष्टि से देखने का कोई कारण नहीं था। मेरे मुहल्ले के सहपाठी मेरी जाति से परिचित होने के कारण सवर्णों में जन्म लेने के फलस्वरूप अवसर मिलते ही मुझे किसी न किसी बहाने जाति के आधार पर अपमानित कर ही देते थे ताकि मेरे अन्दर हीनता-बोध पैदा हो। लेकिन मेरे वे सहपाठी जो बाहर के जिलों से थे और छात्रावासों या किसी लॉज में रहते थे, मेरी जाति से अपरिचित होने के कारण मेरे प्रति उनका व्यवहार सरल, शिष्ट और मृदुल था। वे मुझे नंदकिशोर जी कहकर पुकारते थे। जब हमारी एम.ए. की परीक्षा समाप्त हो गई तो बुद्ध-निवास (रिफ्यूजी कॉलोनी, मुजफ्फरपुर) में रहने वाले मेरे सहपाठियों ने अपने-अपने घर जाने से पहले विदा-गोष्ठी की। शाम को हमलोग एकत्र हुए और अच्छी तरह नाश्ता-चाय के बाद गीत-कविता सुनने-सुनाने का कार्यक्रम चला। मुझे उन सहपाठियों में मेरे आत्मीय चन्द्रमणि

सिंह जी की याद अब भी है, जिन्होंने सबके समक्ष यह कहकर चौंका दिया कि हम दोनों इतने आत्मीय रहे पर आज तक नहीं जान पाये कि मनु महाराज की दृष्टि में हम किस परिवार से आते हैं? मैं समझ गया। मैंने उन्हें अनुमान करने के लिए कहा कि मैं किस वंश (जाति) से आता हूँ। वह एक-एक कर प्राय: सभी सवर्ण जातियों के नाम लेते चले गये और मैं नकार में सिर हिलाता चला गया। तब हारकर उन्होंने कहा–"अब आप ही बता दीजिए कि आप किस वंश से आते हैं?" जब मैंने सहपाठियों के सामने अपनी जाति बतलायी तो वे मानो आसमान से नीचे आ गिरे। लेकिन इतना भर ही होता तो गनीमत होती, पर भारतीय समाज को तो गिरने की आदत है।

मेरा जन्म 28 फरवरी, 1945 को उत्तर बिहार की इन दिनों राजधानी कहलाने वाले कभी के कस्बाई नगर मुजफ्फरपुर के संभ्रान्त मुहल्ले नयाटोला के एक ग्वाले परिवार में हुआ था। मेरे परिवार की जीविका का साधन गोपालन द्वारा दूध की बिक्री के अलावा पिता की जिला परिषद् में दफ्तरी की मामूली नौकरी थी। मेरा मुहल्ला पढ़े-लिखे, अधिवक्ता, डाक्टर और प्रोफेसर का था, जो सवर्णों से ही आते थे, इसलिए भी उसे संभ्रान्त माना जाता था। बाकी लोग पिछड़े वर्ग, दलित मेहतर और मुस्लिम वर्गों से आते थे। उन संभ्रान्त परिवारों की नजर में हम छोटे लोग थे। मेरे पिताजी को, जिन्हें उन्होंने अपनी गोद में खेलाया और प्यार भी किया था, वे भी बाबूजी से उम्र में छोटे होने पर भी उन्हें रामचन्दर ही कहते थे, उनके नाम के साथ आदर सूचक जी शब्द नहीं जोड़ते थे। मेरी माँ को 'रउतनिया' कहकर पुकारा जाता था। लेकिन हाई स्कूल में पढ़ते समय मुझे यह अनुभव हुआ कि जाति-विभाजित और आर्थिक वैषम्य पर आधारित भारतीय समाज में सवर्ण और शूद्र को समृद्धि ही निकट लाती है, कारण चाहे जो भी हो।

उन दिनों मैट्रिक की कक्षा में 'असिसमेंट प्रणाली' चलती थी, जिसके अन्तर्गत हाईस्कूल के शिक्षक 200 अंकों में असिसमेंट की उत्तर पुस्तिकाओं में अंक दिया करते थे। मैं जिस हाई स्कूल में पढ़ता था, उसका आज भी यही नाम है–भूमिहार ब्राह्मण कॉलेजियट स्कूल। आज भी उसके प्रवेश-द्वार पर यही नाम चमक रहा है। स्कूल में सभी शिक्षक उसी जाति के थे, एक उर्दू शिक्षक को छोड़कर। यहाँ तक कि चपरासी तक उसी जाति के थे। निस्सन्देह उसके प्रधानाचार्य (हेडमास्टर) श्री रामचन्द्र प्रसाद सिन्हा न केवल अंग्रेजी साहित्य के विद्वान थे बल्कि एक सुयोग्य शिक्षक और कुशल प्रशासक भी थे। एक आदर्श शिक्षक की सारी विशेषताएँ उनमें थीं। उनके सौम्य व्यक्तित्व का ऐसा प्रभाव था कि उनके कार्यालय से बाहर निकलते ही उस विशाल परिसर में सन्नाटा छा जाता था। हर शिक्षक कक्षा में पढ़ाने में एकाग्र

होता था। मेरे जैसे छात्रों का दुर्भाग्य कि वह अवकाश प्राप्त कर चले गये, और आये वही, जो किसी भी दृष्टि से शिक्षक की पात्रता नहीं रखते थे। वह सामन्ती ठाट-बाट के साथ सुरा-सुन्दरी के भी शौकीन थे। कभी आसाम में ठेकेदारी करने वाले धनाढ्य यादव के पुत्र मेरे साथ पढ़ते थे, जो बाद में कई बार विधायक ही नहीं मंत्री भी बने। वह भी विधायक और मंत्री होकर खुद को बुद्ध और कबीर का उपासक बतलाते फिरते थे। बहरहाल हुआ यह कि हेडमास्टर साहब की उनके पिता के साथ खूब छनती थी, जिससे पढ़ने-लिखने में मुझसे साधारण होने पर भी उन्हें असिसमेंट में मुझसे इतने अधिक अंक मिले कि बोर्ड में मुझसे कम (बीस) अंक लाने के बावजूद वह प्रथम श्रेणी में पास हो गये और मैं पाँच-छह अंकों से प्रथम श्रेणी पाने से रह गया। तात्पर्य यह कि समृद्धि जातिगत भेद समाप्त कर एक-दूसरे को निकट ला देती है क्योंकि दोनों के वर्गहित एक हो जाते हैं।

बिहार जातिवाद की जकड़बन्दी से कैसे निकलेगा, जब उसके शीर्ष पर ही बैठे शासक वर्ग में हर स्तर पर जातिवाद का बोलबाला हो। यह उसकी रग-रग में व्याप्त है। जब मैं हाई स्कूल से निकलकर लंगट सिंह कॉलेज में पढ़ने गया तो वहाँ भी मुझे जातिवादी कुत्सित संकीर्णता का शिकार होना पड़ा।

मैं डिग्री पार्ट वन में अर्थशास्त्र के पत्र की परीक्षा से एक दिन पहले ज्वराक्रान्त हो गया लेकिन साल बर्बाद न हो, इस उद्देश्य से उस पत्र में भी बैठ गया। इतना जरूर लिखकर आया कि उत्तीर्णांक (33/100) जरूर मिल जाय। यही कारण है कि मैंने परीक्षा-फल निकलने से पूर्व पता लगाया कि मैं पास हूँ या नहीं। मैंने गणना पंजी में एक पड़ोसी लिपिक की सहायता से स्वयं भी देखा था। मैं प्रत्येक विषय में उत्तीर्ण था। लेकिन परीक्षा-फल प्रकाशित हुआ था तो मैं फेल कर दिया गया। मेरे पैरों तले जमीन खिसक गई। लगा जैसे किसी ने मुझे आसमान से जमीन पर ढकेल दिया हो। मैं अपने कॉलेज के परीक्षा-संचालक और दर्शन शास्त्र के लेक्चरर श्री रामस्वरूप सिंह जी से मिलने शार्टकट रास्ते से चला। वह रास्ता मेहतर टोले से होकर एक बड़ा नाला पारकर सीधा कॉलेज के प्रवेशद्वार पर निकलता था। नाला पार करने के लिए ताड़ के वृक्ष का तना रखा हुआ था। मैं इतना घबरा गया था कि एक ही सवाल मेरे सामने बार-बार आता था कि जब मैं सभी विषयों में पास था तो फेल कैसे हो गया? इसी बेचैनी और परेशानी में मेरे पैर फिसल गये और मैं नाले में जा गिरा। मैं कीचड़ और गन्दे पानी से लथपथ हो गया, मैं उसी हालत में परीक्षा संचालक के कमरे के सामने जा पहुँचा। रामस्वरूप बाबू भद्र व्यक्ति थे। देखते ही बोले–नन्दकिशोर! पहले जाओ नहा-धो लो। तुम्हारे परीक्षा-फल में गड़बड़ी की गई है।''

मैंने अपनी समस्या बतलाकर ही दम लिया क्योंकि मेरी आगे की पढ़ाई का मामला था। जब तक मैं उन्हें बतलाता रहा, वह नाक पर रुमाल दिये रहे। उन्होंने कहा कि दो-तीन दिनों में कॉलेज में प्राप्तांक आ जाये तो तुम अपने साथ-साथ नारायण प्रसाद सिंह का प्राप्तांक भी ले लेना। अन्ततः यह रहस्य खुला कि मेरे साथ परीक्षा देनेवाले एक छात्र नारायण प्रसाद सिंह के रौल नम्बर पर मेरे उन विषयों के उत्तीर्णांक चढ़ा दिये गये थे, जबकि उनके विषय दूसरे थे। बाद में यह भी पता चला कि यह सब महज इसलिए किया गया कि उसके पास हो जाने पर उसे तिलक-दहेज में मोटी रकम मिलती। रामस्वरूप बाबू ने दोनों प्राप्तांकों की विसंगति के सम्बन्ध में उसे सुधारकर परीक्षा-फल भेजने के लिए लिख तो दिया मगर गलत करने वाले लोगों ने उस संचिका को दबा दिया। मैं दौड़ते-दौड़ते परेशान हो गया। मेरी यह हालत थी कि मुझे खाना-पीना कुछ भी अच्छा न लगता था। बाबूजी-माँ तो इस अन्याय को खूब समझते थे लेकिन बड़े भाई कहते थे कि पढ़ा ही नहीं तो फेल होना ही था। उनके मन में मेरे प्रति प्रारम्भ से ही पूर्वाग्रह था। वह बहुत पहले एक सवर्ण मुख्तार साहब की पत्नी के कुटेब में पढ़ाई-लिखाई छोड़ चुके थे। इसलिए मुझे हर हाल में परीक्षा-फल में की गई सायास गड़बड़ी को दूर कराकर न्याय पाना था। मैं अन्ततः एक दिन कुलपति महोदय से मिलने में सफल हो गया। मैंने रो-रोकर उनसे अपनी समस्या सुनायी तो कुलपति प्रो. बनर्जी को मुझ पर तरस आ गया। उन्होंने रजिस्ट्रार को तलब किया और कहा कि एक घंटे में भूल सुधारकर इनका परीक्षा-फल दो वर्ना मैं सभी दोषियों पर कार्रवाई करूँगा। अन्ततः इस तरह मुझे न्याय मिला।

लेकिन एम.ए. हिन्दी की परीक्षा में भी उत्तर-पुस्तिकाओं के मूल्यांकन में भी जातिवादी भेद-भाव की पक्षपातपूर्ण परिणति हुई। उस समय एम.ए. के आठ पत्रों के मूल्यांकन के लिए आठ स्थानीय अर्थात् विश्वविद्यालय विभाग के शिक्षक परीक्षक हुआ करते थे और आठ जिले और राज्य से बाहर के। उस समय यह भी प्रावधान था कि यदि दोनों (स्थानीय एवं बाह्य) परीक्षकों के मूल्यांकन में पन्द्रह अंकों का अन्तर होगा तो उस पत्र के अंक पर बोर्ड विचार करती और अधिकतम अंक देने की व्यवस्था होती थी। मेरी उत्तर पुस्तिकाओं के मूल्यांकन में अधिकतर पत्रों में बाहर के परीक्षकों ने प्रथम श्रेणी से अधिक अंक दिये लेकिन स्थानीय अध्यापक-परीक्षकों ने सिर्फ 45-46 अंक तक दिये। संस्कृत पत्र की परीक्षा अच्छी नहीं गई थी लेकिन ऐसी भी नहीं कि प्रथम श्रेणी नहीं आती। उस पत्र के प्रश्न चयन कर्त्ता एवं परीक्षक डॉ. देवेन्द्रनाथ शर्मा ने तो मुझे 62 अंक दिये लेकिन मेरे स्थानीय अध्यापक और परीक्षक डॉ. सुरेन्द्र नाथ दीक्षित ने मात्र 46 अंक दिये थे। 16 अंकों का अन्तर

होने के कारण उस पत्र का मामला बोर्ड में विचारार्थ जाना चाहिए था लेकिन मेरे सन्दर्भ में नियम बल दिया गया। कहा गया कि सोलह से अधिक का अन्तर होगा, तभी बोर्ड केस होगा। गद्य-पत्र में स्थानीय परीक्षक ने 67 दिया तो लखनऊ विश्वविद्यालय के हिन्दी विभागाध्यक्ष ने 77 दिये। इतना ही नहीं, मेरे शिक्षक डॉ. बमशम्भु दत्त झा, जो अक्सर वर्ग में नेहरू की नीतियों की आलोचना करते हुए वर्णाश्रम की भेद-भाव वाली प्रथा पर चोट किया करते थे, उन्होंने भी अपनी ही बिरादरी के एक परीक्षार्थी को इतिहास पत्र में सर्वोच्च अंक दिया और मुझे प्रथम श्रेणी का अंक भी नहीं दिया। 1965 के इतिहास पत्र में सर्वथा नये प्रश्नकर्त्ता शिक्षक ने 1964 के ही सारे प्रश्नों की आवृत्ति कर दी थी। अधिकतर छात्र यही करते हैं कि वे पिछले साल के प्रश्न छोड़कर तैयारी करते हैं। जिस स्वजातीय छात्र को डॉ. झा ने सर्वोच्च अंक दिया था, उस पत्र की परीक्षा के दिन वह हॉल में रो रहा था कि वे सवाल आये हैं, जो उसने तैयार ही नहीं किये थे। सभी स्थानीय परीक्षकों और बाह्य परीक्षकों के द्वारा सभी पत्रों के मूल्यांकन में मेरे कुल प्राप्तांक में 45 से 50 अंकों का अन्तर था। और अन्ततः मुझे विभाग की सवर्णतावादी दुरभि-संधि के तहत महज चार अंक कम होने के कारण प्रथम श्रेणी में स्थान पाने से वंचित होना पड़ा। लेकिन ऐसा भी नहीं था कि सभी शिक्षक ऐसे थे ही। डॉ. कामेश्वर शर्मा, 'जनता' के सम्पादन-काल में विख्यात शब्द-शिल्पी और स्वाधीनता सेनानी-विचारक श्रीरामवृक्ष बेनीपुरी से गहरे स्तर पर जुड़े थे और काफी वर्षों तक वह भारतीय कम्युनिस्ट पार्टी के सदस्य भी थे। उनकी मित्रता कभी नामवरजी से भी रही। कभी दोनों सम्भवतः पूना में भाषा-विज्ञान के किसी सन्दर्भ में साथ-साथ थे। हिन्दी विभाग के शिक्षकों में कामेश्वर बाबू मुझे लिखने-पढ़ने के अलावा सामाजिक सक्रियता के कारण गुरु एवं अभिभावक जैसा स्नेह देते थे। डॉ. शुकदेव सिंह भाषा-विज्ञान के ज्ञाता होने के साथ कबीर साहित्य के व्याख्याकार थे, इसलिए उनमें भी मेरे प्रति स्वाभाविक स्नेह था। ये दोनों आश्वस्त थे कि किसी को मिले न मिले नन्दकिशोर को प्रथम श्रेणी जरूर मिलेगी। यहाँ एक रोचक प्रसंग का उल्लेख करना आवश्यक है, जिससे यह स्पष्ट होता है कि मनुष्य की अतिरिक्त धार्मिकता उसे विवेक-विमुख ही नहीं कर देती, उसे संवेदनहीन होने की सीमा तक असहिष्णु बना देती है।

मैं बी.ए. ऑनर्स करने के बाद एम.ए. में गया था। मेरे घर की गली से मिलने वाली सड़क के किनारे एक अत्यन्त धार्मिक किन्तु संभ्रान्त और सुपठित श्री रामरेखा प्रसाद थे, जिनके पुत्र डॉ. सुरेन्द्र मोहन प्रसाद अपनी जाति के हिन्दी विभागाध्यक्ष की कृपा से दरभंगा के सी.एम. कॉलेज से हिन्दी विभाग लंगट सिंह कॉलेज में स्थानान्तरित होकर नये-नये आये थे। उन्हें बाबूजी ने न केवल गोद

में खेलाया था बल्कि खूब राबड़ी-दूध मलाई भी खिलायी थी। धार्मिक प्रवृत्ति का होने के कारण उनके पिता रामरेखा बाबू मेरे पिताजी को सम्मान तो नहीं किन्तु जिसे ठेठ बोली में 'मानना' कहते हैं, मानते जरूर थे। इसलिए बाबूजी ने डॉ. सुरेन्द्र मोहन प्रसाद से मेरा परिचय करवाया कि यह मेरा लड़का है, इसे पढ़ने में मदद कीजिए। वह बोले-"भेज दीजियेगा। जो पूछना होगा, पूछ लेगा।" मैंने सहज रूप में सोचा कि घर में ही सहायता करनेवाले गुरु मिल गये। लेकिन हुआ ऐसा कि वह मेरी मदद क्या करते, वह मुझसे ही बाहर के विश्वविद्यालयों से आनेवाली उत्तरपुस्तिकाओं का मूल्यांकन करवाने लगे। जब कभी मैं जाने से बचना चाहता, वह मुझे आदमी भेजकर बुलवा लेते। मेरे घर में कोई ऐसा नहीं था, जो मेरे घर में रहते हुए झूठ बोलता कि वह नहीं है। एक दिन उन्होंने यह कहकर बाबूजी से शिकायत की कि नन्दकिशोर पढ़ाई-लिखाई नहीं करता है। सीधे नहीं कहा कि वह मेरे यहाँ नहीं आता। बाबूजी अन्ततः मुझ पर ही नाराज हुए, जिससे मुझे उत्तर-पुस्तिका के मूल्यांकन से उनके धन-अर्जन-यज्ञ में अपने समय और शक्ति की समिधा देनी पड़ी। इस कार्य के लिए मैं इतना योग्य था कि ऑनर्स से लेकर एम.ए. तक की उत्तर-पुस्तिकाओं का मूल्यांकन करता था लेकिन मेरी सारी प्रतिभा और योग्यता मेरी जाति प्रदत्त सामाजिक पहचान के (यादव) सामने पहुँचकर बड़े शून्य में बदल जाती थी। इसलिए मेरे शिक्षक और पड़ोसी डॉ. सुरेन्द्र मोहन प्रसाद की अतिरिक्त धार्मिकता ने उन्हें धर्म की मूल चेतना (?) दूसरों के लिए उदारता, सहिष्णुता और करुणा से वंचित कर दिया था। मेरे पिता (स्वर्गीय रामचन्द्र) की सामाजिक प्रतिष्ठा ऐसी थी कि उनके दाह-संस्कार में लगभग तीन सौ लोग चार ट्रकों से और ट्रेन आदि से पहलेजाघाट में शामिल हुए थे। मुखाग्नि देने के कारण श्राद्ध-समाप्त होने तक मुझे उत्तरीय धारण किये हुए सुबह-शाम प्रोफेसर सुरेन्द्र मोहन प्रसाद जी के घर के सामने से होकर ब्रह्म-स्थान के पीपल में जल देने जाना पड़ता था। मुझे उन्होंने कई बार देखा ही नहीं, विषाद से आच्छादित मनोदशा में भी मैंने कई बार उन्हें प्रणाम किया तो उन्होंने मुँह फेर लिया। उन्होंने इस औपचारिकता तक का निर्वाह नहीं किया कि वह इतना भर कहते-नन्दकिशोर जानकर दुख पहुँचा कि रामचन्द्रजी गुजर गये जबकि उन्होंने बचपन से उन्हें गोद में खेलाया था। पिता के समान स्नेह दिया था। जब श्राद्ध कर्त्ता के रूप में मैंने श्राद्ध-कर्म से निवृत्त हो 27 अप्रैल से शुरू होने वाली एम.ए. की परीक्षा दी तो पिता की मृत्यु एवं कर्त्ता के रूप में व्यस्तता से अधिक शोकाकुलता के बावजूद मेरे सभी पत्रों की परीक्षा बेहतर ही गई थी, सिर्फ संस्कृत पत्र में आठ अंकों का अनुवाद नहीं कर पाया था। हाई स्कूल के संस्कृत शिक्षक पंडित देवीदत्त शर्मा के द्वारा बार-बार अपमानित किये जाने के कारण प्रारम्भ में ही संस्कृत पढ़ने के प्रति अरुचि हो गई थी।

फिर भी मैंने सम्पूर्ण पूर्व मेघदूत कंठस्थ कर लिया था, कालिदास और भास आदि की कृतियों को भली-भाँति पढ़ा था। इसलिए परीक्षा समाप्ति के बाद मैंने अपने शिक्षक श्री सुरेन्द्र मोहन जी से डरते-डरते निवेदन किया कि-'सर, सिर्फ संस्कृत पत्र में आप अपने मित्र परीक्षक से थोड़ी पैरवी कर दें, आठ अंकों का अनुवाद छूट गया है।'

''मैं पैरवी नहीं करता। मेरे सिद्धान्त में नहीं है।'' उन्होंने सौ प्रतिशत झूठ कहा तो मैं उनका चेहरा देखता रह गया। संयोग से एम.ए. हिन्दी के परीक्षा-फल के गणक भी वही थे। एक दिन परीक्षा-फल तैयार होने पर अपने पिता श्री रामरेखा बाबू, अपने सहयोगी साथी डॉ. कामेश्वर शर्मा और डॉ. शुकदेव सिंह के सामने मुस्कुराते हुए उन्होंने कहा-''नन्दकिशोर को चार नम्बर से प्रथम श्रेणी नहीं मिली है।''[1] यह सुनते ही तीनों उदास हो गये।

''आपने नन्दकिशोर का रौल क्यों नहीं दिया? कई लड़कियों का रौल हमें थमाया था।'' कामेश्वर बाबू ने कहा-''परीक्षा के समय उसके पिताजी की मृत्यु हो गई थी। और वह अत्यन्त दुखी था।''

उल्लेखनीय है कि नियमत: 475 अंक आने पर विश्वविद्यालय 5 अंक जोड़कर परीक्षार्थी को प्रथम श्रेणी देता है मगर मुझे एक अंक अर्थात् 471 ही दिये गये ताकि उस नियम से मुझे प्रथम श्रेणी नहीं मिले।

''तुम्हारा भला नहीं होगा सुरेन्द्र! नन्दकिशोर ने तुम्हारी बहुत सेवा की थी।'' धर्मभीरु और अन्दर से धार्मिक सुरेन्द्र मोहन जी के पिता रामरेखा बाबू ने दुखी होकर कहा था। इन प्रसंगों का मर्म यही है कि मेरे अनुभवों ने तिलक-चन्दन, कंठी-माला और घंटों पूजा वाली धार्मिकता के पाखण्ड के कारण मुझे कबीर का स्वाभाविक अनुयायी बना दिया है। यह क्या कम बड़ा विरोधाभास है कि बिहार विश्वविद्यालय से बनारस हिन्दू विश्वविद्यालय के हिन्दी विभाग में जाने के बाद डॉ. शुकदेव सिंह राष्ट्रीय ही नहीं, विश्व स्तर पर कबीर-साहित्य ही नहीं, कबीर मठों और महन्तों के विशेषज्ञ बन गये। देश और विदेशों के शोधार्थियों, खासतौर पर स्त्रियों के शोध-निदेशक हुए और कई उल्लेखनीय कार्य भी करवाए। लेकिन उनकी दृष्टि कबीर की चेतना के प्रचार-प्रसार से अधिक उसके द्वारा धन-अर्जन पर ही केन्द्रित थी। इसलिए कमल गुप्त की पत्रिका 'कहानीकार' में धारावाहिक रूप से हिन्दी कहानी पर लिखने के बावजूद निजी आचरण में वह अत्यन्त दुर्बल और दृष्टिहीन व्यक्ति ही सिद्ध हुए। जहाँ व्यक्ति के जीवन में निजी स्वार्थ प्रधान होता है, वहाँ ज्ञान धर्म और रचनाशीलता आदि विशेषताएँ उसके इर्द-गिर्द चाहे जितना बड़ा प्रभामण्डल खड़ा कर ले, व्यक्ति का पाखण्ड उसके सिर चढ़कर बोले बिना नहीं रहता।

1988 में वाराणसी के हिन्दू विश्वविद्यालय में डॉ. नामवर सिंह की षष्ठिपूर्ति के अवसर पर एक भव्य सभा थी, जिसमें हिन्दी के जन कवि नागार्जुन और त्रिलोचन से लेकर विश्वनाथ त्रिपाठी आदि पुरानी पीढ़ी के प्रायः सभी साहित्यकार उपस्थित थे। उन्हीं दिनों मैंने एक साहित्यिक-बौद्धिक पत्रिका 'युगावलोकन' का सम्पादन-प्रकाशन किया था, जिसकी प्रति के साथ मैं अपने शोधप्रज्ञ डॉ. रामललित सिंह और पुत्र सृजन को लेकर वहाँ गया। इस दृष्टि से वह एक चिरस्मरणीय संगोष्ठी थी। नागार्जुन ने जो कुछ कहा था उसका आशय है कि नामवर जी ने भले ही पिछले कुछ वर्षों में ज्यादा कुछ न लिखा हो लेकिन उत्तर भारत की सांस्कृतिक चेतना के परिष्कार और विस्तार में अपने बौद्धिक चिन्तन और चेतना से भरे अप्रतिम व्याख्यानों से ऐतिहासिक भूमिका निभायी है, यह पुस्तक लिखने से कम मूल्यवान नहीं है। प्रथम सत्र की समाप्ति पर हमलोग अर्थात् बाबा नागार्जुन, त्रिलोचन, शील आदि बैठकर चाय पी रहे थे, तभी मेरे शिक्षक रहे डॉ. शुकदेव सिंह जी आ गये। आत्मीय शब्दों में पारस्परिक हाल-चाल के बाद उन्होंने मुझे अपने निवास पर कल सुबह आने के लिए कहा, जिसे मैंने सहर्ष स्वीकार कर लिया।

दूसरे दिन आठ बजे सुबह डॉ. शुकदेव सिंह जी के सुन्दरपुर स्थित ब्रिज इन्क्लेव के निवास 'कबीर-विवेक' पर पहुँचा तो कॉलवेल बजाते रहने के बाद भी वह या कोई और नहीं निकला तो मैं, रामललित जी और पुत्र सहित (आठ साल का बालक) काफी देर तक बाहर खड़ा रहा। पुनः साहस करके कॉलवेल बजाया तो डॉ. शुकदेव जी आँखें मलते हुए निकले और ड्राइंगरूम में ले जाते हुए बोले-'इतनी जल्दी आ गये।' मेरे शोधार्थी और पुत्र बाहर बरामदे में ही रह गये थे। ड्राइंग-रूम के अन्दर का हाल जो देखा तो याद आ गया-'भले बने हो नाथ!' अन्दर सोफे पर एक विदेशी युवती खुमारी में थी, दो और हिन्दी के लेखक भी थे। दूर पर इधर-उधर मुर्गो की चूसी गई अस्थियाँ बिखरी पड़ी थीं। शराब की एक बड़ी खाली पड़ी बोतल रात की सारी कहानी बयान कर रही थी। शुकदेव बाबू ने कबीर पर शोध करने वाली उस युवती से उनींदे स्वर में मेरा परिचय कराया। उन दोनों प्रगतिशील लेखकों से मैं पहले से ही परिचित था। शुकदेव बाबू शायद चाय आदि के लिए कहने अन्दर चले गये लेकिन मुझे कबीर बरबस ऐसे याद आ गये जैसे किसी को सब तरफ से चोटें खाने के बाद चरम असहायता में वह व्यक्ति याद आए, जो टूटने से बचा सकता हो-

बाबू ऐसो है संसार तिहारो है यह कलि व्यवहारा।
को अब अनख सहै प्रतिदिन को नाहिन रहन हमारा।।
सुमति सुझाव सबै कोई जानै, हृदय तत्त न बूझै।
निरजीव आगे सरजीव थापे, लोचन कुछु न सूझै।।

तजि अमरत विष काहै अँजबँ गाँठी बाँधू खोटा।
औरत को दिय पाट सिंहासन साहुहिं कीन्हों ओटा।।
कह कबीर झूठोमिलीझूठा ठग ही ठग व्यवहारा।
तीन लोक भरपूर रह्यौ है, नाही है पतियारा।।

डॉ. शुकदेव सिंह बिहार विश्वविद्यालय (मुजफ्फरपुर) के हिन्दी विभाग में पढ़ाते समय वर्षों तक डॉ. सुरेन्द्र मोहन प्रसाद जी के घर ही रहे तो उसका प्रमुख कारण दोनों की पाखण्ड पर आधारित जीवन-शैली थी। इस प्रसंग ने तो मुझे अतिरिक्त धार्मिकता के प्रति बहुत अधिक विरक्त कर दिया था। मैं कमरे में बाहर से आई उत्तर पुस्तिकाओं का मूल्यांकन कर रहा था और डॉ. प्रसाद सामने कुर्सी पर बैठे तुलसी की माला फेरते हुए नाम-जाप और श्लोकों का उच्चारण कर रहे थे। वह बारी-बारी से गीता और रामचरित मानस को तुलसी की माला से छुलाते और उन्हें सिर से लगाकर प्रणाम कर रहे थे। जब उन्होंने अपने डेढ़ घंटे की पूजा का समापन 'सुन्दरकाण्ड' की चौपाइयों और दोहों से करना प्रारंभ किया, तो कमरे के बाहर बरामदे में किसी ने जोरदार दस्तक दी। उसने तेज स्वर में कहा-'कोई है?' डॉ. प्रसाद 'सुन्दरकाण्ड' का पाठ ऊँचे स्वर में कर रहे थे, जिसे सड़क से गुजरने वाला भी सुन सकता था। जब आगन्तुक ने तीन-चार बार 'कोई है?' की हॉक लगायी तो पूजा रोककर डॉ. प्रसाद ने मुझसे कहा-"जाओ कह दो, प्रोफेसर साहब बाहर गये हैं।" मैं विस्मय से अपने शिक्षक को देखने लगा। संदेह यहीं पर हैं, फिर भी बाहर गये हैं-ऐसा सफेद झूठ। मैं असमंजस में था कि तभी आगन्तुक ने फिर आवाज दी। डॉ. प्रसाद का चेहरा विवर्ण हो गया और उन्होंने मुझे फुसफुसाते हुए कहा, "जाओ न कह दो, बाहर गये हैं।" मैं बाहर गया। मैंने आगन्तुक से कहा-"सर नहीं हैं।"

"उन्हीं की तो आवाज आ रही थी।" आगन्तुक कोई सामान्य सा दिखने वाला व्यक्ति था।

"मैंने कहा न। सर नहीं हैं।" मैं थोड़ा झल्ला उठा। वह झल्लाहट उस व्यक्ति पर नहीं, अपने आप पर थी।

"कह दीजयेगा, मुक्खा लाल मदन लाल कपड़े की दुकान से आया था। पन्द्रह सौ रुपये बकाये हैं। एक साल हो रहा है।" वह व्यक्ति चला गया तो मैं फिर से उत्तर पुस्तिका के मूल्यांकन में लग गया लेकिन मेरे विद्यार्थी मन में बार-बार यही प्रश्न उठता रहा कि तिलक, कंठी-माला, इतनी देर-देर तक पूजा-मंत्रोच्चारण कि लगे वही एक धर्मात्मा हैं लेकिन व्यवहार में रात-दिन वही झूठ-फरेब, वही मूल्यहीनता, दूसरों के प्रति कहीं सदाशयता नहीं, झूठा दर्प-अहंकार।

जातिवाद के बढ़ते हुए चतुर्दिक दुष्प्रभाव को अस्वीकार करनेवाले सवर्णतावादी इसी कहावत को चरितार्थ करते हैं–'जाके पाँव न फटे बिवाई वो क्या जाने पीर पराई।' जन्म के साथ जाति का लगा यह ठप्पा मृत्युपर्यन्त चलता है और वह कभी साथ नहीं छोड़ता। मनु महाराज की कृपा से मिला जातिवाचक पदनाम व्यक्ति के साथ ऐसे चिपक जाता है कि वह शूद्रों के लिए अन्तर्वेदना और यातना का स्थायी कारण बन जाता है। मेरे ये दोनों मारक अनुभव कड़वी सच्चाई के सबूत हैं।

जब स्नातकोत्तर हिन्दी विभाग, लंगट सिंह कॉलेज, मुजफ्फरपुर में मेरी नियुक्ति बिहार लोक सेवा आयोग, पटना द्वारा विज्ञापित पद पर साक्षात्कार और अभिषद् की सम्पुष्टि के बाद हुई तो मेरे नाम नन्दकिशोर राय के कारण कॉलेज से लेकर सम्पूर्ण विश्वविद्यालय में चर्चा और अटकलों का सिलसिला शुरू हो गया। यह सोचने का तो प्रश्न ही नहीं था कि लंगट सिंह कॉलेज में भी कोई सवर्णेतर व्यक्ति भी आ सकता है, वह भी व्याख्याता के पद पर। उस समय तक कॉलेज के समस्त कला खण्ड (Arts Block) में कोई पिछड़ी या दलित जाति का व्याख्याता नहीं था। नन्दकिशोर राय का सीधा अर्थ यही लगाया जा रहा था कि यह व्यक्ति भूमिहार होगा। यह संकीर्ण बहस गर्ल्स हॉस्टल तक पहुँच गई। छात्राओं में बाजी लग गई। उन छात्राओं में एक मेरी वह छात्रा भी थी, (डॉ. कमला) जिसे मैंने कभी महिला शिल्प कला भवन महाविद्यालय में इन्टर की कक्षा में पढ़ाया था, जिसके पिताजी का मेरे परिवार से सम्पर्क था। इन दिनों वह भी दर्शन की प्रोफेसर हैं। उन्होंने कहा कि मैं जानती हूँ, यह राय यादव वाला राय है, भूमिहार वाला राय नहीं है। लेकिन सभी छात्राएँ इस पर दृढ़ थीं कि लंगट सिंह कॉलेज में भूमिहार और सवर्ण के अलावा कोई पिछड़ा या दलित आ ही नहीं सकता। दूसरे दिन वे छात्राएँ विश्वविद्यालय कार्यालय गईं और उन्होंने वहाँ से यह सच जाना कि मैं अन्ततः उनकी जाति का नहीं हूँ। आखिरकार कमला जी पचास रुपये की बाजी जीत गईं।

जब मैं ललक के साथ पहले महीने का वेतन लेने गया तो गहरा आघात लगा क्योंकि मेरा वेतन नहीं बनाया गया था। एक ही साक्षात्कार के साथ मेरे साथ नियुक्त दोनों सवर्ण व्याख्याताओं को वेतन मिल चुका था। मुझे कार्यालय ने बतलाया कि आपका पद विज्ञापित नहीं था। मैं सोचकर अत्यधिक दुखी हुआ। बिहार लोक सेवा आयोग, पटना द्वारा विज्ञापित तीनों पदों पर हुए साक्षात्कार द्वारा हुई अनुशंसा पर अभिषद् के अनुमोदन से हुई नियुक्ति के बारे में इस अनर्गल झूठ के पीछे घृणित जातिवादी कट्टरता ही तो काम कर रही थी। जब मैं सारे प्रमाणों के साथ तत्कालीन प्राचार्य श्री नवल किशोर गौड़ के पास गया तो उन्होंने लंगट सिंह कॉलेज के बिल-क्लर्क को डाँटा, तब

जाकर पहले माह का वेतन मुझे मिला। यह अन्याय भी मेरे साथ हो चुका था कि कमीशन की एक ही अनुशंसा पर तीन नियुक्तियाँ हुईं लेकिन दोनों सवर्ण व्याख्याताओं से गर्मी की छुट्टियों से पहले प्रभार-ग्रहण करा लिया गया पर मुझे गर्मी की छुट्टियों के बाद ही प्रभार ग्रहण करने दिया गया।

डॉ. शुकदेव सिंह जी ने आखिरी वर्षों में एक धनाढ्य महिला के सहयोग से एक पत्रिका 'संवेद' के तीन अंकों का सम्पादन किया। उसमें उन्होंने कई निरर्थक विवाद तो खड़े करने चाहे ही, बिहार के अत्यन्त लुम्पेन किन्तु अतिक्रान्तिकारी मुद्रा वाले कहानीकार की कहानी छापकर उन्हें रेणु से महान कहानीकार ही नहीं, महान मनुष्य भी लिख दिया। किसी को यह लेखकीय स्वतंत्रता हो सकती है कि वह अपनी समझ से किसी घटिया से घटिया व्यक्ति को, जो लिखने की कला भर जानता हो, उसे संसार का सबसे बड़ा लेखक कह दे लेकिन उसको किसी सर्वकालिक महान लेखक और मुक्ति-योद्धा से भी बेहतर मनुष्य भी घोषित कर दे तो यह उसके भीतरी खोखलेपन का ही उदाहरण है। बुरा व्यक्ति, एक अच्छा लेखक—यह शायद हमारे आलोचना-साहित्य में ही हो सकता है, होता है लेकिन व्यापक जन-समाज में स्वीकृति के लिए लेखक के व्यक्ति को भी बेहतर मनुय होना पड़ेगा। प्रेमचन्द, निराला, नागार्जुन, मुक्तिबोध, त्रिलोचन, नेपाली, केदारनाथ अग्रवाल, धूमिल और गोरख पाण्डेय आदि की रचनाएँ निस्सन्देह उनके बेहतर इन्सान होने की गवाही देती हैं। अन्य भारतीय भाषाओं में भी ऐसे रचनाकार कम नहीं हैं, जो मनुष्य के मुक्ति-संघर्ष में स्वयं रक्त-रंजित होने के साथ ही सृजन-रत भी रहे हैं।

मुझे कुमाउँनी कविता के शिखर कवि और जन संघर्ष के अप्रतिम योद्धा, स्वतंत्रता-सेनानी और सर्वोपरि निष्काम कर्मयोगी स्वर्गीय केदार सिंह कुंजवाल जी बरबस याद आ रहे हैं। मैं 2001 में उत्तराखण्ड के जैंती कस्बे में गया था, जहाँ मेरे बड़े जामाता सोशल एक्टिविस्ट एवं लेखक श्री पंकज पुष्कर कॉलेज में राजनीतिशास्त्र के व्याख्याता थे। वहीं एक सप्ताह के प्रवास में केदारजी के प्रेरक सान्निध्य का सुअवसर मिला और मेरी मानवीयता को कल्पना, बौद्धिकता और कर्मशीलता के सहज समन्वय से निर्मित उनके व्यक्तित्व का आत्मीय संस्पर्श प्राप्त हुआ। मैंने अनुभव किया कि यदि कविता सीधे शब्दों में ही उतरने के बजाय जीवनानुभव के रास्ते अभिव्यक्ति प्राप्त करती है तो वह बृहत्तर समाज की चेतना का अंग बन जाती है। केदार जी कुंजवाल अपनी कविताओं में लोक और प्रकृति के उद्‌भुत समन्वय से मानवीय संवेदना और वैचारिकी को इस सहज कलात्मकता के साथ गूँथते हैं कि कविता हृदय में उतरती ही नहीं, हममें रूपान्तरण की प्रक्रिया भी प्रारंभ

होने लगती है। इन दो काव्य-उद्धरणों से भी जन के साथ कवि के गहरे मानवीय सरोकार को आसानी से महसूस किया जा सकता है :

(क) आदमी हो, स्नेह-बाती बन
नया दीपक जलाना।
दर्द की परछाइयों के दानवी-बन्धन हटाना।
क्रान्ति का सन्देश देकर
राह युग की मोड़ देना,
फिर नया मानव बनाना
रूढ़ियों को तोड़ देना। (आदमी से)

(ख) वह भी मानव है,
कचरे से बीन रहा जो-
सूखे-सड़े चीथड़े।
तार-तार परछाईं से
उसे उठाओ
समता के आसान पर
उसे बिठाओ। (वह भी मानव है)

कवि केदार सिंह कुंजवाल में यह तड़प और बेचैनी कहाँ से आई, जो उन्हें सदियों से वंचित मनुष्यता को समता के सिंहासन पर प्रतिष्ठित करने के लिए जीवनपर्यन्त ललकारती रही? इस प्रश्न का उत्तर उनके उस समर्पित सेवा से पूर्ण संघर्षमय जीवन में है जहाँ उन्होंने अपनी संगिनी श्रीमती देवकी कुंजवाल के साथ गांधी-कस्तूरबा के समान पराधीन भारत से लेकर स्वाधीन भारत तक में वंचित-दलित, पिछड़ा, पहाड़ी और वनवासी वर्ग के चतुर्दिक उत्थान के लिए अपना सर्वस्व न्यौछावर कर दिया। 1942 की सालम क्रान्ति में कुंजवाल जी अंग्रेजों द्वारा पकड़ लिये गये लेकिन उन्हें नाबालिग बतलाकर जैंती के प्रधान मोहन सिंह ने छुड़वा तो लिया लेकिन उन्हीं की आँखों के सामने शहीद नर सिंह और रीका सिंह अंग्रेजी सत्ता की गोलियाँ खाकर शहीद हो गये। यही नहीं, अंग्रेजों भारत छोड़ो और भारत माता की जय के नारे लगाने के कारण उन्हें मिडिल स्कूल के प्रधानाध्यापक ने फटे हुए बाँस के डंडे से इतना मारा कि उनके हाथ लहूलुहान हो गये। उन्होंने अपने साथियों के साथ पटवारी कार्यालय के सभी कागजात ही नहीं जलाये वरन् उस पर कब्जा भी कर लिया था। देश के स्वतंत्र होने पर कुमाउँनी के इस क्रान्तिकारी सपूत ने अपनी पत्नी देवकी के साथ मिलकर उत्तराखण्ड में गांधी जी के आदर्शों पर चलते हुए एक नई सामाजिक और सांस्कृतिक क्रान्ति को मूर्तिमान करने का भगीरथ प्रयास किया, जिसका साक्षी वहाँ के जीवन में आया गुणात्मक परिवर्तन है।

श्री केदार सिंह कुंजवाल ने कुछ महीनों में ही सरकारी नौकरी छोड़ने के बाद इलाहाबाद, मिर्जापुर, कानपुर, अल्मोड़ा, कौसानी, पिथौड़ागढ़, सेवापुरी, वाराणसी आदि अनेक क्षेत्रों में निष्काम भाव से समाज-सुधार के कार्य किये। 1952 से 1957 तक कुंजवाल जी ने पत्नी देवकी जी के साथ समुन्नत कृषि, सामान्य स्वास्थ्य रक्षा, निर्धूम चूल्हा, सुघर शौचालय, प्रौढ़ शिक्षा, लोक संस्कृति के क्षेत्र में ज्ञान प्राप्त कर मिर्जापुर (सोनभद्र) के आदिवासी क्षेत्रों में सेवा का कार्य प्रारम्भ किया। देवकी जी ने दुद्धी तहसील में बालक-बालिकाओं के लिए पहली पाठशाला स्थापित की तो केदार जी ने रिहन्द बाँध के डूब क्षेत्र में आनेवाले ग्रामीणों के पुनर्वास का कठिन कार्य किया। 1957 से 1962 तक दोनों वनवासी सेवा आश्रम में ही समाज सुधार के अनेक कार्य करते रहे। 1962 के भारत-चीन युद्ध में केदार जी के अनुज घन सिंह शहीद हो गये और पिताजी पक्षाघात से पीड़ित हुए तो उनकी छाया संगिनी देवकी सालम में आ गईं पर वह स्वयं भंगीकष्ट मुक्ति अभियान में सेवा करने तथा सफाई महाविद्यालय में पठन-पाठन करने हेतु नासिक गये, जहाँ दो वर्षों तक वह ग्राम्य सफाई संसाधनों पर अनुसंधान में संलग्न रहे। यहाँ उन्होंने परिष्कृत शौचालय, सोख्ता गड्ढे और सामूहिक पेशाबघर आदि बनाने के कार्य सीखे। कहना न होगा कि इन दिनों बाजार में आकर्षक डिजाइनों में प्लास्टिक की जो कचरा पेटियाँ मिल रही हैं, उसका निर्माण भी उन्होंने ही महाविद्यालय में किया था। यह कम बड़ा योगदान नहीं है कि केदार जी ने अपनी पत्नी देवकी जी के सहयोग से पर्वतीय ग्राम स्वराज्य मण्डल की स्थापना की, जिससे सैकड़ों लोगों को रोजगार मिला, निर्धूम चूल्हों के अलावा गोबर गैस के संयंत्रों से युक्त किया। उन्होंने जल-संकट से जूझते पर्वतीय क्षेत्र में वर्षा के जल को संचित करने हेतु फैरोसीमेन्ट टैंकों को स्थापित किया। जंगली-बूटी, लोहारी, दिया-सलाई, ऊन कटाई-बुनाई और फल उद्योग के द्वारा कुटीर उद्योग को विकसित करते हुए कुंजवाल दम्पति ने पर्वतीय इलाकों को कुटीर उद्योगों की दिशा में गतिमान ही नहीं किया, वहाँ के समाज में व्याप्त दुर्व्यसनों के खिलाफ भी आन्दोलन खड़ा किया। मद्य निषेध आन्दोलन को ऐसी व्यापकता और गहनता मिली कि केदार जी एवं देवकी जी को दस दिनों तक कारावास की सजा भी झेलनी पड़ी। मद्य निषेध आन्दोलन इतने दीर्घ काल तक चला कि सरकार को नतमस्तक हो सम्पूर्ण उत्तराखण्ड को नशा मुक्त क्षेत्र घोषित करना पड़ा। यही कारण है कि जैंती प्रवास में इस समर्पित कर्मठ दम्पत्ति के सम्पर्क ने मुझ में एक नई ऊर्जा और त्वरा का संचार किया।

जैंती की वह सभा भी मेरे लिए प्रेरक स्मृति है, जब स्वतंत्रता-सेनानी कवि कुंजवाल जी ने एक सभा आयोजित की थी जिसमें मुझे मुख्य वक्ता के रूप

में अपने चिन्तन को रखना था। उस सभा में एक स्वामी जी भी अभिनंदित होने वाले थे। मैंने राजनीति में धर्म की भूमिका को रेखांकित करते हुए सच्ची स्वतंत्रता के आधारों की तो चर्चा की ही, स्वतंत्रता-प्राप्ति के पश्चात् हुए चतुर्दिक पतन के कारणों की भी गहरी पड़ताल की थी। मैंने कबीर को स्मरण करते हुए यह प्रश्न उठाया था कि देश में गरीबी रेखा के नीचे जीने वाले अस्सी करोड़ लोग भी उसी राम की सन्तानें हैं, लेकिन उनकी चिन्ता न कर राम के नाम पर मंदिर बनाने की जिद में साम्प्रदायिकता की आग को हवा देना कैसी राम-भक्ति है? मैं दरअसल मनुष्य की मानवीय पहचान और आन्तरिक एकता के परिप्रेक्ष्य में उस धार्मिक हठधर्मिता की विद्रूपता को सन्दर्भित कर रहा था जिसके कारण सामाजिक सौमनस्य की जगह व्यर्थ का तनाव और हिंसा ले लेती है। लेकिन स्वामी जी जब बोलने उठे तो उन्होंने मेरे विचारों को कदाचित व्यक्तिगत प्रहार के रूप में ले लिया और मुझे गलत समझ लेने के कारण मेरी आलोचना पर उतर आये। उनके बाद केदार सिंह कुंजवाल जी ने स्पष्ट किया कि नन्दन जी का जोर धर्मों की मूल चेतना-व्यापक करुणा पर है, इसीलिए उनकी दृष्टि में देवताओं के मंदिरों और प्रतिमाओं एवं उससे जुड़ी पूजा, उपासना, तीर्थ, अष्टयाम और यज्ञादि की मानवीय दृष्टि से कोई विशेष सार्थकता नहीं है।

यह कम विस्मयकारी नहीं है कि मेरे उन्हीं विचारों को दो दिन पूर्व जैंती के डिग्री कॉलेज के सैकड़ों छात्रों ने अत्यन्त सहजता और गहरी संलग्नता के साथ ग्रहण ही नहीं किया था बल्कि आग्रह करके मुझसे एक दर्जन गीत-कविताएँ भी सुनी थीं। उन छात्रों में से किसी ने भी न कोई शंका प्रकट की और न ही कोई विरोध प्रकट किया, जबकि मैंने स्वयं उन्हें प्रश्नों के लिए आमंत्रित किया था। मैं प्रारम्भ से ही यह मानता रहा हूँ कि असहमति से उत्पन्न कोई स्वाभाविक जिज्ञासा या प्रश्नाकुलता वक्ता का निरादर नहीं करती। वास्तविक बौद्धिक होने की पहचान भी यही है कि आप असहमति का भी आदर करें, यदि वह निरर्थक अथवा पूर्वाग्रह-ग्रस्त नहीं है। लेकिन स्वामी जी ने मेरी व्यापक मानवीय दृष्टि से कही गई बातों को अपनी धार्मिकता पर आक्रमण के रूप में ले लिया था। दो परस्पर विरोधी दृष्टियों में से किसी एक के अतार्किक होने की परिणति ऐसे टकराव में स्वाभाविक रूप से देखी गयी है। बहुत सम्भव है, मेरे विचार स्वामीजी तक पूरी स्पष्टता के साथ न पहुँचे हों। कदाचित् ऐसी ही अवस्था में खलील जिब्रान ने यह कहा होगा-"तुम्हारा मस्तिष्क और मेरा हृदय कभी भी एकमत नहीं होंगे; जबतक तुम्हारा मस्तिष्क कई दिशाओं में बहना न छोड़ दे और मेरा हृदय अस्पष्टता से बाहर न आ जाये।"

निस्सन्देह जीवन स्वीकार और अस्वीकार के दोनों तटों के बीच निरन्तर प्रवहमान है। दोनों की महत्ता एक-दूसरे से कम नहीं है लेकिन व्यक्ति के लिए दोनों में सन्तुलन बनाये रखने का सम्बन्ध उसके चयन की विवेकशीलता पर निर्भर है। स्वीकार और अस्वीकार के पीछे कोई ठोस तर्क या दृष्टि नहीं है तो वह जीवन को सकारात्मक दिशा देने के बजाय एक प्रकार के तात्कालिक हानि-लाभ के गणित से जुड़ जाता है। पता नहीं, कैसे प्रारम्भ से ही किसी को स्वीकार करने अथवा अस्वीकार करने के पीछे मेरी तीव्रतर भावना सक्रिय रही है। इसे पसन्द और नापसन्द की तीव्रता कहा जा सकता है।

मैं जिन दिनों में एम.ए. का छात्र था, उन दिनों से लेकर आज तक मैं वही हूँ। तात्पर्य यह कि मेरे अन्दर जो भाव है, उसकी अभिव्यक्ति उसी रूप में मेरे चेहरे और वाणी से व्यवहार में होती रही है, जिसका खामियाजा मुझे बार-बार भुगताना पड़ा है। मेरे एक सहपाठी जिनसे मेरी आत्मीयता थी, जो मेरी दिनचर्या का एक महत्त्वपूर्ण हिस्सा बन चुके थे, वह अक्सर मुझसे अनुरोध करते थे कि आपको जिन लोगों से असहमति है या जो बातें पसन्द नहीं हैं, उन्हें अपने मन के अन्दर रखिये, बाहर चेहरे पर क्यों आ जाती हैं? मैं कहता था–''यह मुझसे नहीं हो सकता।'' तब वह कहा करते थे–''तब भुगतने के लिए तैयार रहिये।'' जाहिर है कि व्यक्तित्व के इस दोहरेपन को, एक बहुरूपिया-जीवन को स्वीकार न करना आज की मुखौटा वाली दुनिया में अभिशाप बन गया। यह सहपाठी-सह-मित्र ठाकुर रामविलास सिंह इतिहास के छात्र थे और एक पुलिस इंसपेक्टर के पुत्र थे। उनके प्रति मेरा सम्बन्ध सहज मानवीय प्रेम का आन्तरिक उद्रेक मात्र था, उसमें पाने-खोने की दूर-दूर तक कोई भावना न थी। युवा काल की भावावेश भरी उनकी आदर्शवादिता और रहन-सहन की नफासत और स्वच्छता मुझे उनकी तरफ खींचती थी। शाम को अक्सर हमलोग देश और दुनिया की समस्याओं पर गम्भीर चर्चा करते थे, जिसमें कभी-कभी 'स्टेट्समैन' और 'द हिन्दू' के सम्पादकीय अथवा दूसरे लेखकों के लेख भी बहस का बिन्दु होते थे। मित्र का शुद्धतावादी रवैया कई बार उनकी चतुराई के बावजूद झलक दे ही जाता था। तब भी मैं उनके दक्षिणपंथी रुझान के बावजूद कोई खास विरोध नहीं प्रकट करता था। हम लोग एम.ए. पास कर चुके थे और बिला नागा प्राय: हर दिन शाम को मिलते और विभिन्न विषयों पर गम्भीर चर्चा करते हुए बूढ़ी गंडक नदी में नौका-विहार करते थे। नाव पर ही मैं गीत-गजल भी कभी-कभार सुनाया करता था। जैसा कि होता है, युवा-काल के उन मादक वर्षों में मित्र रामविलास के सपनों की राजकुमारी अभिनेत्री साधना थी अर्थात् पत्नी हो तो साधना सी सुन्दर और नौकरी मिले तो लंगट सिंह कॉलेज में व्याख्याता की। मैं तो एक अभावग्रस्त

निम्न मध्यवर्गीय पिछड़े परिवार का युवक था, इसलिए मेरी लालसा को वैसे इन्द्रधनुषी पंख नहीं लगे थे, लोहिया के चिन्तन ने भी मेरी जीवन-दृष्टि को प्रभावित-प्रेरित किया हुआ था। इस बीच 1966 में एक दिन महिला शिल्प कला भवन हाई स्कूल में चल रहे गर्ल्स डिग्री कॉलेज की प्राचार्या शान्ता देवी और उसके सचिव उदित नारायण झा मेरे घर आये और मेरे मझले भाई से कहा-"आप मुझे नन्दनजी को दे दें। मेरे कॉलेज में हिन्दी के लेक्चरर की जगह खाली है।" मेरे भाई चुप रहे पर मेरी चुप्पी को उन लोगों ने मेरी सहमति मान लिया और वेतन के रूप में तत्काल मानदेय देने का वचन दिया। मैं वहाँ पढ़ाने लगा। इसके साथ ही मैं शोध के लिए भी पंजीकृत हो गया था। मैंने अपने मित्र रामविलास सिंह को भी शोध करने के लिए कहा ताकि व्याख्याता की नियुक्ति में आसानी हो। लेकिन अपनी अहंमन्यता में मुझे यह कहकर छोटा करने की कोशिश करते थे कि पी-एच.डी. करना समय का अपव्यय है और यह प्रतिभाहीन लोगों के लिए ही अधिक सार्थक है। खैर, जब बिहार लोक सेवा आयोग के द्वारा लंगट सिंह कॉलेज के लिए हिन्दी व्याख्याता के लिए पद विज्ञापित हुए तो मेरा पी-एच.डी. होना उपयोगी सिद्ध हुआ। जब मैंने शोध-प्रबन्ध प्रस्तुत करने का शुल्क अदा करने हेतु महिला शिल्प कला भवन महाविद्यालय की प्राचार्या से पाँच सौ रुपये माँगे तो सारा भुगतान करने वाले सचिव उदित नारायण झा ने मुझे मात्र दो सौ रुपये दिये तो मैंने कहा-"मैं कोई भीख नहीं माँग रहा। मैंने लगातार तीस दिन वर्ग लिये हैं।" "आप जैसे हिन्दी एम.ए. बहुत मिलेंगे। लेना है, लीजिए वर्ना...।" घंटों पूजा करने वाले सचिव उदित नारायण झा ने अत्यन्त रुक्षता के साथ कहा तो मैं सामने रक्खे दो सौ के दोनों नोट उठाकर झा की तरफ फेंकते हुए यह कहकर चल पड़ा-"हिन्दी एम.ए. सैकड़ों मिलेंगे लेकिन नन्दकिशोर नन्दन नहीं मिलेगा।" सम्बद्धता प्राप्त ऐसे डिग्री कॉलेजों में बेकारी के मारे ढेर सारे योग्य शिक्षकों का कॉलेज-व्यवस्था के द्वारा शोषण सामान्य कथा है, जिसके संस्थापक अधिकांशतः राजनेता हैं। वह सचिव भी पूर्व मुख्यमंत्री जगन्नाथ मिश्र का कृपापात्र था, जिसके द्वारा होनेवाला शोषण-उत्पीड़न 80 के दशक में चरम पर पहुँचा तो महिला शिल्प भवन कॉलेज के शिक्षकों ने उसे नंगा कर मुँह पर कालिख पोतकर, गधे पर चढ़ाकर सरेबाजार घुमाया था।

जाति के विरुद्ध कोई तब तक सच्चे मन से आन्दोलित नहीं हो सकता, जब तक उसे जातिवाद के सांघातिक जहर के घूँट-दर-घूँट न पीने पड़े हों। मैंने अपना शोध-प्रबन्ध 1970 की जनवरी में प्रस्तुत किया और उसकी मौखिकी दिसम्बर के अन्त में हुई। मेरे दोनों परीक्षकों-डॉ. राम कुमार वर्मा, इलाहाबाद विश्वविद्यालय एवं डॉ. शिवनन्दन प्रसाद, पटना विश्वविद्यालय ने

अपनी रपट भेज दी थी लेकिन बिहार विश्वविद्यालय, मुजफ्फरपुर के संकीर्ण मिजाज अधिकारी-लिपिक उस पर ऐसे बैठे थे कि काफी दौड़-धूप के बाद दिसम्बर में मेरी मौखिकी लेने डॉ. शिवनन्दन प्रसाद जी आये। वह प्रश्नों की लम्बी-चौड़ी तालिका बनाकर लाये थे और उन्होंने एक-एक प्रश्न के उत्तर सुनने और उससे सन्तुष्ट होने के बावजूद मेरे कतिपय भाषिक प्रयोगों पर भी आपत्ति की थी गोकि बाद में पता चला कि वह अपनी रपट में मेरी भाषा-शैली की प्रशंसा कर चुके थे। "आपने ट्रेजेडी के लिए 'त्रासदी' और 'कॉमेडी' के लिए 'कामदी' के चिंत्य प्रयोग किये हैं–" उन्होंने कहा तो शोध-निदेशक डॉ. श्यामनन्दन किशोर भी घबरा गये। तब मैंने निवेदन किया कि ये प्रयोग इसलिए चिंत्य नहीं हैं कि इन दोनों शब्दों का प्रयोग डॉ. नगेन्द्र ने "अरस्तू का काव्य शास्त्र" नामक पुस्तक में किया है। डॉ. प्रसाद ने डॉ. किशोर से कहा कि यह पुस्तक तो विभागीय पुस्तकालय में होनी चाहिए। अपने पूर्व गुरु का संकेत समझकर किशोर जी ने पुस्तक मँगवा दी। पुस्तक में त्रासदी (ट्रेजेडी) और कॉमदी (कॉमेडी) दोनों के प्रयोग देखने के बाद डॉ. शिवनन्दन प्रसाद ने मुझे उत्तीर्ण घोषित किया। लेकिन जातिवादी संकीर्णता का ही यह कुफल था कि किशोर जी चाहते तो मुझको भी अपने सजातीय श्री विमलेश कुमार श्रीवास्तव के समान पी-एच.डी. किये बगैर व्याख्याता की नियुक्ति में मदद कर सकते थे क्योंकि उन दिनों व्याख्याता के लिए न्यूनतम अहर्ता अपने विषय में मात्र द्वितीय श्रेणी में पास होना था। फिर मुझे तो एम.ए. में 59 प्रतिशत अंक प्राप्त था। पी-एच.डी. का लाभ (आर्थिक) एक पिछड़े को भी मिले, यह सवर्णों के वर्चस्व वाले घोर जातिवादी विश्वविद्यालय में कैसे सम्भव होता। मुझे हिन्दी व्याख्याता के रूप में लाने के पीछे कोई उदार दृष्टि रही हो, ऐसी बात नहीं थी बल्कि डॉ. किशोर को यह दिखलाना था कि मैं सामाजिक न्याय में विश्वास करता हूँ। तीन पदों में एक पद भूमिहार और एक कायस्थ को दिया तो एक पिछड़े को भी दिया है। पिछड़े को पद दिया भी तो उसे जूनियर बनाकर रखा और उसे पी-एच.डी. के आर्थिक लाभ से भी वंचित कर दिया।

हाँ तो मैं अपने आत्मीय मित्र और घोर शुद्धतावादी ठाकुर रामविलास सिंह की बात कर रहा था, जो मुझे प्राय: यह कहा करते थे कि आप थोड़ा नाटक करना सीखिए, जो आपके दिल में होता है, वह चेहरे पर क्यों आ जाता है? खैर, वह दो-तीन दिनों तक अपनी दिनचर्या के विपरीत मेरे घर पर नहीं आये तो शाम को उनके निवास पर चला गया। दस्तक देने पर उनकी माँ आईं। अत्यन्त ग्रामीण और सरल स्वभाव की नारी मूर्ति। उन्होंने लम्बा-सा घूँघट काढ़े हुए, उसी के अन्दर से भोजपुरी में कहा–"रामविलास के तो दो दिन से पेट झड़ रहल वा मगर इ मानत नइखे। जेतना बार जा ताड़न उतना बार नहा ताड़न।

अपने इनका समझाईं।'' मैंने देखा-मित्र अत्यन्त क्षीण और क्लान्त हो चुके हैं। आँखें धँस गई हैं। मैंने उन्हें कुछ कहना चाहा लेकिन उन्होंने अत्यन्त क्षीण गले में रह-रहकर अटकती फुसफुसाती आवाज में कहा, जिसका आशय था-मर जाएँगे लेकिन शरीर को अशुद्ध नहीं रहने देंगे।'' मैं जितनी देर बैठा, उतने समय में चार बार शौच गये और चार बार नहाकर आये। विस्मय यह कि वह जाड़े की संध्या थी। मैंने शरीर की शुद्धता के आधार पर स्वयं को दूसरों से अधिक स्वच्छ और पवित्र मानने वालों को आन्तरिक स्तर अधिक दूषित और कलुषित पाया है।

1970 की मई में मेरा विवाह हुआ था। अभी एक महीना भी मुश्किल से हुआ था। मैं, माँ और नवागता पत्नी के साथ पटना के लोदीपुर स्थित लोक निर्माण-विभाग के सहायक अभियन्ता के क्वार्टर में रहता था। रामविलास जी का मेरे परिवार में वही स्थान था, जो मेरा था। रामविलास जी आते तो हम सभी लोग साथ-साथ सिनेमा और होटल जाते थे। दोहपर के भोजन के लिए हमलोग डाइनिंग टेबुल से लगे बैठे थे और खाना परोसा जा रहा था। मैं और रामविलास पास-पास बैठे थे, सामने मेरी वृद्धा माता, मझली भाभी और मेरी नवागता पत्नी मनोरमा घूँघट काढ़े, सिर नीचे किये बैठी थीं। हमलोग खाना शुरू करने ही वाले थे कि बीच में मित्र रामविलास जी ने भाभी को सम्बोधित करते हुए कहा- "जानती हैं भाभी, नन्दनजी शादी से पहले एक लड़की से प्रेम करते थे।''

इस अप्रत्याशित और अप्रासंगिक बात से जहाँ माँ और भाभी उनका चेहरा देखती रह गईं, वहीं मेरी अल्पवया पत्नी सिर झुकाये घूँघट में मौन रहीं। किसी ने कोई 'रेसपॉन्स' नहीं दिया तो उन्होंने मेरी प्रेम-कथा को विस्तार देना चाहा तो मेरी पत्नी ने घूँघट के अन्दर से ही मन्द स्वर में कहा-"अब भी आप अपने दोस्त को नहीं पहचान पाये हैं। इन्होंने तो विवाह की दूसरी ही रात में मुझे सारी बातें बतला दी थीं।'' तात्पर्य कि एक ओर ऐसी घनघोर दक्षिणपंथी शुद्धतावादिता तो दूसरी ओर ऐसी कलुषता। शायद ऐसे ही लोगों के लिए कबीरदास ने कहा होगा-

कबीरा तहाँ न जाइए, जहाँ न चोखा चित्त
पर पूछा अवगुन घना, मुँह के ऊपर मित्त।

यह स्वाभाविक है कि कथनी-करनी की एकता के अभाव में सारी शिक्षा मनुष्य को अधिक-से-अधिक धूर्त और लोभी बनाती है, उसे इतना सांसारिक बना देती है कि वह न केवल घोर व्यक्तिवादी बन जाता है बल्कि अपने प्रति, अपने परिवार (पत्नी और बच्चों) के प्रति वह जितना आसक्त और संवेदनशील होता है, उसका दसांश भी दूसरों अथवा समाज के प्रति नहीं होता। पूजा-पाठ,

ध्यान-स्नान, तीर्थ, व्रत आदि उसकी मानवीयता को विस्तृत और गहन करने के स्थान पर उसें निष्करुण बनाकर छोड़ देते हैं।

मुझे अपने वेद-शास्त्र के ज्ञाता और विद्वान मित्र के साथ सुबह ट्रेन से दरभंगा जाना था। मैं ट्रेन आने के बहुत पहले पहुँचकर उनकी प्रतीक्षा करता रहा। ट्रेन लगभग एक घंटे विलम्ब हो गई। लेकिन मित्र का कहीं पता न था। मैं बार-बार प्लेटफार्म से उस सड़क पर जाता था जिससे वह आनेवाले थे। मैं बेचैनी के साथ उनकी प्रतीक्षा करता रहा पर मित्र नहीं आये और गाड़ी चली गई। एक दूसरी ट्रेन भी आई और चली गई। मैं कभी अपने मोबाइल से रिंग करता तो कभी सड़क की ओर भागता। न तो मोबाइल से कोई उत्तर मिला न मित्र दिखे। दूसरी एक्सप्रेस ट्रेन भी चली गई तो मैं अस्थिर और खिन्नचित्त प्लेटफार्म से घर लौटने की सोच रहा था कि तिलक चन्दन किये मित्र पूरी निश्चिन्ता और स्थिरता के साथ प्रकट हुए। सामने पैसेंजर ट्रेन आकर लगी थी। उनकी मुखाकृति से लगा जैसे कहीं कुछ हुआ न हो। बोले-"चलिये, पैसेंजर से चलें।" मैं उनके साथ अत्यन्त खिन्न मन डब्बे में आया। मैंने बन्द खिड़की खोलकर ऊपर कर दी और मैं हाथ खिड़की के नीचे रखकर सोचने लगा। तभी खिड़की का भारी पल्ला मेरे हाथ की अँगुलियों पर खटाक् से गिरा और मैं दर्द से चीख उठा। अँगूठे के पास वाली दोनों अँगुलियाँ कट गई थीं और खून बहने लगा था। मैं असह्य वेदना से कराहने लगा। मैं दौड़कर प्लेटफार्म पर लगा नल खोलकर उस पर पानी डालकर धोने लगा। मेरे मित्र के मन पर इस घटना का क्या असर हुआ होगा, प्रकृति ही जाने लेकिन मेरी असह्य वेदना की तनिक भी अनुभूति उन्हें होती तो वह उस असह्य स्थिति में उस वक्त भी मुझे ट्रेन में बैठने और दरभंगा चलने के लिए कदापि नहीं कहते। उन्होंने इसे अत्यन्त मामूली ढंग से लिया जैसे कुछ हुआ ही न हो। उस समय मैं इस असह्य दैहिक पीड़ा से कहीं अधिक उनके संवेदनहीन व्यवहार से मर्माहत हो उठा। अँगुलियों को पानी से धोने के बावजूद रक्त बहना न रुका तो उन्हें रुमाल से लपेटे हुए मैं स्टेशन के समीप स्थित अपने आवास 'हरीतिमा' पहुँचा तो मेरी पत्नी रमा और छोटी पुत्री शिप्रा देखकर घबरा उठीं। शिप्रा दौड़कर प्राथमिक उपचार के लिए टिटनेस की सुई, रुई और दवा आदि के साथ कम्पाउण्डर को ले आई। उपचार के बाद मेरी अनिच्छा के बाद मित्र मुझे दरभंगा ले गये। मैं इस घटना में छिपा प्रकृति का सन्देश नहीं पढ़ सका कि तंत्र-मंत्र के जाल में क्यों फँस रहे हो? सब बकवास है। दरअसल मैं भैया द्वारा किये गए दर्जनों मुकदमों के तले इस तरह दबा था कि मेरा विवेक ही मर गया था। कभी मैं उस मित्र के वेद-उपनिषद् और शास्त्र-ज्ञान का कायल था लेकिन इस घटना ने मुझे यह सोचने के लिए विवश कर दिया कि मित्र

ने अगर मुझे बार-बार यह सांसारिक जीवन-मंत्र देना चाहा-'दिल मिले न मिले हाथ मिलाते चलिये' और मैंने उसे कभी भी किसी तरह स्वीकार नहीं किया तो यह अकारण न था। भला वह व्यक्ति संवेदनहीनता और असहिष्णुता से युक्त धूर्तता-प्रेरित इस उक्ति को जीवन में कैसे स्वीकार कर सकता है, किसी से हाथ मिलाते समय जिसके हाथ में उसका हृदय उतर आता हो?

इस घटना के दो-तीन वर्षों बाद मेरे यही मित्र 2011 में हरिद्वार में गायत्री-परिवार द्वारा महायज्ञ के विराट अवसर पर पत्नी के साथ भाग लेने गये थे। सुबह-सुबह अखबार में यह समाचार पढ़ा कि वहाँ हुई भगदड़ और अव्यवस्था के कारण कई लोग मर गये तो मैं घबरा उठा। मैंने तुरत उनके मोबाइल पर फोन किया। जब उधर से उनका प्रसन्नता और पुलक भरा स्वर सुनाई पड़ा तो इस व्यथा के बावजूद कि इतने लोग निरर्थक ही कथित धर्म की बलि चढ़ गये, मुझे राहत महसूस हुई कि दोनों सुरक्षित हैं।

हिन्दू समाज को उदार, करुणाशील और सहिष्णु बतलाने की हिन्दुत्ववादी अवधारणा के प्रचार-प्रसार में अब कोई बल नहीं है। हमारे चतुर्दिक फैली जातिवादी और साम्प्रदायिक उन्माद से उत्पन्न घृणा के कारण होने वाले अत्याचारों के भयावह अनुभवों ने यही सिद्ध किया है।

सवर्णेतर जातियों के प्रतिभावान और योग्य व्यक्तियों को उनके नैसर्गिक प्राप्तव्य से वंचित कर प्रसन्नता और गर्व अनुभव करना अधिकांश सवर्णों का जैसे स्वभाव हो गया है। वे पलभर के लिए भी यह अनुभव करना नहीं चाहते कि अहर्ता के सारे मानक पर सौ प्रतिशत योग्य सिद्ध होने के बावजूद उन्हें ही उनके प्राप्तव्य से वंचित कर दिया जाय तो उन्हें कितनी गहरी अन्तर्वेदना होगी? फिर यह व्याएक सोच उनमें कब आयेगा कि किसी भी जाति के एक प्रतिभावान को नैसर्गिक न्याय से वंचित करने का अर्थ है समाज को उसके द्वारा होने वाले लाभ और योगदान से वंचित कर देना? वे तो अपने श्रेष्ठता-बोध और बड़प्पन की अहंमन्यता से निकलना अपनी हीनता मानते हैं। यही अन्याय सवर्णेतर जाति में जन्म लेने की दुर्घटना के कारण लाखों के साथ हुआ होगा, आज भी हो रहा है और मेरे साथ भी यही हुआ तो क्या विस्मय?

स्नातकोत्तर हिन्दी विभाग, लंगट सिंह कॉलेज मे व्याख्याता के पद पर मेरी नियुक्ति में तत्कालीन विभागाध्यक्ष डॉ. श्यामनन्दन किशोर की मदद के दो कारण थे। एक, कि यह युवक कविता-कहानी लिखता है, साहित्यिक है, दूसरा, कि पिछड़े वर्ग के व्यक्ति को लाने से उनकी सामाजिक छवि व्यापक होगी, फिर यह हमेशा उनका अनुगत-अनुचर रहेगा। उन्होंने अपने अधिकांश

रीढ़विहीन शिष्य-सहकर्मियों के ही समान मुझे भी व्यक्तित्वहीन मान लिया था। वह यहाँ मेरी समाजवादी पृष्ठभूमि और संघर्ष को भूलने की भूल कर गये। फल यह हुआ कि उन्होंने जब रामनरेश त्रिपाठी की कृति 'पथिक' को इन्टर की कक्षा से हटाकर अपनी दो कौड़ी की कथित महाकाव्यकृति को पाठ्यक्रम में लगाया और प्रसाद का नाटक 'ध्रुवस्वामिनी' को हटाकर अपने एक वरिष्ठ सहकर्मी का नाट्यकला से सर्वथा शून्य नाटक लगा दिया तो मैंने इसका विरोध किया। यह 1973-74 की घटना है। इस क्रम में एस.एफ.आई. ने आकर मेरा सहयोग किया और मेरे द्वारा लिखित पर्चा छापकर चारों तरफ बाँटने के अलावा उसे राज्यपाल-सह-कुलाधिपति तक को भेजा। अपने व्यक्तिगत स्वार्थ से इंच भर भी ऊपर न उठने की कसम खा रखनेवाली हिन्दी विभाग की जमात यह कैसे सहन कर सकती थी कि कोई उन्हें आईना दिखानेवाला उनके ही विभाग में रहे। वे मुझे विभाग और नौकरी से निकालने की स्थिति में होते तो वे यह भी कर चुके होते। लेकिन विभागाध्यक्ष ने तो कम मगर उनके कतिपय कथित सहयोगियों ने उन्हें खुश कर विभागीय स्तर पर उनसे लाभ लेने के लिए मेरे साथ ऐसे जघन्य व्यवहार किये, जिसकी कल्पना कोई भी सभ्य समाज नहीं कर सकता। ये सब हिन्दी से एम.ए. पी-एच.डी. और डि.लिट् किये लोग थे, जिन्हें अपने पाण्डित्य का आज भी गर्व है। उन्हें मुझसे ईर्ष्या इस हद तक थी कि वह कई बार भयावह घृणा में बदल जाती थी। अशिक्षित और अल्पशिक्षित व्यक्ति को किसी कारण से किसी विशेष परिस्थिति में किसी व्यक्ति का व्यवहार जाने-अनजाने दुखी कर जाता है, तो वह धीरे-धीरे उसे भूलकर उसके साथ पहले जैसा व्यवहार करने भी लगता है लेकिन पढ़े-लिखे लोग तो उसे अपनी गाँठ में बाँध लेते हैं जो धीरे-धीरे उनकी मनोग्रंथि का रूप ले लेता है, वह उसका क्या अनिष्ट करेंगे, उनके अपने ही सहज विकास में वह ग्रंथि रोड़ा बन जाती है। यही मेरे इन सहकर्मियों के साथ भी हुआ।

छात्रों के बीच मेरी एक कवि-कथाकार और सफल अध्यापक की छवि के साथ एक सहृदय, लोकतांत्रिक और मानवीय दृष्टि सम्पन्न व्यक्ति रही होगी जो मेरे सहकर्मियों के लिए असुविधा और असहजता का कारण थी। इसलिए जनता पार्टी की सरकार ने जब आरक्षण लागू किया तो सवर्ण किन्तु दिशाहीन छात्रों ने यहाँ-वहाँ तोड़-फोड़, आगजनी की और उनके द्वारा पिछड़ों पर हमले होने लगे। इसमें हिन्दी विभाग के उन कतिपय शिक्षकों ने भी अपनी-अपनी जाति के उन छात्रों को झोंक दिया जो उनके झाँसे में आ चुके थे। इन छात्रों ने कई पिछड़े शिक्षकों पर हमला किया लेकिन मेरे प्रति कभी किसी ने कोई अभद्र व्यवहार नहीं किया। शायद वे छात्र अपने शिक्षकों की अपेक्षा मुझे बेहतर

ढंग से जानते थे। उपद्रव के कारण विश्वविद्यालय में कई महीनों तक पठन-पाठन बन्द रहा। एम.ए. और ऑनर्स की कक्षाओं में जनवरी 1979 से अध्यापन कार्य प्रारंभ हो गया और इन उपद्रवों से सर्वथा दूर अपनी पढ़ाई-लिखाई के प्रति समर्पित 95 प्रतिशत छात्र-छात्राएँ वर्ग करने लगे थे। लेकिन वे 5 प्रतिशत छात्र जो कतिपय जातिवादी और कुत्सित राजनीति करने वाले शिक्षकों का मोहरा बन चुके थे और जिन्हें पढ़-लिखकर अपना कैरियर बनाने में न के बराबर रुचि थी, उन्हें मैं काँटे की तरह चुभ रहा था कि आरक्षण के विरुद्ध उठे भयावह अन्धड़ और उपद्रव में यह साला (मैं) न पिटा न अपमानित हुआ। यह बात उनसे अधिक मेरे उन दो-तीन सहकर्मियों को साल रही थी, जो मुझसे अकारण ईर्ष्या करते थे। इनमें वह एक सहकर्मी भी था जिसने हिन्दी विभाग की ही नहीं, विश्वविद्यालय की गौरवशाली शैक्षणिक परम्परा को मटियामेट कर दिया है। उसका उल्लेख अनिवार्य रूप से बार-बार आयेगा, इसलिए उसे कोई कल्पित नाम दे देना पाठकों की सुविधा के लिए आवश्यक है। विद्वत्ता के साथ संकीर्णता, कुटिलता, क्रूरता और विदूषकता के समिश्रण से जो व्यक्ति-मूर्ति निर्मित होगी, वह उसी का प्रतिरूप है। विश्वविद्यालय में अध्ययन और शोध के शैक्षणिक वातावरण को समाप्त कर उसे जातीय संघर्ष का कुरुक्षेत्र बना देने वाले इस शातिर दिमाग के लिए डॉ. शकुनि सिंह से अधिक उपयुक्त नाम दूसरा नहीं होगा। उनके इन्हीं सद्गुणों (?) से ऊबकर इनके गृह नगर के कॉलेज से उन्हें खदेड़ दिया गया था। अपने तोता-रटन्त पाण्डित्य का रोब दिखलाकर वह डॉ. किशोर के प्रिय पात्र बन गये और उन्होंने कवि-हृदय किशोर जी को अपनी दबंगई के बल पर यह भरोसा भी दिया कि मेरे रहते कोई भी आपका बाल बाँका नहीं कर सकता। यह जग-सिद्ध तथ्य है कि व्यक्तिगत स्वार्थों की पूर्ति में लगा अवसरवादी व्यक्ति जो स्वभावतः स्वयं चाटुकार तो होता ही है, वह स्वयं भी चाटुकारिता पसन्द करता है, अन्दर से वह नितान्त कायर होता है। फलतः डॉ. शकुनि सिंह को उनका सिपहसालार बनते देर न लगी। पाठ्यक्रम से 'पथिक' और 'ध्रुवस्वामिनी' को हटाने का विरोध करने और उसे आन्दोलन का रूप देने की घटना उन लोगों के दिल में कील की भाँति अब भी चुभ रही थी।

यह 17 जनवरी, 1979 की घटना है। मैं एम.ए. की कक्षा में धारा प्रवाह पढ़ा रहा था कि चार-पाँच लड़के आये, उनमें विभागाध्यक्ष का एक भतीजा भी था। वह बाद में तत्कालीन मुख्यमंत्री लालू प्रसाद यादव का चहेता बन गया। लड़कों ने कहा-"क्लास से निकल जाइए।" मैंने उनसे कहा-"आप छात्रों से पूछिए। वे पढ़ना चाहेंगे तो मैं पढ़ाऊँगा।" छात्रों ने एक स्वर से कहा-"हम पढ़ेंगे। पढ़ाइये सर इस बेकार के आन्दोलन ने साल भर हमारी पढ़ाई बर्बाद

कर दी।'' वे लड़के चले गये, लेकिन डॉ. शकुनि सिंह एवं उनके साथी शिक्षकों से तत्काल मंत्रणा कर वे वर्ग में फिर आ धमके। वे मेरा बैग और उपस्थिति पंजी लेकर जाने लगे तो मैंने कहा–''जब आप इस स्तर पर आ गये हैं तो मैं निकलता हूँ।'' मैं कक्षा से बाहर आया तो उन्होंने लात-मुक्कों से मुझ पर प्रहार कर दिया। यही नहीं, वे मुझे गन्दी-गन्दी गालियाँ देने लगे। वे मेरे साथ-साथ कर्पूरी ठाकुर जी का नाम लेकर उन्हें भी गालियाँ दे रहे थे। विभाग के बाहर बरामदे में बैठकर कोई पुस्तक पढ़ रहे डॉ. कामेश्वर शर्माजी दौड़कर आये और मेरा बचाव किया। इस बीच घंटी समाप्त होने पर दूसरे वर्गों के लड़कों ने उन लड़कों को खदेड़ा लेकिन वे दौड़ते हुए कॉलेज के पूर्व स्थित चहारदिवारी लाँघ कर भाग निकले। इस घटना का करुण पक्ष यह है कि डॉ. शकुनि सिंह एवं उनके साथी अध्यापक ठहाके लगाकर अपनी साजिश की सफलता पर खुशी मना रहे थे जबकि डॉ. शर्मा उन्हें सुनाकर कह रहे थे–''आप लोगों ने यह अच्छा नहीं किया।''

जीवन के किसी भी क्षेत्र में वर्षों के समर्पण, श्रम और त्याग से निर्मित कोई भी श्रेष्ठ परम्परा या व्यवस्था एक दिन में कभी नष्ट नहीं होती। पहले ज्यादातर भद्र लोगों की यह चिन्ता होती थी कि समाज में कोई अच्छी व्यवस्था अथवा परम्परा है तो उसमें सुधारकर उसे थोड़ा और बेहतर रूप दिया जाय, इसके लिए वे लगातार मिहनत ही नहीं करते थे, जरूरत पड़ने पर सहर्ष त्याग भी करते थे। लेकिन स्वाधीनता-प्राप्ति के बाद 1960 से ही ऐसे समर्पित लोगों का विरोध सिर उठाने लगा, जिसे राजनीति ने संरक्षण देकर विष-बेलि के समान सभी क्षेत्रों में फैला दिया। डॉ. किशोर और उनके सहयोगी प्रिय-शिष्य डॉ. शकुनि सिंह ऐसे ही पूर्व मुख्यमंत्री डॉ. जगन्नाथ मिश्र के स्नेह-भाजन नहीं थे। मैंने केन्द्र में तत्कालीन उद्योग मंत्री जार्ज को पत्र लिखकर इस घटना से अवगत कराया। आरक्षण लागू होने के पहले जब वह लंगट सिंह कॉलेज के मैदान में भाषण देने आये थे और उन्होंने जैसे ही जनतापार्टी सरकार की आरक्षण-नीति की चर्चा आरम्भ की, जूते-चप्पलों की बारिश शुरू हो गई, उनके साथ-साथ हमलोगों को भी जूते-चप्पल के प्रहार झेलने पड़े। ऐसी भगदड़ और मार-पीट का माहौल बना कि भागकर जान बचानी पड़ी। उस समय लंगट सिंह महाविद्यालय जैसे बिहार की शैक्षणिक गुणवत्ता के प्रतिमान प्रतिष्ठित संस्थान के प्राचार्य गणित में कैम्ब्रिज से पी-एच.डी. की डिगी प्राप्त कथित विद्वान थे, जो अपनी जाति के अवांछित तत्त्वों के परम सहयोगी थे। परिणामत: उन्होंने पूर्व के प्राचार्यों के खून-पसीने से देश भर में शिक्षा के शीर्ष संस्थान का गौरव पाने वाले लंगट सिंह कॉलेज की सारी प्रतिष्ठा को मिट्टी में मिला दिया, जिसमें डॉ. शकुनि सिंह भी उनके प्रिय सहयोगी थे। जब कतिपय

शिक्षकों ने मेरे साथ हुई घटना की बावत इन प्राचार्य महोदय से दोषियों के विरुद्ध कार्रवाई करने की माँग की तो वह अपनी लाचारी का रोना रोने लगे। यह वही समय था जब लंगट सिंह कॉलेज के कला-खण्ड के चारों तरफ पूर्व प्राचार्य और अंग्रेजी के विद्वान श्री महेन्द्र प्रताप द्वारा लगाये गये शीशम के बड़े-बड़े दरख्त कटने-बिकने लगे, अंग्रेजी शासन के दौरान लगे वजनदार पंखों की भी चोरी होने लगी। सबसे दुर्भाग्यपूर्ण यह रहा कि छात्रावासों में गुण्डे काबिज हो गये। बहरहाल, मैंने तत्कालीन उद्योग मंत्री जार्ज फर्नांडिस को अपने ऊपर हुए हमले और अपमान की बावत पत्र लिखा। उसके सन्दर्भ में उन्होंने तत्कालीन राज्यपाल-सह-कुलपति श्री के.बी.एन. सिंह जी को पत्र लिख दिया। राज्यपाल-सह-कुलाधिपति ने बिहार विश्वविद्यालय के कुलपति को पत्र लिखकर उस घटना की जाँच करने और मेरी सुरक्षा का प्रबन्ध करने को लिखा। परिणामतः उस घटना की जाँच के लिए एक कमेटी बना दी गई। यह न कहना बेईमानी होगी कि जार्ज फर्नांडिस मिलने पर लंगट सिंह कॉलेज में बढ़ रहे गुण्डों के वर्चस्व और शैक्षणिक वातावरण को नष्ट करने वाले प्राचार्य और शकुनि सिंह जैसे शिक्षकों की शिक्षणेतर गतिविधियों पर वह गहरी चिन्ता व्यक्त किया करते थे। बाद में राजग के शासन में केन्द्रीय मंत्री बनकर उन्होंने जिस अकल्पनीय पतनशीलता का परिचय दिया, जिसके कारण मैं उनसे घनिष्ठ सम्बन्ध तोड़कर अलग होने के लिए विवश हो गया। उन्हीं जार्ज महोदय की जो भयावह परिणति हुई वह सबके सामने है। जब वह आखिरी बार एक घोर जातिवादी और अर्थलोलुप पूर्व कांग्रेसी केन्द्रीय मंत्री के विरुद्ध चुनाव लड़ रहे थे, उनके पुत्र की धमकियों के बावजूद मैंने उनकी व्यापक स्तर पर मदद की थी। आपात्काल में जब वह जेल में थे, तब भी मैं उनके चुनाव में अपने ग्रामीण साथियों के साथ साइकिल से बीस मील तक प्रचार किया करता था लेकिन जब उन्होंने वाजपेयी की घोर साम्प्रदायिक एवं जन-विरोधी सरकार के केन्द्रीय मंत्री के रूप में जल सेना, चीफ श्री विष्णुदयाल भागवत के साथ अन्याय किया, रक्षा-सौदों में घोटाले किये और उड़ीसा में ग्राहम स्टेंस और उनके दो बच्चों के जिन्दा जलाये जाने की घटना की जाँच कर हिन्दू कट्टरतावादी को क्लिनचिट दे दिया तो उनके साथ सम्बन्ध बनाये रखना मेरे लिए असह्य हो गया। बहुत पहले माओत्सेतुंग के दर्शन 'उदारतावाद का विरोध करो' ने मेरा मानस कुछ इस प्रकार निर्मित कर दिया था कि गलत के साथ होना मेरे लिए कठिन हो गया है। फिर माँ और पिताजी ने तुलसीदास का यह पद गा-गाकर यह संस्कार भी दिया था-

"जाके प्रिय न राम वैदेही
तजिये ताहि कोटि बैरी सम जदपि परम सनेही।"

आज मैं इस पद की व्याख्या इस रूप में करता हूँ कि 'रामवैदेही' पौराणिक मिथकीय पात्र के बजाय उच्चतर मूल्यों अथवा सद्‌गुणों के प्रतीक हैं, इसलिए जो मूल्य-विरोधी अथवा सद्‌गुणों से रहित लोग हैं, वे चाहे सगे-सम्बन्धी माता-पिता ही क्यों न हों, उनका साथ छोड़ देना चाहिए क्योंकि वे समाज के शोषक-उत्पीड़क हैं, उनके साथ होने का सीधा अर्थ है, उनके अमानवीय कर्मों में सहयोगी होना। यही कारण है कि बहुत से ऐसे आत्मीय से आत्मीय जनों से मुझे अलग होकर उनका विरोध करना मेरे लिए स्वयं संकटों को निमंत्रण देने जैसा रहा है।

व्यक्तिवादी लोग प्रकृत्या अवसरवादी होते हैं और वे कब किसकी चाटुकारिता कर बैठें, इसकी कोई भविष्यवाणी नहीं हो सकती। इस क्रम में वह किसी मर्यादा का ख्याल नहीं करते क्योंकि उनकी सारी सक्रियता और संलग्नता का केन्द्र उनका निजी स्वार्थ होता है। जिस तत्परता के साथ मेरे साथ हुई दुर्व्यवहार और मार-पीट की घटना की जाँच के लिए समिति गठित हुई, उसका भी अंजाम वही हुआ, जो ऐसी कमिटियों का होता आया है। जनता-पार्टी की केन्द्र सरकार के अन्तर्कलह के कारण गिर जाने पर जैसे ही बिहार के मुख्यमंत्री डॉ. जगन्नाथ मिश्र बने, वह जाँच-समिति समाप्त कर दी गई और डॉ. किशोर की जमात फिर से अपने गोरखधन्धों में लग गई। उनका एकमात्र निशाना मैं बन गया, पहले से मैं उनके निशाने पर था ही, अब विभाग में बात-बात पर मुझे अपमानित किया जाने लगा। डॉ. शकुनि सिंह अपने छात्र-सिपहसालारों से मुझे कभी गालियाँ दिलवाते तो कभी धमकियाँ। उनकी कुटिलता की कोई मिसाल ढूँढ़ना मुश्किल है।

मैं लंगट सिंह कॉलेज के सभागार के निकट से गुजर रहा था कि इन्टर के तीन-चार छात्रों ने मुझे सुनाकर भद्‌दी-भद्‌दी गालियाँ दीं, जिसका सीधा आशय् था कि यह साला हमारे कॉलेज में कैसे लेक्चरर होकर आ गया? यहाँ से नहीं जायेगा तो कुत्ते को जान से हाथ धोना पड़ेगा। उन कथित छात्रों के पीछे से आ रहे एम.ए. के छात्र और एस.एफ.आई. के सदस्य अवधेश चौबे और श्रीनारायण समीर ने न केवल उन्हें डाँटा-फटकारा बल्कि अवधेश चौबे ने तो उनमें से एक की बाँह पकड़ के मरोड़ दी। अवधेश चौबे के एक हाथ में पाँच की जगह छह अँगुलियाँ हैं। इस घटना के छह-सात दिनों दोनों बाद दोनों छात्र डॉ. शकुनि सिंह के आवास पर पढ़ने-लिखने के सम्बन्ध में उनका मार्ग-दर्शन लेने गये। डॉ. शकुनि की तोतारटन्त विद्वत्ता और पाण्डित्य की धाक के बावजूद दुख के साथ कहना होगा कि ज्ञान जब निजी स्वार्थ के कारण ध्वंसकारी हो जाता है तो वह अज्ञान से कहीं ज्यादा अनिष्टकारी होता है। डॉ. शकुनि बिना चरण-स्पर्श के खुश रहने का औपचारिक आशीर्वाद भी नहीं देते थे। दोनों छात्रों

ने शकुनि महाराज के चरण-स्पर्श किये तो अवधेश चौबे को देखते ही उनकी मुद्रा दुर्वासा जैसी हो गई। वह दोनों पर बरस पड़े–"क्या जरूरत थी उन लड़कों को डाँटने-फटकारने की? फिर उस लड़के को बाँह मरोरकर क्यों पीटा?"

"नन्दनजी को वे गाली और धमकी दे रहे थे।" दोनों छात्रों ने एक स्वर में कहा तो डॉ. शकुनि आवेश में उबल पड़े–"आप लोग क्यों लड़कों को डाँटने चले गये?"

"सर, आपको कोई गाली देगा तो क्या हम चुप बैठेंगे?" अवधेश चौबे ने पूछ दिया। "मेरी बात और है।" कहकर डॉ. शकुनि, श्रीनारायण समीर को डाँटने लगे–"कैसे-कैसे लोगों को लेकर चले आते हो?"

"मैं खुद जा रहा हूँ। मुझे ग्लानि हो रही है कि आप जैसे लोग भी हमारे शिक्षक हैं।" कहते हुए अवधेश चौबे निकल गये।

मैं विभाग में स्वभावतः अकेला पड़ गया। मैं सात किलोमीटर दूर स्थित अपने गाँव दादर से साइकिल से कॉलेज जाया करता था। यह मेरी प्रतिबद्धता रही कि मैं कभी किसी दिन विभाग में विलम्ब से नहीं गया। एक दिन किसी अध्यापक के अवकाश में रहने के कारण एक वर्ग व्यवस्था के अन्तर्गत मुझे 11.40 बजे से विभागीय पंजी में दर्ज करके दिया गया। मैं साइकिल से विभाग में 11.15 पर पहुँचा तो कहा गया कि मैं विलम्ब से पहुँचा हूँ। मेरा वर्ग 10.50 से ही था। मैं सुनकर हैरान हो गया। मैंने उन लोगों को बतलाया कि कल ही मैंने वर्ग-व्यवस्था पर हस्ताक्षर किया था, तीसरी घंटी में मेरे नाम से 11.40 से वर्ग था। डॉ. शकुनि सिंह ने व्यवस्था-पंजी निकालकर दिखलाया। देखकर मुझे जोरों का आघात लगा। 11.40 की कक्षा-व्यवस्था को काटकर 10.50 कर दिया गया था। डॉ. शकुनि ने अपने उस स्वजातीय प्राचार्य को बुला लिया और शिकायत की कि मैं अपने कर्त्तव्य के प्रति लापरवाह हूँ। प्राचार्य को मैंने दिखलाया कि किस साजिश के तहत आज ही पूर्व व्यवस्था तीसरी घंटी 11.40 को काटकर 10.50 की कक्षा बनाया गया है, यह तो देखिये। लेकिन जातिवादी-स्वार्थी-अवसरवादी लोगों पर सच्चाई वैसे ही बेअसर हो जाती है जैसे किसी कसाई के ठीहे पर पशु का आर्तनाद। इस तरह का नीचतापूर्ण व्यवहार मेरे साथ ही नहीं, डॉ. कामेश्वर शर्मा के साथ भी होता था लेकिन मेरे साथ अक्सर होता था क्योंकि मैं एक पिछड़े परिवार का युवक होने के साथ हिन्दी विभाग की कुत्सित राजनीति से अलग पढ़ने-पढ़ाने के अलावा साहित्य लिखता था, जिससे छात्रों और समाज में सम्मान की निगाहों से देखा जा रहा था।

यह भारतीय लोकतंत्र की बिडम्बना ही है कि सत्ता के शीर्ष पर पहुँचने वाला हर व्यक्ति पढ़ा-लिखा होने के बावजूद घोर व्यक्तिवादी और पूँजी

समर्थक हो जाता है, जिससे वह अपने आस-पास रीढ़-विहीन, प्रतिभाहीन तथा घोर स्वार्थी लोगों की फौज खड़ी कर लेता है। बिहार के तत्कालीन मुख्यमंत्री डॉ. जगन्नाथ मिश्र ने भी यही किया। अंग्रेजी की कहावत ऐसी जमात पर सटीक है–बर्डस ऑफ सेम फेदर फ्लॉक टुगेदर (Birds of same fether flock to gether)। डॉ. श्यामनन्दन किशोर के आदर्श कोई प्रेमचन्द या निराला नहीं थे, उनके आदर्श उनके शिक्षक राष्ट्रकवि श्री रामधारी सिंह दिनकर ही थे। इसलिए उन्होंने अवसरवाद और चाटुकारिता के सहारे लम्बी छलाँग लगायी तो आश्चर्य क्या? कई घटनाओं का मैं स्वयं साक्षी रहा हूँ, जिससे पता चलता है कि उन्होंने किन तरीकों से नेहरू फेलोशिप, पद्मश्री और अन्य उपलब्धियाँ प्राप्त कीं। मेरा अब भी यही मानना है कि जो पद स्वयं चलकर व्यक्ति तक पहुँचता है, उससे पद का ही नहीं, व्यक्ति का गौरव भी बढ़ता है और समाज का व्यापक हित भी सधता है। इसके विपरीत जब व्यक्ति पद देने वाले के पास जाता है तो पद का अवमूल्यन होता ही है, व्यक्ति की प्रतिष्ठा जाती है और समाज के व्यापक हितों को क्षति पहुँचती है।

सत्ता के सर्वोच्च केन्द्र की निगाह में कैसे आया जाय, यह कला किशोरजी ने दिनकर जी से सीखी थी। उन्होंने संजय गांधी के जन्म-दिन पर एक कविता हिन्दी और एक अंग्रेजी में लिखी। उन्होंने मुझे दोनों कविताएँ दीं कि मैं अपने मुहल्ले में भाषा के जानकार और बहुत अच्छे टाइपिस्ट श्री एच.बी. टैगोर (बेतिया के निवासी, ईसाई बन्धु) को दे आऊँ। मैं जब लेकर टैगोर साहब के पास गया तो वह मुस्कुराकर बोले–"लम्बी छलाँग की तैयारी है।" उन्होंने दो-तीन घंटे बाद बुलाया और कविताएँ टाइप करके दे दीं। इस खोखले जनतंत्र में चाटुकारिता की विशेषतापरक शैली कितनी कारगर है, यह मैंने किशोर जी के निकट रहकर देखा है। कुछ ही समय बाद किशोर जी को 'छायावाद का मनोवैज्ञानिक अध्ययन' के लिए जवाहरलाल नेहरू फेलोशिप मिल गई। एक दूसरी घटना भी कम मजेदार नहीं है।

जब से राज्यपाल जैसे महत्त्वपूर्ण और गरिमापूर्ण पदों पर प्रधानमंत्री द्वारा चुके हुए वफादार राजनीतिज्ञों और अवकाश प्राप्त नौकरशाहों की नियुक्तियाँ होने लगीं, राजभवन का गौरव भी धीरे-धीरे इस सीमा तक ध्वस्त हो गया कि राज्य की उच्चतर शिक्षा को मटियामेट करने में राज्यपाल-सह-कुलाधिपति भी अग्रणी हैं। आज की तारीख में अर्थात् 2011-12 में राजभवन में इस महत्त्वपूर्ण पद पर बैठा व्यक्ति कुलपति जैसे पद की बोली लगा रहा है, और करोड़-सवा करोड़ देकर पतित और भ्रष्ट लोग शिक्षाविद् के नाम पर कुलपति हो रहे हैं। रही-सही कसर सुशासनी मुख्यमंत्री ने पहले ही अपने द्वारा बहाल भ्रष्ट कुलपतियों के द्वारा पूरी कर दी थी। यह घटना 1973-74 की है।

रविवार की सुबह डॉ. श्यामनन्दन किशोर जी को राजभवन से समय मिल चुका था। वह शनिवार की शाम में ही अपनी पुस्तकों के साथ मेरे मँझले भाई (इंजीनियर) के लोदीपुर, पटना स्थित सरकारी आवास पर आ गये थे। मैं वहीं था। मैंने भैया से कहकर राजभवन जाने के लिए एक कार की व्यवस्था करवा दी थी। सुबह-सुबह नहा-धोकर नाश्ता करने के बाद डॉ. किशोर ने मुझसे स्नेहिल स्वर में कहा-"देखो, मैं पुस्तकों के समर्पण में क्या लिखता हूँ?" मैं उन्हें मुग्ध भाव से देखता रहा। उन्होंने "इन्दिरा भारत है और भारत इन्दिरा है।" (Indira is Iinda and India is Indira) कहने वाले महामहिम श्री देवकान्त बरुआ को अपनी एक पुस्तक कुछ इस तरह इन शब्दों के साथ समर्पित की। लिखा था-"असमिया के विश्व-कवि महामहिम श्रीयुत् देवकान्त बरुआ जी को हिन्दी का एक लघु कवि दे ही क्या सकता है, सिवा अपनी कोमल भावनाओं के।" कुछ इसी प्रकार के विशेषणों से आच्छादित समर्पण सभी पुस्तकों पर थे। जब दस बजे डॉ. किशोर महामहिम से मिलने गये तो वह दोपहर होने पर भी नहीं लौटे। हम भोजन पर उनका इन्तजार करते रह गये। शाम को कार में लौटे तो वह अत्यन्त प्रफुल्लित थे। उन्होंने कहा-"देखा, अपने गुरु का कमाल? पन्द्रह मिनट का समय दिया था लेकिन सारा दिन साथ रहे महामहिम और दोपहर का भोजन भी साथ किया।" इस घटना से मेरे शिक्षक रहे और वर्तमान विभागाध्यक्ष डॉ. किशोर जितने आह्लादित थे, मैं उतना ही उदास था। एक कवि-हृदय और सम्मोहनकारी व्यक्ति की यह आधारहीनता उसे कहाँ ले जायेगी? महत्त्वाकांक्षा आवश्यक है लेकिन तभी तक जब वह अपनी पूर्ति के लिए व्यक्ति से उसकी निजता न छीन ले। कहना न होगा कि राजभवन अवसरवादी और चाटुकारों को आश्रय देने लगा, राज्य के वास्तविक विद्वानों और शिक्षाविदों की ओर से उसने आँखें फेर लीं। डॉ. शकुनि सिंह भी अपने गुरु किशोर जी के सच्चे शिष्य निकले और उन्होंने उनके कवि-व्यक्तित्व पर अपनी रटन्त विद्या का विलक्षण प्रयोग करते हुए एक समीक्षात्मक पुस्तक लिख मारी, जिसमें किशोर जी को रवीन्द्रनाथ टैगोर और निराला के समानान्तर कवि सिद्ध कर दिया। राजनीति से लेकर शिक्षा, संस्कृति, साहित्य और धर्म सर्वत्र यह चारणवृत्ति या दरबारी संस्कृति जीवन के मूल उत्स उसके सद्‌गुणों को ही समाप्त किये दे रही है। ऐसे अतिमहत्त्वाकांक्षी लोग ग्रह बिलकुल ही भूल जाते हैं कि वे न केवल समाज की जड़ों को ही कुतर-कुतर कर खोखला कर रहे हैं बल्कि वे स्वयं भी अपनी आत्मा के स्तर पर निस्तेज और खोखले होते जा रहे हैं। अभी-अभी हमसे बिछड़े (13-02-2012) शहरयार ने यह अत्यन्त सार्थक टिप्पणी की है-

रूह की दीवार के गिरने के बाद
बे-बदन हो जाओगे मर जाओगे।

जब आपात्काल की घोषणा हुई तो मैं उसके विरोध में हुए आन्दोलन में शामिल हो गया। यह वह दौर था जब भारतीय कम्युनिस्ट पार्टी कांग्रेसी सरकार के साथ थी और आपात्काल का समर्थन कर रही थी। इससे पहले जब 1974 में रेल-कर्मियों की व्यापक हड़ताल हुई तो मेरे निवास पर धारा 144 के बावजूद पूर्व सांसद और लंगट सिंह कॉलेज के अर्थशास्त्र विभाग में प्रोफेसर महंथ श्यामसुन्दर दास की अध्यक्षता में रेल-कर्मियों के समर्थन में प्रख्यात समाजवादी नेता और विचारक श्री किशन पटनायक ने मुख्य भाषण किया था। समाचारपत्रों में छपी इस खबर ने विभाग में आपात्काल के समर्थक अवसरवादी सहकर्मियों को मुझ पर हमला करने का मौका दे दिया। वह मौके की ताक में थे कि इसे किसी तरह धर दबोचा जाय। उन्हें मौका मिला नहीं, मौका उन्हें खुद बनाना पड़ा। इसी बीच मुजफ्फरपुर के आर्य समाज मंदिर के सभागार में सरदार पटेल की जयन्ती का अवसर आ गया। समाजवादी नेता स्वर्गीय शारदामल्ल के अलावा संस्कृत के एक व्याख्याता डॉ. शर्मा और मैं प्रमुख वक्ता था। डॉ. शर्मा संस्कृत के विद्वान कम कुर्त्ता-धोती फाड़कर रातोंरात विश्वविद्यालय में नेता बन गये थे, उनमें किसी प्रकार की औपचारिक शिष्टता भी नहीं थी। वह बोलने में मर्यादा की कोई सीमा हो सकती है, इसमें विश्वास नहीं करते थे। उन्होंने प्रधानमंत्री इन्दिरा गांधी को कई बार ऐसे शब्दों के साथ कोसा, जो अपशब्दों के उदाहरण थे। मैंने कहा था कि अन्याय का प्रतिकार ही किसी को महानता के गौरव-शिखर पर प्रतिष्ठित करता है। लौह-पुरुष पटेल इसलिए महान हैं कि उन्होंने ब्रिटिश सरकार की दमनकारी नीतियों का विरोध किया और अपना सब कुछ दाँव पर लगा दिया। आज उन्हें याद करने का सीधा अर्थ है कि हम भी उन्हीं के समान स्वाधीनता के हमारे संवैधानिक अधिकारों को हमसे छीनकर हम पर आपात्काल थोपने वाली कांग्रेस सरकार का व्यापक विरोध करें। आरम्भ से यह मेरी मान्यता रही है कि व्यक्ति पर आक्रोश व्यर्थ है, हमारा लक्ष्य वह व्यवस्था (System) होना चाहिए, जिसकी उपज वह पदेन व्यक्ति है। लेकिन तिकड़मों में माहिर डॉ. शर्मा ने सभा में उपस्थित सी.आई.डी. के सजातीय इंसपेक्टर एक-दूसरे से अपने द्वारा दी गई गालियों वाली बात मेरे नाम से रिपोर्ट कराकर भिजवा दी। उधर मेरे विभागीय डॉ. शकुनि सिंह ने उसी सी.आई.डी. इंसपेक्टर से मिलकर यह झूठी रिपोर्ट भिजवा दी कि मैंने विभाग में टँगी इन्दिराजी की तस्वीर फाड़कर उसे पैरों से रौंदा, फलतः पूर्व कांग्रेसी नेता और तत्कालीन कुलपति श्री जब्बार हुसैन के कार्यालय में इन रिपोर्टों के आधार पर मेरे विरुद्ध कार्रवाई की संचिका चल पड़ी। यह बात जब मेरे परिचित ही नहीं, मेरे लेखकीय कार्य-कलापों

के साथ मेरे शिष्ट व्यवहार और सोच-विचार से पूर्णतः अवगत कांग्रेसी नेता स्वर्गीय भीष्म प्रसाद यादव को मालूम हुई तो उन्होंने पटना में अपने ही पड़ोस में रहनेवाले जब्बार हुसैन साहब को यह विश्वास दिलाया कि नन्दनजी लोकतांत्रिक ढंग से आपातकाल का विरोध जरूर कर रहे हैं लेकिन इन्दिरा जी को गाली देने और उनकी तस्वीर फाड़ने, उसे रौंदने की बात झूठी और साजिश के तहत लिखी गई है। इस प्रकार मेरे विरुद्ध कार्रवाई होते-होते रह गई। लेकिन मेरे विरुद्ध डॉ. किशोर के सिपहसालार डॉ. शकुनि सिंह की घृणित साजिशों का सिलसिला बदस्तूर चलता ही रहा।

जब जनता पार्टी की सरकार बनी तो कुछ महीनों बाद विभाग में ऐसी घटना हुई जिससे यह निष्कर्ष स्वभावतः निकल सकता है कि विश्वविद्यालयों के अन्य विभागों की अपेक्षा प्रायः हिन्दी विभागों में स्वस्थ प्रतिस्पर्द्धा की जगह गला-काट राजनीति कभी-कभी क्षुद्रता और स्वार्थपरता की सारी सीमाएँ लाँघ जाती है, इसीलिए वहाँ अधिकतर पढ़ने-पढ़ाने और लिखने का कोई विशेष साहित्यिक वातावरण नहीं होता। कतिपय उत्तर छायावादी कवियों के शताब्दी-समारोह (2011) में आये डॉ. अशोक वाजपेयी का यह कहना स्वाभाविक है कि कमोवेश सभी विश्वविद्यालयों में एक जैसा साहित्य विरोधी और गैर-अकादमिक वातावरण है। हमारे हिन्दी विभाग में डाक आती तो विभागाध्यक्ष डॉ. किशोर स्वयं पहले सारी चिट्ठियों को देखते थे और उसके बाद जिसके नाम से चिट्ठियाँ होतीं, उनको दे देते थे। लेकिन भारत सरकार या अन्य किसी महत्त्वपूर्ण विभाग से किसी के नाम से आये पत्रों में क्या है, यह जाने बगैर नहीं रहते थे। विक्रम विश्वविद्यालय, उज्जैन के हिन्दी विभागाध्यक्ष डॉ. राममूर्ति त्रिपाठी ने 1975 में मेरे प्रति आभार व्यक्त करते हुए पोस्टकार्ड लिखा था-''मैंने जिस कार्य के लिए वहाँ के कई मित्रों को कई बार लिखा, फोन से कहा पर किसी ने ध्यान नहीं दिया लेकिन आपने जिस तत्परता से वही कार्य कर दिया उसके लिए आभार औपचारिक होगा। मेरे योग्य सेवा हो तो निःसंकोच लिखेंगे।'' चूँकि यह सब एक पोस्टकार्ड पर लिखा था, इसलिए किशोरजी ने पढ़ लिया था। उन्होंने झट से मुझे कहा-''त्रिपाठी जी को लिखो कि वह अपने यहाँ तुम्हें एम.ए. का परीक्षक बना दें।'' मैं दुख और क्षोभ से भरकर मौन रह गया था। क्या यह सहज मानवीयता ही क्या कम है कि निष्काम भाव से आप किसी के काम आ सकें? दरअसल हुआ यह था कि डॉ. राममूर्ति त्रिपाठी जी ने बिहार विश्वविद्यालय के हिन्दी एम.ए. की कई परीक्षाओं के प्रश्न चयन एवं उत्तर पुस्तिकाओं के मूल्यांकन का कार्य किया था लेकिन बिल भेजने के बावजूद वर्षों से भुगतान नहीं हो पाया था। उन्होंने इस बाबत डॉ. किशोर एवं एक स्वजातीय व्याख्याता को भी लिखा था और

फोन भी किया था। लेकिन किसी ने कोई नोटिस नहीं लिया। 'जमीन' पत्रिका के सम्पादक और गीतकार डॉ. पवन कुमार मिश्र ने मुझे फोन से कहा और त्रिपाठी जी ने भी स्वयं पत्र लिखा। मैंने विश्वविद्यालय में बैठकर सभी वर्षों के प्रश्न चयन और मूल्यांकन का देयक बनवाकर तथा उस पर रेवेन्यू टिकट चिपकाकर उन्हें दस्तखत करने के लिए भेज दिया। जब उन्होंने दस्तखत करके देयक भेज दिया तो टेबुल-दर-टेबुल उसे पास कराकर चेक बनवा दिया। मैंने उसे रजिस्ट्री से उन्हें भेज दिया तो भुगतान मिलने पर उन्होंने यह पोस्ट कार्ड लिखा था।

यह जनता पार्टी की सरकार के शासन-काल की घटना है। मैं विभागीय टॉयलेट के दरवाजे पर पहुँचा तो देखा, एक मोटा-सा लिफाफा दरवाजे के किनारे फेंका हुआ है। वह मेरे ही नाम से आया था। वह कई जगह से फटा-चिटा था और पूरी तरह गन्दा हो चुका था। मैंने डाक विभाग की मुहर से उसके डिस्पैच की तारीख पढ़ी तो मेरे क्षोभ की कोई सीमा न रही। मैंने विभाग के पुराने और विश्वसनीय आदेशपाल श्री महेश्वर महतो से पूछा-"दो माह पहले आया यह लिफाफा बाथरूम के दरवाजे पर आज फेंका मिला है?"

"सर! मैं गरीब आदमी हूँ। डाक सब तो पहले साहब ही (डॉ. किशोर) देखते हैं।" महेश्वर महतो ने अपनी लाचारी प्रकट की। जब मैंने खोलकर देखा तो वह टीचर-एक्सचेंज प्रोग्राम के तहत विदेश भेजे जाने हेतु मुझसे जीवन वृत्त सहित आवेदन भर कर एक माह के अन्तर्गत माँगा गया था।

जब स्तनातकोत्तर और स्नातक विभाग का विभाजन होने वाला था तो डॉ. किशोर ने अपने उन्हीं दरबारी विभागियों से मंत्रणा की और मेरी सरलता का लाभ उठाते हुए उन्होंने मुझे समझा दिया। मैं भी उनकी राजनीति समझ न सका। लेकिन विभाजन की अधिसूचना में यह स्पष्ट प्रावधान था कि विभाजन से पूर्व तक जो भी व्याख्याता नियुक्त हुए हैं, स्नातकोत्तर विभाग में होने वाली प्रोन्नतियों में लंगट सिंह कॉलेज के स्नातक विभाग के उन्हीं व्याख्याताओं की वरीयता को प्रधानता दी जायेगी। और इसके आधार पर स्नातकोत्तर विभाग के अध्यक्षों के अवकाश प्राप्त करने पर दोनों विभागों-लंगट सिंह कॉलेज के स्नातक विभाग तथा विश्वविद्यालय के स्नातकोत्तर विभाग के शिक्षकों में ही वरीयता के अनुसार अध्यक्ष होते रहेंगे। लेकिन मेरे साथ कदम-कदम पर नियमों-परिनियमों की धज्जियाँ उड़ाते हुए मुझे हमेशा नैसर्गिक न्याय से, प्रोन्नति से वंचित किया गया। कारण दो ही थे, एक मेरा पिछड़ा वर्ग से आना और दूसरा साहित्य-लिखते-पढ़ते हुए अकादमिक पतनशीलता का निरन्तर विरोध करना।

17 जनवरी, 1979 को मुझ पर हुए हमले के बाद डॉ. शकुनि सिंह के उकसावे पर 9 मार्च, 1983 के दिन मुझ पर जानलेवा हमला हुआ था। बी. ए. आनर्स की परीक्षा चल रही थी। मैं इतिहास विभाग के सह-शिक्षक के साथ वीक्षण कार्य (Invisilation) कर रहा था। उस कक्ष में सभी इतिहास-प्रतिष्ठा के परीक्षार्थी थे। मैंने हर स्तर पर शिक्षा में आ रही पतनशीलता को रोकने का हर सम्भव प्रयास किया है। इसलिए जनता पार्टी की सरकार के दौरान आरक्षण विरोधी आन्दोलन आरम्भ हुआ था तो एक जाति विशेष की आबादी वाले खबड़ा के ज्यादातर लोग उस मुहल्ले से गुजरने वाले पिछड़ों के बारे में पता चलते ही उन्हें मारते-पीटते और भद्दी गालियाँ दिया करते थे। जिस लड़के ने मुझ पर चाकू से घातक हमला किया, वह भी उसी खबड़े का रहने वाला था और डॉ. शकुनि सिंह का पट्ट शिष्य था। दरअसल वह परीक्षा-कक्ष में बार-बार चिट निकालकर लिखने का प्रयास करता था और मैं उससे चिट छीनकर चेतावनी देकर छोड़ देता था। कारण कि इतिहास-प्रतिष्ठा के एक मेधावी परीक्षार्थी ने मुझे बतला दिया था कि वह अपराधी वृत्ति का छात्र है लेकिन जब वह छात्र नकल पर आमादा हो गया तो मैंने उसकी कॉपी छीनकर रख ली। तभी मेरे शिक्षक रह चुके मनोविज्ञान के विद्वान डॉ. अजीबुर्र रहमान आ गये और उन्होंने उस परीक्षार्थी की उत्तर-पुस्तिका के साथ उसका चिट लगाकर उसे परीक्षा से बहिष्कृत (Expelled) कर दिया। तत्कालीन प्राचार्य और मेरे शिक्षक रह चुके डॉ. विनय कुमार जी से मैंने निवेदन किया कि मुझे सुरक्षापूर्वक महाविद्यालय परिसर से बाहर पहुँचवा दें। परीक्षा से बहिष्कृत छात्र अपराधी मनोवृत्ति का है, उसने मुझे जान से मारने की धमकी दी है। प्राचार्य महोदय ने इसे हल्के ढंग से लिया और कहा-''कोई कुछ नहीं करेगा। ऐसे ही बोलता है।'' ''सर, आप कार में अंग-रक्षक के साथ चलते हैं और मैं अकेला और निहत्था चलता हूँ।'' मैंने उनसे कहा-''वह खबड़ा का लड़का है। वह प्रतिक्रिया में कुछ भी कर सकता है।'' इसके बावजूद वह टाल गये। मैं विवश हो परीक्षा-समाप्त होने पर कुछ छात्रों की धमकी के मद्देनजर आशंका व्यक्त करने के बावजूद शहर में आयोजित एक सभा में भाग लेने के उद्देश्य से कॉलेज के उत्तरी-पूर्वी छोर पर स्थिति मुस्लिम इलाके और उससे जुड़े कब्रिस्तान वाले भूखण्ड की पगडंडी से मुख्य सड़क पर जाने के लिए निकला और कब्रिस्तान के पास पहुँचा ही था कि उस लड़के ने दो-तीन साथियों के साथ मुझे घेर लिया। भद्दी-भद्दी गालियाँ देते हुए उसने छुरा निकालकर मेरी गर्दन पर चलाया लेकिन मैंने जाने कैसे त्वरित गति से अपनी गर्दन नीचे की ओर झुका ली। इसलिए छुरा मेरी ठुड्डी पर लगा, जिससे खून का फब्बारा फूट पड़ा। वहाँ ईंट सीमेंट से बनी कब्रों के आस-पास उग आई

घास गढ़ने वाली चार-पाँच मुस्लिम स्त्रियों ने उस दृश्य देखा तो उनसे न रहा गया। निकट का मुहल्ला होने के कारण वे मुझे पहचानती भी रही होंगी। वे जोर से चीख पड़ीं–"नन्दन बउआ के मारइत हई।" वे अपनी-अपनी खुरपी लेकर दौड़ पड़ीं, वे लड़के भाग खड़े हुए। यह लिखते हुए मेरी आँखें आज भी नम हो रही हैं कि एक मुस्लिम स्त्री ने अपनी साड़ी का छोर फाड़कर उससे मेरी ठुड्डी को बाँध दिया जहाँ से लगातार खून बह रहा था। उन लोगों ने मुझे रिक्शे पर बिठाया क्योंकि उन लड़कों ने मुक्कों और लातों से मुझे इस तरह धुन दिया था कि मैं ठीक से खड़ा नहीं हो पा रहा था। इसलिए एक मुस्लिम स्त्री मुझे घर तक ले आईं। पत्नी रमा देखकर दहाड़ मारकर रोने लगीं। मैंने उनसे अपने मित्र डॉ. अंजनी कुमार अग्रवाल को सूचित करने को कह दिया। बात सूखी घास में लगी आग के समान तुरत शहर भर में फैल गई। मेरे घर के सामने पच्चीस-तीस लोग एकत्र हो गये, जिनमें कुछ प्रोफेसर थे, कुछ अधिवक्ता थे तो कुछ मेरे छात्र भी। पड़ोसी डॉक्टर आये और उन्होंने प्राथमिक उपचार करने के बाद कहा–"टूटा-फूटा तो नहीं है लेकिन चोटें गहरी हैं। इन्हें विश्राम की सख्त जरूरत है।" कुछ मिनटों के बाद मेरे पुराने मित्र और डॉ. अग्रवाल भी आ गये। उन्होंने भी मेरी जाँच की और कुछ दवाएँ दीं। इस बीच एक और घटना घट गई। मेरे सबसे बड़े भाई स्वर्गीय युगल किशोर राय जी को पता चला तो वह भी आ गये। लोग बाहर उस घटना पर क्षोभ व्यक्त कर रहे थे, तभी मेरे पूज्य भ्राता युगल बाबू ने टिप्पणी कर दी–"ठीक ही तो मारा है। यह (मेरे बारे में) है भी टेंटिया।" यह सुनते ही एक प्रोफेसर ठाकुर ने जोरदार ढंग से उन्हें डाँटा–"टेंटिया कैसे हैं नन्दनजी? सही रास्ते पर चलना टेंटिया होना है? यह कौन आदमी है? अनर्गल बात करता है।" वह मुझे अन्दर देखने भी नहीं आये और बाहर से ही चले गये। यही है जीवन की सच्चाई, जीवन का वास्तविक मर्म। यह उक्ति, यह कहावत सौ प्रतिशत झूठी पड़ गई है कि खून पानी से गाढ़ा होता है (Blood is thicker than water) यह आज अमिधा में भी सच नहीं है, इस कथन ने तो अपना प्रतीकात्मक मर्म शायद शताब्दियों पहले ही खो दिया था।

मैं अपने व्यापक एवं गहन जीवनानुभवों से बहुत पहले ही इस निष्कर्ष पर पहुँच गया था कि रक्त, वंश और जाति से निर्मित सम्बन्धों की अपेक्षा वे मानवीय सम्बन्ध कहीं अधिक गहरे और चिरस्थायी होते हैं, जिनके बनने का आधार संवेदना और विचारशीलता होती है। निस्सन्देह संवेदना और विचारशीलता में अभेद सम्बन्ध है। जिस समाज में एकान्त स्वार्थपरता इतनी विस्तृत और गहरी हो गई हो कि पिता की हत्या करते हुए पुत्र नहीं हिचकता, भाई भाई की हत्या कर देता है, पति पत्नी की हत्या करता है, पत्नी भी जिसके

साथ जन्म-जन्मांतर तक साथ निभाने की कसमें खाती है, उसी पति की हत्या कर बैठती है, और तो और कुमाता नहीं कहलाने वाली माता भी अपनी सन्तानों की जान ले लेती है, उस स्वार्थी, लोलुप समाज में 'रक्त पानी से गाढ़ा होता है' जैसी उक्ति का क्या औचित्य रह गया है? यह मेरा आँखों देखा अनुभव है। एक बेटे ने कैंसर के दर्द से कराहते हुए बाप के चीखने पर उसे पीट-पीटकर समय से पहले ही मार दिया। प्रकृति चुप नहीं बैठती है वह हमारे द्वारा किये गये और किये जा रहे अनाचारों का बदला ले लेती है। लेकिन हम हैं कि इससे अब भी बेखबर हैं।

मेरी यह स्पष्ट और दृढ़ धारणा है कि जिसे प्राय: सभी धर्मावलम्बी ईश्वर मानते हैं, वह मूलत: प्रकृति ही है। प्रकृति सहज सजीवता की प्रतिछवि है, उसकी सहज जीवन-गति के अनुरूप चलने पर ही मनुष्य का जीवन आनन्द और उल्लास से परिपूर्ण होता है। प्रकृति की सहज प्रवृत्ति स्वभाव और गति का अतिक्रमण करते ही हम संकटों से घिर जाते हैं। तब हम अपने भाग्य को दोष देते हैं और कभी-कभी तो इतने व्याकुल हो उठते हैं कि कथित भगवान को जी भर कोसते हैं। कभी ठहरकर नहीं सोचते कि यह दुख, यह विपत्ति प्रकृति के विपरीत जाने का ही कुफल है। इसलिए मैं अक्सर कहा करता हूँ—सहजता गई, दुर्घटना हुई। विश्वविद्यालय हो या घर-परिवार, मानवीयता की सारी सीमाओं को लाँघते हुए मेरा विरोध उन्हीं लोगों ने किया है, जिनके जीवन में किसी भी स्तर पर सहजता नहीं रही है। जीवन को जीने की सहज शैली में ढालना एक बड़ी संघर्ष-साधना है। इसे वही पा सकता है, जो कबीर के इस जीवन-मंत्र को जी रहा हो—

चाह गई, चिन्ता मिटी, मनुआ बेपरवाह।
जिसको कछु नहिं चाहिए वो ही शाहंशाह।।

निस्सन्देह मैं एक अत्यन्त निर्धन परिवार में उत्पन्न हुआ, इसलिए प्रारम्भ में मुझमें भी मध्यवर्गीय इच्छा-आकांक्षाएँ थीं। लेकिन इतनी भी नहीं कि मैं गिरूँ और गिरता ही चला जाऊँ। मैंने एक बार सम्भवत: 1973-74 में राजकमल प्रकाशन से प्रकाशित एक पाठ्य पुस्तक गद्य-संग्रह 'गद्य विविधा' की समीक्षा लिखी थी और अपनी रचनात्मकता के विरुद्ध यह पाठ्यपुस्तकीय कार्य क्यों किया, उसका औचित्य मैंने डब्लू.एच. ऑडेन की इस उक्ति में ढूँढ़ा था—'हंगर एलाउज नो च्वाइस'। पाठ्य-पुस्तक में संकलित गद्य रचनाएँ ज्यादातर प्राध्यापकों को दुरूह प्रतीत होती थीं, परिणामत: वे मूल पुस्तक के बजाय मेरी समीक्षा की मदद से ही पढ़ाने लगे थे और छात्र-छात्राएँ भी राजकमल प्रकाशन द्वारा प्रकाशित 'गद्य-विविधा' को छोड़कर मेरी समीक्षा-पुस्तक ही पढ़ने लगे थे। जब एक दिन पटना में बाबा (नागार्जुन) से मेरी भेंट हुई

तो उन्होंने मुझसे पूछा–"'गद्य-विविधा' पुस्तक की समीक्षा के बदले तुम्हें कितने रुपये मिले?"

"यही कोई नौ सौ रुपये। एक बार पाँच सौ, फिर चार सौ।" मैंने बाबा को सच-सच बतला दिया।

"तुम कवि-कथाकार हो। एक तरह से यह नोट लिखना ही है। यह तुम्हारे लिए ठीक नहीं है।" बाबा ने मुझसे कहा तो मैं सचमुच ग्लानि से भर गया। उन दिनों बिहार लोक सेवा आयोग से अनुशंसित और विश्वविद्यालय की अभिषद् से नियुक्त व्याख्याता का वेतनमान-450 रुपये मात्र था। बच्चों की पढ़ाई-लिखाई के अलावा गाँव में रहते हुए मैं ही दोनों भाइयों की हिस्से की खेती करवाता था। दो बैल और रामदेव नाम के एक स्थायी किसान को हल जोतने से लेकर खेती का सारा काम करने के लिए रखा था। खिलापिलाकर कपड़े-लत्ते देते हुए 100 रुपये का वेतन भी मुझे ही देना पड़ता था। लेकिन जब फसल अनाज के रूप में तैयार होती तो मझले भैया के आदमी तेजनारायण या भतीजा रामप्रवेश पटना से आते और उसे बेचकर रुपये ले जाते थे। मुजफ्फरपुर में रहने वाले बड़े भाई युगल किशोर जी स्वयं आकर अनाज ले जाते थे। मझले भाई गौरीशंकर जी के जी में आता तो कभी-कभार सौ-दो सौ की मदद जरूर कर देते थे, जिससे कभी यूरिया (खाद) और बीज खरीदने में राहत महसूस होती थी। वे दिन सचमुच बड़े कठिन थे, इतने कठिन कि कई बार तो ऐसा भी होता था कि मुझे स्वयं अपने लिए मझले भाई अथवा बड़े भाई के हिस्से का अनाज खरीदना पड़ता था ताकि साल भर खेती करने वाले स्थायी जन सहित परिवार के भोजन में कमी न हो। लेकिन इस दुर्व्यहता के बावजूद बाबा की बात मुझे छू गई और मैंने कसम खायी कि चाहे जो हो, ऐसी पाठ्यक्रमीय समीक्षा कभी नहीं लिखूँगा।

एक बार ऐसा भी हुआ कि मैंने आर्थिक कठिनाइयों की वजह से ट्यूशन करना स्वीकार कर लिया। एक विभागीय शिक्षक ने एम.ए. की एक विवाहिता छात्रा को मेरे पास भेजा। उसे मैंने एक पत्र के तीन सौ रुपये देने पर भी दो पत्रों के टंकित उत्तर दे दिये और सप्ताह भर बाद बुलाया। लेकिन अपनी साहित्यिक-सामाजिक व्यस्तता के कारण मैं दिये गये समय पर उपलब्ध न हो सका। वह दो बार मेरे निवास से लौट चुकी थी। वह जिन विभागीय मित्र के द्वारा भेजी गई थी, वह उनसे ऑनर्स में पढ़ चुकी थी। एक दिन वह संयोग से तब आई जब मैं घर पर ही था। उसके हाव-भाव और तीखे तेवर ने हैरत में डाल दिया। "आप समय नहीं देते और समय देकर भी नहीं मिलते।" उसने साधिकार ऐसे कहा जैसे उसने मुझे खरीद लिया हो–"पिछले सप्ताह समय दिया तो आपको रहना चाहिए था। दुबारा भी आई तो आप नहीं मिले।"

"देखिये, आप मुझे गलत समझ रही हैं। मुझे पैसों की जरूरत है लेकिन इस तरह नहीं कि मैं अपनी आजादी आपके हाथों गिरवी रख दूँ।" मैंने उनके तीन सौ रुपये खर्च नहीं किये थे, वे बिस्तर के नीचे सिरहाने में अब भी वैसे ही रखे हुए थे। मैंने निकालकर देते हुए यह भी कह दिया–"जहाँ तक आपको समय देने का सवाल है, मेरे पास आपके लिए समय नहीं है।"

वह आरजू-मिन्नत करती रही लेकिन मैंने उसे लौटा दिया। जिन मटुकनाथी सहकर्मी ने श्रीमती जी को मेरे पास ट्यूशन पढ़ने के लिए भेजा था, उन्होंने बाद में इस व्यवहार के लिए मुझे ही भला-बुरा कहा। यह उपदेश भी दिया–जवान थी, सुन्दर थी, मजा लेना चाहिए। यह वही शिक्षक थे, जिन्होंने मैं जब गर्मी की छुट्टियों में एक सप्ताह के लिए बाहर जा रहा था तो मेरे टेक्नीकल चौक वाले कमरे की चाबी माँग ली ताकि वह एकान्त में पढ़-लिख सकें। जब मैं छुट्टियों के बाद लौटा तो नीचे रहने वाले आस-पास के चाय वाले, पान बेचने वाले और रिक्शा चलाने वाले लोगों ने जो कुछ बताया वह कहने लायक नहीं है। हम ऐसे समाज में जीने के लिए अभिशप्त हैं, जहाँ मानवीय सम्बन्धों का ईमानदारी से निर्वाह तो दूर की बात है, हम उसका रंचमात्र भी सम्मान करना नहीं जानते। यही कारण है कि धीरे-धीरे इन मुखौटाधारियों से मेरा दुआ-सलाम भर का ही सम्बन्ध रह गया और वे स्वभावतः मेरे विरोधी होते चले गये। यह कैसे हो सकता है कि मैंने जिन्हें अपने अनुभवों से मनुष्य-विरोधी के रूप में जान लिया है, उनके साथ रहूँ या उनके साथ मंचों पर बैठूँ। महज अखबारों में फोटों के साथ खबर बनने के लिए संवेदनशून्यों के साथ बैठना मुझे कभी स्वीकार नहीं हुआ।

आज यह स्वीकारते हुए मुझे घोर पछतावा और ग्लानि होती है। एक ओर तो मैं, मेरे पत्नी-बच्चों ने अछोर अभावों और कठिनाइयों का त्रासद जीवन जिया तो दूसरी ओर मैंने दोनों भाइयों को गलत रास्तों से धन कमाने में मदद की। मुझे अपने परिवार की जरूरतों के लिए कभी पत्नी के आभूषण बेचने पड़े तो कभी पठानों तक से रुपये लेने पड़े। लेकिन बेशुमार धन कमाने वाले इन भाइयों ने इतना भर भी नहीं सोचा कि मेरा ही तो भाई है, लिखता-पढ़ता है, समाज में थोड़ा नाम भी है, थोड़ी-बहुत मदद कर दें।

मेरे मझले इंजीनियर भाई स्वर्गीय गौरीशंकर राय की यह प्रबल इच्छा थी कि सेन्ट्रल डिवीजन के कार्यपालक अभियन्ता के पद पर उनका पदस्थापन हो। उस समय लोकनिर्माण विभाग का विभाजन पथ निर्माण विभाग और भवन-निर्माण विभाग के रूप में नहीं हो पाया था। इसलिए पटना हाईकोर्ट, राजभवन, विधानसभा जैसे सभी महत्त्वपूर्ण क्षेत्रों के पथ और भवन उसी के अन्तर्गत थे। यहाँ तक कि दिल्ली का बिहार भवन भी। उस समय श्री कर्पूरी

ठाकुर मुख्यमंत्री थे तो अनूपलाल यादव लोक निर्माण मंत्री। ऐसे सभी पदों पर मंत्री ने लाख-डेढ़ लाख लेकर पदस्थापन कर दिया था। कहना न होगा कि कर्पूरी जी ने उन्हें इसलिए मंत्री नहीं बनाया था कि वह ट्रान्सफर-पोस्टिंग के जरिये कमाएँगे। मजे की बात यह है कि अनूपलाल जी नि:सन्तान थे। उनसे नाराजगी के बावजूद कर्पूरी जी अन्ततः विवश थे। मेरे मझले भाई काफी हाथ-पाँव मारकर थक गये, न तो मुख्यमंत्री कर्पूरी जी से भेंट हुई न मंत्री महोदय पकड़ में आये तो उन्होंने मुझे दादर ग्राम में फोन किया-"क्या आपको कारा मंत्री मंजयलाल से परिचय है?"

"है। क्या बात है भैया?" मैंने कहा तो उन्होंने अपनी सारी परेशानियाँ रख दीं, "मैं एक महीने से कर्पूरी जी से मिलने की कोशिश कर रहा हूँ। भेंट नहीं हो पाई। पता ही नहीं चलता, वह कब कहाँ रहते हैं? मंजयलाल उनके बहुत करीबी हैं। आप उनके साथ मिलकर मेरी सेन्ट्रल डिवीजन में पोस्टिंग करा दें, अब वही एक डिवीजन बचा है।" रात के नौ बजे यह बात हो रही थी और मैं गाँव में रहता था। लेकिन अपनी आदत के अनुसार भाई साहब ने फरमान जारी किया-"आप भोर के जहाज से चले आइए।" उन दिनों मेरी भ्रातृ-भक्ति लक्ष्मण से कम न थी। मैं दूसरे दिन छह बजे के जहाज से पटना 7 बजे पहुँच गया। साढ़े सात बजे कारा राज्य मंत्री श्री मंजयलाल जी के फ्लैट पर पहुँचा तो उन्होंने सीधे अपने कमरे में बुला लिया। उनका शरीर बुखार से तप रहा था। वह मुझे देखकर उठ बैठे और मेरे लिए नाश्ता लाने को कहने लगे। मैंने विनोद में कहा-"नाश्ता तभी करूँगा जब आप मुझे मुख्यमंत्री जी से मिलवाएँगे।"

"देखिये, मैं तो बुखार में हूँ। लेकिन दस बजे किशन पटनायक जी भी आएँगे, उन्हें भी कर्पूरी जी से मिलना है।" मंजय बाबू ने मुस्कुराते हुए कहा-"इसमें क्या है, आपके तो कर्पूरी जी से पुराने सम्बन्ध हैं। अब तो मुझे चलना ही पड़ेगा।"

नाश्ता करने के क्रम में हम दोनों देर तक बातें करते रहे। मंजय जी बिस्तर पर लेटे हुए थे। उनका पुत्र अजय मेरा छात्र था। वह बाबूजी से बार-बार कह रहा था कि सर का काम जरूर होना चाहिए। इस पर झल्लाकर मंजय जी ने कहा-"ये मेरे पुराने समाजवादी दोस्तों में हैं। हमलोग आपात्काल का विरोध करने में एक साथ रहे हैं।"

खैर, दस बजते-बजते श्री किशन पटनायक भी आ गये। मंजय जी उनको और मुझे लेकर कार से चल पड़े। वह वहीं पहुँचे, जहाँ मुख्यमंत्री कर्पूरी जी कतिपय कैबिनेट मंत्रियों से कैबिनेट के पहले विमर्श कर रहे थे। वह जगह कोशी-रेस्ट हाउस थी। उस समय मुख्यमंत्री के निजी सचिव श्री ताराशंकर मेरे मित्र थे। उन्होंने मुझे देखते ही खुशी से उछल पड़े। मैंने आने का कारण

बतलाया तो कहा कि कर्पूरी जी से बात हो जायेगी और भैया की पोस्टिंग में कोई दिक्कत नहीं होगी। एक घंटे बाद कर्पूरी जी निकले तो मुझसे मैथिली में पूछा–''डाक्टर साहब! अहा कहाँ घूमि रहल छी?''

''पी. डब्लू. डी. के सभी डिवीजनों में कार्यपालक अभियंताओं का पद–स्थापन हो गया मगर उसमें कोई भी सामाजिक न्याय का अफसर नहीं है। एक सेंट्रल डिवीजन बचा है। हम चाहते हैं कि भैया का वहाँ पदस्थापन हो।'' मैंने उनसे कहा तो उन्होंने तत्काल कहा–''हमारे राज में भी सामाजिक न्याय की उपेक्षा हो तो फिर सत्ता में आने का क्या मतलब?'' उन्होंने मंजय बाबू से कहा–''प्रोफेसर साहब हमारे खास लोगों में हैं। आप अनूपलाल जी से जाकर कह दीजिए, यह मेरी इच्छा है कि गौरीशंकर जी का सेन्ट्रल डिवीजन में पदस्थापन हो।''

मैं मंजयलाल जी के साथ लोक निर्माण मंत्री से मिलने गया तो भाई साहब का नाम सुनते ही वह भड़क उठे लेकिन जैसे ही उन्हें मालूम हुआ कि मुख्यमंत्री ने उनका पदस्थापन सेंट्रल डिवीजन के कार्यपालक अभियंता के पद पर करने की इच्छा प्रकट की है तो लोकनिर्माण मंत्री का पारा नीचे उतर गया। आखिरकार भैया का वहाँ पदस्थापन हो गया। उन्हीं मझले भैया स्वर्गीय गौरीशंकर जी ने मुझ पर पटना, हाजीपुर और मुजफ्फरपुर में दर्जन से अधिक मुकदमे किये तो मेरी पत्नी रमा पर चार मुकदमे कर अपनी काली कमाई का प्रभाव प्रदर्शित किया। एक बार तो मेरी बीमार पत्नी रमा को गिरफ्तार करने पुलिस को रुपये देकर उन्होंने वारन्ट के साथ भिजवाया ताकि जल्दी में जमानत न मिल सके। दो दिनों तक रमा को उनकी मित्र श्रीमती सुमित्रा कुमार राय के मकान में बीमारी की हालत में छिपना पड़ा। और तो और, मेरे दोनों भाई मुझे गालियाँ देते हुए यह भुला दिया करते थे कि मेरी माँ मेरी ही माँ नहीं, उनकी भी माँ हैं।

सबसे बड़े भाई युगल किशोर जी चौधराइन मंदिर गली के एक मुख्तार साहब की पत्नी की कुसंगति में पढ़ न सके तो बाबूजी ने उन्हें कम उम्र में ही अपने कार्यालय जिला परिषद् से सटे लोकलबोर्ड में दफ्तरी के रूप में बहाल करवा दिया था। बाद में वह जिला शिक्षा अधीक्षक के कार्यालय में दफ्तरी हो गये। वहाँ मोटे–मोटे रजिस्टरों की जिल्दसाजी का काम हुआ करता था। मैं पहले ही बता चुका हूँ कि मेरे परिवार की जीविका का आधार दूध–मलाई–राबड़ी की बिक्री, पिताजी की जिला परिषद् की नौकरी के अलावा घर पर होनेवाला जिल्दसाजी का काम था। इसी जिल्दसाजी ने मेरे धार्मिक पिता को अंग्रेजी साहित्य के विख्यात श्री विद्वान महेन्द्र प्रताप (पूर्व प्राचार्य, लंगट सिंह कॉलेज, मुजफ्फरपुर) का आत्मीय बना दिया था।

प्रायः हर महीने-दो महीने पर जिला शिक्षा अधीक्षक के कार्यालय के रजिस्टरों की चमड़ेवाली जिल्दसाजी का देयक युगल भैया मुझसे ही अंग्रेजी में बनवाया करते थे। जितने मोटे तथा कम मोटे रजिस्टरों की जिल्द बनती थी, वे सब काम हमारे सामने होते थे। लेकिन देयक में उन रजिस्टरों की संख्या से अधिक संख्या लिखी जाती थी। अर्थात् देयक वास्तविक न होकर डेढ़ या दो गुणा बढ़ाकर बनाया जाता था। यह सिलसिला 1960 से 1972 तक चला और मैं बड़े भाई की वह डाँट आज भी नहीं भूलता। 1972 की बात है। मैं कविता-कहानी लिखने के साथ-साथ समाजवादी चिन्तक राममनोहर लोहिया का साहित्य पढ़ने लगा था और पहले से माँ-बाबूजी से प्राप्त मेरी नैतिक चेतना भी प्रखर होने लगी थी। इसलिए वास्तविक संख्या के स्थान पर उससे अधिक बढ़ा-चढ़ाकर देयक बनाना मुझे स्वीकार नहीं हुआ। एक दिन जब बड़े भैया ने उसी तरह देयक बनाने को कहा तो मैंने जैसे ही यह कहा कि यह बेईमानी है तो वह मुझ पर टूट पड़े। उन्होंने मुझे बेतरह डाँटा। मैं देर तक फूट-फूटकर रोता रहा। बाद में बड़े भैया दूसरों से देयक बनवाने लगे। इससे बड़े भैया के मन में मेरे प्रति यह भावना घर करने लगी कि इसके मन में मेरे प्रति सम्मान का भाव नहीं है, यह मेरी अवज्ञा कर रहा है। शायद यह तुच्छ विचार भी भर गया कि यह खुद को मुझसे ज्यादा काबिल समझने लगा है। सच्चाई यह थी कि मैं न केवल बड़ा भाई होने के कारण बल्कि उनकी संगीत के प्रति गहरी समझ और अनुराग तथा देश-विदेशकी राजनीतिक समझदारी के लिए भी उनका बहुत अधिक आदर करता था। मन ही मन उन पर गर्व भी करता था। लेकिन टेक्नीकल चौक पर उनके एक कथित साथी ने उन्हें शराब पीने की लत लगा दी थी। उसी ने उनकी पहली पत्नी के प्रति, जो न केवल भली-भाँति पढ़ना-लिखना जानती थीं बल्कि गौरांग तथा अत्यंत सुन्दर थीं, उनके मन में शादी के समय ही इतना जहर भर दिया कि दोनों में छह-सात वर्षों तक कोई भी सम्बन्ध न हो सका। वह दिन-रात रोती रहती थीं, मेरे माँ-बाबूजी भी तड़पते रहते कि दोनों में किसी तरह प्रेम-सम्बन्ध हो जाय। वे कहाँ-कहाँ नहीं गये, किस मंदिर, किस फकीर के मजार पर नहीं गये होंगे लेकिन पतित इतना जहर भर देते हैं कि उसका काटा जीवन भर तड़पता रह जाता है, उसे जीवन-भर पता ही नहीं चलता कि स्वर्णघट के समान सुन्दर और आत्मीय प्रतीत होने वाला व्यक्ति ही उसका प्रबल शत्रु है। लकड़ी के टेबुल-कुर्सी आदि की डाकघर में आपूर्ति करने वाले इस बढ़ई मिस्त्री की भी यही कहानी है कि वह भी घूस देकर अतिरंजित देयक बनवाकर उसे पास करवाता था। शायद बड़े भैया को बढ़ाकर देयक बनाने की सलाह उसी मित्र ने दी होगी।

जब बड़े भैया की शादी मोतीपुर के एक अच्छे खेतिहर की उस सुन्दर-सुशील लड़की से हुई थी तो मैं महज पाँच-छह साल का रहा हूँगा। भाभी न केवल मेरा मल-मूत्र साफ करती थीं बल्कि जब दिनभर खेलने के बाद रात में थककर सोने जाता था तो वह ग्राम्य-जीवन की कहानियाँ और लोकगीत सुनाती हुई अपने अत्यन्त स्नेहिल हाथों से मेरे हाथ-पाँव बड़े प्यार से दबाती थीं। उनके सुनाये एक लोकगीत की ये पंक्तियाँ अस्त-व्यस्त रूप में मुझे आज भी याद आ रही हैं :

अण्डा गिरे रेत में
मछली के पेट में...

आखिरकार पुराने संस्कारों और आदर्शों से अनुप्रेरित माँ-बाबूजी ने भाभी के बाबूजी से विमर्श कर भाभी को हमेशा-हमेशा के लिये विदा करने की तिथि निश्चित कर दी। गुलाब के समान खिली रहने वाली भाभी ने अपनी विदाई की तिथि निश्चित होने के कारण खाना-पीना छोड़ दिया और रोने लगीं। माँ, जिन्होंने उन्हें बेटी के समान सात-आठ वर्षों तक अत्यन्त ममता और स्नेह से बड़ा किया था, वह भी अक्सर रोती रहती थीं। यह सोचकर कि भाभी हमेशा के लिए चली जाएँगी, मैं भी रोता था। घर में इससे दो ही व्यक्ति अविचलित और तटस्थ थे, बड़े भैया और मझले भैया। आम तौर पर पिछड़े और दलित परिवारों के बारे में ऐसी मान्यता बना दी गई है कि ऐसी परिस्थिति में देवर के साथ भाभी की शादी हो जाया करती है क्योंकि वहाँ लोक-लाज का डर नहीं होता। लेकिन मेरे माँ-बाबूजी ने अपनी बिटिया के समान पाली भाभी को, जो अक्षत यौवना थीं, निश्चित तिथि पर ठेकुआ, खाजा, लड्डू आदि पकवान और फलों की टोकरियों एवं साड़ी-कपड़ों के साथ यह कहते हुए विदा कर दिया कि यह हमारे घर में बेटी के समान ही पवित्र रही है, इसका विवाह योग्य वर ढूँढ़कर कर दिया जाय। दोनों समधी देर तक गले लगकर रोते रहे। भाभी थीं कि माँ के गले से चिपकी रो रही थीं और उन्हें छोड़कर बाहर खड़ी बैलगाड़ी में बैठने के लिए तैयार नहीं हो पा रही थीं। किसी तरह भाभी बैलगाड़ी में बैठीं और अपने पिता के साथ चली गईं। उसके बाद से मेरे परिवार में अशान्ति और कलह की जो शुरुआत हो गई वह आज तक जारी है। यह गाय के समान उस असहाय स्त्री की आह और सन्ताप के प्रति प्रकृति द्वारा होनेवाली तीव्र प्रतिक्रिया ही है। भाभी का विलाप 'नीमूधन' का ही आर्त्तनाद है जो एक बार फिर दो दशकों बाद फूट पड़ा था। इससे पहले इस तार्किक परिणति से भी तो गुजरना होगा।

वह 1960-61 की कोई रात थी। हमारी गली में रहने वाला एक नौजवान बदरी महतो दौड़ा हुआ, घबराया-सा आया और बोला-"युगल भैया गली के

मोड़ पर सड़क के किनारे बेहोश पड़े हैं?'' यह सुनते ही माँ-बाबूजी के होश फाख्ता हो गये। दोनों पागलों की मानिन्द उस तरफ दौड़ पड़े। माँ चीखती-चिल्लाती जा रही थीं-''मेरे बेटे को क्या हो गया भगवान?'' मैं भी पीछे-पीछे दौड़ा। बड़े भैया को रिक्शा पर लेकर माँ-बाबूजी सदर अस्पताल पहुँचे। आज के विख्यात चिकित्सक डॉ. राघवेन्द्र प्रसाद ड्यूटी पर थे। माँ-बाबूजी ने व्यग्रता के साथ कहा-''देखिये, डाक्टर साहब मेरे बेटे को क्या हो गया? इसे बचा लीजिए।'' भाई साहब की जाँच करने के बाद डाक्टर साहब ने एक टैबलेट और इंजेक्शन लिख दिया। बोले कुछ भी नहीं। वह उस समय न बोलने के लिए मशहूर थे। माँ-बाबूजी ने कई बार अपनी बेचैनी में उनसे पूछा-''मेरे बेटे को क्या हो गया है?'' तो चुप्पा डाक्टर के रूप में ख्यात डाक्टर साहब ने उन्हें डाँटते हुए कहा-''बेटे ने शराब पी लिया है, और उस समय से आप हल्ला कर रहे हैं।'' दूसरे दिन ठीक-ठाक होने अर्थात् नशा उतरने के बाद बड़े भैया ने अपने उसी पड़ोसी साथी का नाम लेते हुए बतलाया कि शर्मा साले ने शराब पिला दी थी। बस क्या था, तब से बड़े भाई साहब गालिब के इस शेर की मिसाल बन गये-'छूटती नहीं है मुँह से ये काफिर लगी हुई।' कहना न होगा कि शराब मनुष्य को मनुष्य नहीं रहने देती, उसे पशु बनाकर ही दम लेती है-

औगुन कहूँ शराब का, ज्ञानवंत सुनि लेय।
मानुष से पसुवा करै, द्रव्य गाँठि का देय।।

जब कभी बड़े भैया युगल जी पीकर आते तो माँ-बाबूजी और मैं अन्दर से अत्यधिक दुखी और सन्तप्त हो उठते थे। बीमार माँ-पिताजी तो दुख के मारे खाना तक नहीं खाते थे और कमरे में बैठकर रोते रहते थे कि बेटे ने फूल के समान सुन्दर बहू को छोड़ दिया, वह आघात क्या कम था कि अब वह शराबी बनकर सारे समाज में हमारी पगड़ी उछाल रहा है। माँ-बाबूजी की अन्तर्वेदना से आहत होकर मैं कभी-कभी उन्हें शराब न पीने का उपदेश दे बैठने तक का दुस्साहस कर बैठता था। माँ-बाबूजी अब भी चाहते थे कि वह चाहे तो अब खुद ही शादी कर ले। लेकिन बड़े भैया ने अपने उसी शराबी दोस्त के जरिये अपना यह हठ हमलोगों तक पहुँचा दिया कि वह बाबूजी के जीवित रहते हुए विवाह नहीं करेंगे। यह बात बाबूजी को अन्दर से तोड़ गई।

आखिकार 9 अप्रैल, 1965 को बाबूजी अवकाशोपरान्त अन्तहीन जीवन-संघर्ष और दमा के दौरे के बाद गुजर गये। श्राद्ध आदि के बाद एक दिन बड़े भैया के उन्हीं शराबी दोस्त (?) से यह संवाद मिला कि युगल जी अब विवाह करने के लिए तैयार हैं। यह बात मालूम होते ही माँ ने हम दोनों भाइयों को

यह जिम्मा दिया कि हमलोग अच्छी लड़की और अच्छा घर देखकर उनकी शादी तय करें।

दो दशकों के बाद एक दिन मेरे मुहल्ले की वह महिला मिली जिसे हम आज भी गोविन्दी दीदी कहा करते हैं। मुझे मालूम नहीं था कि वह बिहार सरकार के चिकित्सा केन्द्र में नर्स हो गई हैं। गोविन्दी दीदी ने मुझे रो-रोकर जो कथा सुनाई, उसे लिखते हुए मैं आज भी रोने से स्वयं को रोक नहीं पा रहा हूँ। यह मेरी महज भावुकता नहीं है, यह उस परित्यक्ता नारी की अन्तर्वेदना का ही समयातीत विस्तार है जिसे छूकर मैं छल-छला उठा हूँ। गोविन्दी दीदी द्वारा कही गई वह कथा इस प्रकार है–

"नन्दनजी। उस दिन मैं मोतीपुर के प्राथमिक चिकित्सा केन्द्र में हर दिन की तरह अपने कार्य में लगी थी। लेकिन मरीजों के साथ उन्हें लेकर आये पचासों स्त्री-पुरुषों में एक वह स्त्री भी थी, जिसे मैंने बचपन में भाभी के रूप में देखा ही नहीं था और उनके साथ कनिया-गुड़िया और लुका-छिपी भी खेला करती थी। वह काफी देर से मुझे देख रही थी लेकिन वह मुझे पहचान पाने में संशयग्रस्त थीं। आखिरकार उन्होंने मुझे टोक ही दिया–'अपने के घर मुजफ्फरपुर के नयाटोला मुहल्ला में हुई।' मैंने कहा–'हँऽ।' तब वह महिला बोली–'अपने हमरा पहिचानली?' मेरे चुप रहने पर वह बोलीं–'हम भाभी छी। याद पड़ल?' तब मुझे भाभी याद आ गईं–युगल भइया की पहली पत्नी, जो मेरी ही तरह तब तेरह-चौदह साल की बच्ची थीं और मैं खुद उनके साथ खेला करती थी। पच्चीस-तीस वर्षों के बाद होनेवाले इस मिलन ने न केवल हमें उन स्मृतियों के निश्छल लोक में पहुँचा दिया बल्कि हम दोनों की पलकें भींग उठीं और हम दोनों चुपचाप एक दूसरे को देखती रहीं। सहज होने के बाद भाभी ने सबसे पहले पूछा–'उ ठीक छथिन?' 'हँऽ।' मैंने बताया। 'गौरी बउआ अ नन्दन बअुआ की करइसथिन?' भाभी ने गौरीशंकर जी और आपके बारे में पूछा। जब मैंने बतलाया कि गौरी जी इंजीनियर हैं और नन्दन जी एल.एस. कॉलेज में प्रोफेसर हैं तो उनके अभाव से सँवला रहे गोरे चेहरे पर खुशी की चमक फैल गई। अचानक वह पूछ बैठीं–'उनका (पूर्व पति) शादी हो गलइकी?'

मैंने जैसे ही 'हाँ' में उत्तर दिया वह फूट-फूटकर रोने लगीं। भाभी को चुप कराने की मेरी हर कोशिश बेकार गई। आधे घंटे तक वह रोती रहीं, सात साल और पाँच साल के दो बच्चे भी माँ-माँ कहकर रोने लगे थे। मैं समझ गई कि दोनों बच्चे उन्हीं के हैं। जब भाभी सहज हुईं तो उन्होंने बतलाया कि मुजफ्फरपुर से जब विदा करके आई तो बाबूजी ने एक किसान के घर में शादी कर दी। ये दोनों हमारे बच्चे हैं। छोटे को दिखलाने आई हूँ। मैंने भाभी के

छोटे बच्चे को डाक्टर से दिखवाकर नुस्खा लिखवा दिया। वैसे भी बिहार के प्राथमिक चिकित्सा केन्द्रों से लेकर जिला अस्पतालों में भी दवाएँ नाममात्र की ही मिलती हैं। उसके बाद फिर भाभी से दुबारा भेंट नहीं हुई पर नन्दनजी, सच कहूँ, मैं भी एक विधवा स्त्री हूँ। आज भी मुझे उनकी बुक्का फाड़ रुलाई और मार खाया चेहरा नहीं भूलता।''

1960 में हाजीपुर के हरिहरपुर गाँव के प्रसिद्ध और प्रतिष्ठित स्वतंत्रता सेनानी तथा ठेकेदार स्वर्गीय बसकित राय जी की बड़ी पुत्री से उनका विवाह धूमधाम से हुआ था। उनके श्वसुर जी ने यह वचन दिया था कि मेहमान (दामाद) सहायक अभियंता होंगे तो वह एक अम्बेसडर गाड़ी देंगे। लेकिन पता नहीं, किन कारणों से वह कार नहीं दे पाये। इसके बाद तो मेरे इंजीनियर भ्राता बसकित राय जी और उनके समूचे परिवार के पीछे हाथ धोकर ऐसे पड़े कि सारे राज्य में हमारे परिवार की थू-थू होने लगी। वह दुस्साहस और अभद्रता की सारी सीमाएँ लाँघ गये। उन घृणित प्रसंगों का उल्लेख किये बिना इतना ही कहना होगा कि बाबूजी दमा से अधिक दोनों बड़े पुत्रों के व्यवहारों से आहत हो पहले ही चल बसे। माँ भी अक्सर कलप-कलप कर रोती हुई ऊपर की ओर देखकर कहा करती थीं–''अपने तो ऊपर चल गेलीं हमरा ई हे दिन देखेला छोड़ गेली। काहे न हमरो साथे ले ली।'' माँ-बाप को धुँधकारी के समान यातना देने वाले उसी बेटे के लिए उनमें कितनी तड़प, कैसी बेकली थी, यह उस बेटे ने कभी महसूस नहीं किया।

1962 में मझले भैया गौरीशंकर जी चाईबासा में लोकनिर्माण विभाग के पथ-प्रमण्डल में पदस्थापित थे। महीने में दो-तीन दिन के लिए मुजफ्फरपुर आते और घर में कुहराम मचाकर माँ-बाप और पत्नी को पीड़ित-प्रताड़ित करके चले जाते थे। आज उनकी पत्नी पूज्या भाभी भले न स्वीकार करें, शायद वह अपने ऊपर पति द्वारा किये गये अमानुषिक अत्याचारों को उनके द्वारा दी गई, समृद्धि की चकाचौंध में भूल गई हों। लेकिन मैं उनपर हुए हर जुर्म का साक्षी रहा हूँ, भैया के एक-एक क्रूर और भ्रष्ट व्यवहार का। जब कभी मैं उनका विरोध करता, वह माँ-बाबूजी के पास पहुँच जाते कि छोटा भाई होकर मेरा विरोध करता है। बहरहाल, भाई साहब अपने को जब्त न कर पाते होंगे, सो चले आते थे मुजफ्फरपुर में सास-ससुर के साथ रह रही पत्नी से मिलने। लेकिन वह मिलना भी क्या मिलना कि मिलने के बाद पति पत्नी की दुर्गति करे। एक बार आये तो भाई साहब यह धमकी देते गये कि वह कट मरेंगे, फिर कभी मुँह नहीं दिखलाएँगे। फलतः एक तरफ माँ रोने लगीं तो दूसरी तरफ भाभी। जाने गुस्से में कहीं ऐसा-वैसा न कर बैठे। माँ ने बाबूजी से कहा–''कहीं से कर्ज-उधार लेकर चलके देख लें कि बेटा वहाँ कुशल से तो है?'' वहाँ

उस समय टेलीफोन था भी तो बात हो पाना इतना आसान नहीं था। सारा घर माँ और भाभी के रोने से शोकाकुल जैसे वातावरण में डूब गया था। मैं माँ-बाबूजी को समझाना चाहता था कि वह महज धमकी भर है। लेकिन पुत्र के प्रति उनकी ममता इतनी गहरी कि वह यह मानने को तैयार न थे। बाबूजी ने अपने मित्र रामचन्द्र साह और रामविलास साह से रुपये लेकर माँ, बहू और मुझे लेकर चाईबासा के लिए चले। मुजफ्फरपुर से ट्रेन से पहलेजाघाट, फिर वहाँ से जहाज पर चलकर पटना और फिर पटना से ट्रेन से चाईबासा की यात्रा ने दमा के रोगी बाबूजी को विशेष रूप से थका दिया, लेकिन बेटे को सकुशल देखने की बेचैनी के आगे वह अपना रोग-कष्ट सब भूल चुके थे। यही हाल माँ का भी था। भाभी तो पति को देखने के लिए विकल थीं ही। दो दिन बाद रात को हमलोग लोक निर्माण विभाग के निरीक्षण भवन में दो रिक्शे से पहुँचे तो वहाँ के आदेशपाल और प्रहरी ने हमें कमरों में व्यवस्थित कराया और हमारे खाने-पीने की व्यवस्था की। उन सरकारी कर्मचारियों के व्यवहार में जो आत्मीयता का रस था, वह इन दिनों सचमुच विरल हो गया है। जंगलों में सड़कों के निर्माण के लिए गये अमीन और अन्य कर्मचारियों के साथ भैया के जीप से लौटने की खबर से हमलोगों की जान में जान आ गई। यात्रा की परेशानी और धूल-धक्कड़ से बाबूजी का दमा उभर आया था। वह खाँसते-खाँसते बेदम हो रहे थे, फिर भी बेटे के सही-सलामत होने की सूचना से वह रो पड़े थे। माँ थीं कि भगवान को याद कर उन्हें धन्यवाद दिये जा रही थीं। भाभी के चेहरे पर भी खुशियाँ छलक आई थीं। लेकिन यह क्या? भैया लौटे तो माँ-बाबूजी पर फट पड़े-''यहाँ आने की क्या जरूरत थी? चले आये मेरा तमाशा बनाने।'' भैया ने हमलोगों के कमरे में आते ही गुस्से में इस तरह कहा कि माँ-बाबूजी, मेरी और भाभी की खुशी काफूर होते देर न लगी। अजीब सी तनावग्रस्तता में माँ-बाबूजी पड़ गये थे। खैर, रात किसी तरह गुजरी तो सुबह बाबूजी ने दबी जुबान में प्रस्ताव रखा कि ''शायद यहाँ से जगन्नाथपुरी नजदीक है। हमारी साँसों का क्या भरोसा? कुछ रुपयों का इन्तजाम करके आये हैं, सोचते हैं एक तीर्थ तो कर लें।'' उस वक्त उड़िया भाषा-भाषी विभागीय अमीन भी थे, भैया के भय के बावजूद उन्होंने कहा-''यह बहुत अच्छा होगा। मैं भी साथ रहूँगा।'' यात्रा में उनके व्यवहार ने साबित कर दिया कि उनका आत्मीय और सम्मानपूर्ण व्यवहार अपने अधिकारी के परिवार के प्रति औपचारिक शिष्टता की अभिव्यक्ति मात्र न था।

जगन्नाथपुरी की वह यात्रा मेरे लिए इसलिए उल्लेखनीय रही कि मैंने पहली बार उस समुद्र को देखा, जिसका वर्णन साहित्य में पढ़ता और लोगों से सुनता आ रहा था। आक्षितिज जल ही जल और जल-तरंगों का उठना-गिरना

तथा उनका वह गुरु–गम्भीर गर्जन अद्भुत था। बचपन में मैं अपने ननिहाल की बूढ़ी गंडक के जल में छप–छपाक करने के बावजूद तैरना नहीं सीख पाया था। इसलिए मल्लाह की मदद से मैंने सागर स्नान किया; जब कभी मैं लहरों में पड़कर डरता तो साथ लगे मल्लाह बोलते, ''मत डरिये, मैं हूँ।'' लेकिन आज जब जीवन–सिन्धु की उत्ताल तरंगों की ठोकरें खाता हुआ मैं पुरी की सामुद्रिक लहरों के बीच अपने होने की उस स्थिति की तुलना करता हूँ तो लगता है, आप या कोई भी सम्भव है, समुद्र की तरंगों में पड़कर बच भी जाय किन्तु नरभक्षी पूँजीवादी लोकतंत्र के भारतीय महासागर में पड़कर बच पाना असंभव सा हो गया है।

इन्हीं मझले भाई गौरीशंकर जी ने माँ–बाबूजी, पत्नी और अपने श्वसुर के अलावा अपने मातहतों को निरन्तर उत्पीड़ित करने के बाद लक्ष्मण के समान सदैव हाथ जोड़े रहने वाले मुझ जैसे अनुज और उसके परिवार पर जैसे–जैसे और जितने प्रकार के अत्याचार किये, वे शब्दातीत हैं। विस्मय कि मेरे भैया गौरीशंकर जी ने इंजीनियर होने के बावजूद इतना सारा धर्मग्रन्थ और देशी–विदेशी साहित्य पढ़ा था लेकिन वह इस जीवन–सत्य के विपरीत जीवन–पर्यन्त दूसरों को ही सताने में सुख पाते रहे :

धन रहै न यौवन रहै, रहै न गाँव न ठाम।
कबीर जग में जस रहै, कर दे किसी का काम।।

भैया 1990 के बाद मुझ पर और मेरी पत्नी पर मुकदमा–दर–मुकदमा करते चले गये। मेरे जैसे व्यक्ति को कोर्ट–कचहरी में दौड़ते हुए परेशानहाल में देखकर मेरे छात्र रह चुके एक वकील ने मुझसे कहा–''सर, आपको परेशानी में देखकर हमलोगों को बड़ी तकलीफ होती है। आप अनुमति दें तो हम भ्रष्ट इंजीनियर साहब की ऐसी हालत कर देंगे कि वह कहीं मुँह भी दिखलाने लायक नहीं रहेंगे। उनको आज तक आप जैसे सज्जन लोग ही मिले हैं।'' सुनने के बाद मैंने पूछा–''आप क्या करेंगे?'' इस पर उस वकील ने जो बताया उसे सुनकर मेरा खून खौल उठा। ''आप फिर दुबारा ऐसी बात जुबान पर कभी मत लाइयेगा।'' मैंने क्रोध और दुख भरे स्वर में कहा, ''वह मेरे बड़े भाई हैं। मैं उनके द्वारा किये गये दर्जनों मुकदमों में अपना बचाव भर कर रहा हूँ। मैंने उन पर कोई मुकदमा नहीं किया है और न कभी वह अवसर आयेगा। मैं तो आज भी पहले की तरह ही प्रेम–सम्बन्ध को गहराने में विश्वास करता हूँ।''

मझले भैया गौरीशंकर जी मध्यवर्ग की उस प्रवृत्ति का सजीव उदाहरण थे, जो बाह्य रूप से उच्च मध्यवर्ग की जीवन–शैली की उच्चता–भव्यता पाना

चाहता है, उसी की तरह समृद्ध होना चाहता है। एम्बेसडर कार न देने पर अपने श्वसुर प्रतिष्ठित स्वतंत्रता सेनानी, अपने माता-पिता और पत्नी को सताने वाले भैया को पता था कि चौधराइन मंदिर गली के मकान पर कार से घर तक आने वाली सड़क को उन्हीं के संघी मित्र और उसके छोटे भाई ने पाखाने की टंकी, छत और छज्जा बनाकर संकीर्ण बना दिया है। इसलिए भैया जब कभी कार से यहाँ आते तो उन्हें कार चौधराइन मंदिर के सामने के छोटे से मैदान में ही लगानी पड़ती थी। इसलिए वह पटना या जहाँ नौकरी पर होते, वहाँ से कार से आते ही मुझ पर बरस पड़ते—"इन कमीनों ने अतिक्रमण करके रास्ता को इतना संकीर्ण बना दिया है कि एक रिक्शा तक ठीक से नहीं आ सकता। आपसे इनक्रोचमेंट के खिलाफ एक मुकदमा किया पार नहीं लगता।" यह बात एक तरह से उनके आने पर अनिवार्य हो गई थी। मध्यवर्ग का महत्त्वाकांक्षी व्यक्ति जहाँ दूसरों की नजर में स्वयं को सुर्खरू बनाये रखना चाहता है, वहीं अपनों को, अपने दोस्तों को दूसरे की नजर में गिराकर मजे लेता है। यह मुझे तब मालूम पड़ा जब मेरे अतिक्रमण रोकने का मुकदमा करने के बाद मेरे दोनों भाई उन्हीं दुष्टों की तरफ हो गये। मुजफ्फरपुर नगरपालिका में, जो उन दिनों नगर निगम नहीं बनी थी, मैंने अतिक्रमण का मुकदमा उन दोनों भाइयों के विरुद्ध दायर कर दिया था। इंजीनियर एवं अमीन—दोनों ने अतिक्रमण-स्थल पर आकर जाँच की तो पाया कि तीन से चार फीट तक अतिक्रमण है। उन्होंने कोर्ट में मुकदमा चलाने की अनुशंसा कर दी। मुकदमा की प्रक्रिया शुरू होने के पहले बच्चों के बीच एक घटना हो गई।

मन्दिर के परिसर में और बच्चों के समान मेरा भतीजा प्रदीप (बड़े भैया स्व. युगल किशोर जी का बड़ा पुत्र सात-आठ साल का) भी खेल रहा था। उसने मलमल का कुर्त्ता पहन रखा था। पता नहीं, किस बात पर क्या हुआ कि उस संघी का बेटा प्रदीप को बुरी तरह मारने-पीटने लगा। प्रदीप छोटा था, इसलिए वह घूसे खाता-रोता रहा। इसी बीच मैं आ गया। मुझे यह देखकर क्रोध आ गया। कालिया ने इतना मारा था कि प्रदीप का कुर्त्ता तक फट गया था। मैंने कलिया को एक-दो थप्पड़ जड़कर भगा दिया। कलिया की माँ रौद्र रूप में मेरे दरवाजे पर आ गयी और मेरे सात पुरखों को गालियाँ देने लगी। हम लोगों ने उसकी सारी गालियाँ चुपचाप सह लीं। कोई प्रत्युत्तर नहीं दिया। लेकिन जब मुकदमे का सम्मन अतिक्रमणकारी भाइयों को गया तो वे आपे से बाहर हो गये। इस कथित लोकतांत्रिक समाज का यह चरित्र बन गया है कि उसी को ज्यादा गुस्सा आता है, जो अवैध और गलत काम करता है। अब वे दोनों भाई मेरे परिवार के जानी दुश्मन बन गये। मुहल्ले में उच्च जाति के ज्यादातर लोगों की सामन्ती दृष्टि में मैं और मेरा परिवार काँटे की मानिन्द चुभता-खटकता

रहा है। अब कथित पिछड़े वर्ग के संघी बड़े भाई और छोटे भाई भी उनके साथ मिल गये। सबसे रोचक किन्तु मेरे लिए त्रासद यह हुआ कि वह हँसमुख भतीजा दुर्भाग्यवश असमय चल बसा। मझले भैया ने ही अतिक्रमण के विरुद्ध मुकदमा करवाया था, वह अब उन्हीं दोनों भाइयों के और निकट हो गये। अब मैं और मेरा परिवार एकदम अकेला और सब की गालियाँ-प्रताड़ना सहने के लिए अभिशप्त हो गया।

जाड़े की वह शाम थी। मेरा इकलौता बेटा डब्बू (सृजन) सात साल का रहा होगा। वह पास की आटा चक्की पर गेहूँ का छोटा झोला रखकर घर लौट रहा था। जब वह चौधराइन मंदिर गली में पहुँचा तो उस संघी बड़े भाई गणेश जी के बेटे ने मेरे बेटे डब्बू (सृजन) को जोरदार धक्का दे दिया, जिससे वह नाली में जा गिरा। वह न केवल कीचड़ से लथपथ हो गया बल्कि जगह-जगह उसे चोटें भी लगीं और खरोंचें भी, जिससे कहीं खून तो कहीं पंछा निकल आया। वह रोता-सुबकता घर आया तो माँ (रमा) देखकर चीख उठीं। उन्होंने बाहर उसका कीचड़ नल पर साफ कर रही थीं, तभी मैं भी कहीं से आ गया। देखा--डब्बू दर्द और ठंड से काँप रहा है। माँ के पूछने पर उसने किसी-किसी तरह सारा किस्सा बयान किया। यह भी बतलाया कि शुकदेव जी का लड़का वहाँ मौजूद था। बच्चे पर हुए इस अन्याय को लिखते हुए आज भी मेरा हृदय विचलित हो रहा है लेकिन आगे की घटना को याद कर कलेजा मुँह को आ जाता है। मैंने सोचा इन महानुभावों से शिकायत करने का कोई अर्थ नहीं है। ये दोनों भाई बड़े भैया से दबते भी हैं और उनके साथ जुड़े भी हुए हैं, क्यों न बड़े भैया युगल जी से ही जाकर कहूँ? आखिर मैं उनका अनुज हूँ और मेरा बेटा उनका अपना भतीजा-बेटा है।

मैं दूसरे दिन सुबह-सुबह बड़े भैया के पास टैक्निकल चौक पर गया और उन्हें प्रणाम करने के बाद डब्बू (सृजन) के साथ हुई घटना बतला दी। वह सुनकर कुछ नहीं बोले, ढाढ़स भी नहीं बँधाया। दो दिन बाद सुबह उन दोनों भाइयों के घर के पास आये और वहीं मुझे बुलवा लिया। सबके सामने कहने लगे--"तुम्हारा बेटा झूठ बोलता है। उसको तो साँड़ ने मारकर नाले में गिरा दिया था।" यह सुनकर मैं मर्माहत हो गया। उन्होंने आगे यह भी जोड़ दिया--"तुम्हारा ही लड़का बदमाश है। कहो, वह ठीक से रहे।" मैं मार खाकर भी निःशब्द रह जाने वाले निरीह की तरह भारी पाँव लौट आया। लेकिन मैंने मुहल्ले में फैलायी साँड़ के मारने की मनगढ़न्त कथा की असलियत खोलने का निश्चय कर लिया। एक दिन सुकदेव जी का लड़का मुझे मिल गया जो घटना का एकमात्र चश्मदीद गवाह था। मैंने उससे पूछा तो उसने साफ-साफ बतला दिया कि डब्बू (सृजन) चुपचाप जा रहा था कि गणेश चाचा के बेटे ने उसे जोर से धक्का देकर नाली

में गिरा दिया था। मैंने उससे कहा–''यह बात तुम मेरे बड़े भैया को कह सकते हो? डरोगे तो नहीं?'' उसने कहा–''डरना क्या है, जो देखा है, कह दूँगा।'' मैं उसे लेकर भैया के घर गया और उस लड़के ने जब बड़े भैया के सामने सच्चाई रख दी तो वह मौन रह गये। यही है रक्त-सम्बन्धों की प्रगाढ़ता, जिसके लिए यह पागल दुनिया इतनी हाय-हाय करती है।

बावजूद इसके भाइयों के प्रति मेरे प्रेम और सम्मान-भाव में कोई कमी नहीं आई। बड़े भैया के प्रति मेरी श्रद्धा और अपनत्व की ही यह अभिव्यक्ति थी कि जब-तब मैं उनके कार्यालय (जिला शिक्षा अधीक्षक) में उनसे मिलने जाता और उनका हाल-चाल ले लिया करता था। वह दफ्तर के किसी कमरे में सोये मिलते अथवा कभी बाहर सिगरेट पीते हुए। मुझे देखते ही भैया सिगरेट बुझाकर फेंक देते और पूछते–''केने अयलहऽ?'' (किधर आये हो?) ''ऐसे ही। आप ठीक हैं न?'' मैं पूछा करता। फिर वहीं मुझे उनके कार्यालय में कार्यरत जनकवि श्री बैधनाथ झा 'प्रशान्त' मिल जाते थे और हम दोनों देर तक सत्ता-व्यवस्था, राजनीति और जनता के शोषण-उत्पीड़न के सवालों पर देर तक विमर्श किया करते और एक-दूसरे की रचनाशीलता पर भी चर्चा किया करते थे। हम दोनों की उम्र में दस-बारह साल का अन्तर था लेकिन आत्मीयता ऐसी कि हम भाई से बढ़कर थे। उनका एक गीत बहुत प्रसिद्ध हुआ था–''प्रेमचन्द यदि होते आज उनकी कलम उगलती आग।'' अभी दो-ढाई साल पहले 2009 में कठिनाइयों के बीच उनकी मृत्यु हो गई। वह जब तक जीवित थे, मुजफ्फरपुर के जन-आन्दोलनों में भाग तो लेते ही थे, वह सांस्कृतिक चेतना के प्रसार में भी अग्रणी थे लेकिन प्रशान्तजी भैया के पियक्कड़ साथियों और उनकी कुसंगति से उनमें आने वाली दुष्प्रवृत्तियों पर भी चिन्ता व्यक्त करते थे। वह सच को बेबाक ढंग से निर्भय हो कहते थे। यही कारण है कि 1988 में सी.पी.एम. के राज्य सचिव श्री गणेश शंकर विद्यार्थी की उन नीतियों और व्यवहार की आलोचना करने के कारण उनको पार्टी से अलग होना पड़ गया जिनकी वजह से पार्टी का जनाधार सिमटता जा रहा था। तब प्रशान्त जी ने मुक्तिबोध-विचार मंच से एक संस्था के द्वारा कई वर्षों तक अपने क्षेत्र में सांस्कृतिक चेतना का प्रचार-प्रसार किया। सी.पी.एम. के राज्य नेतृत्व की सामन्ती और तानाशाही रवैये के कारण न जाने कितने सौ समर्पित कैडर या तो किनारे हो गये या उन्होंने मौन साध लिया। कहना न होगा, प्रशान्त जी जैसे समर्पित साथियों के बीच उन अवसरवादी और जातिवादी साथियों को देखता हूँ, जो आज पार्टी और संगठन के सहारे अपने परिवार को बढ़ाते रहे हैं तो बुर्जुआ पार्टी और सी.पी.एम. और सी.पी.आई. में कोई विशेष अन्तर नजर नहीं आता।

प्रसंगान्तर के बाद अपनी जिन्दगी के उस हिस्से को मैं पलटता हूँ, जहाँ मुझे दो नहीं, कई-कई मोर्चों पर एक साथ जूझना पड़ता था। एक था मेरा परिवार और मुहल्ला। दूसरा मोर्चा लंगट सिंह कॉलेज का हिन्दी विभाग अर्थात् विश्वविद्यालय परिसर। और तीसरा मोर्चा था साहित्य और संस्कृति, जहाँ मैं साहित्य लिखने के साथ एक सामाजिक कार्यकर्त्ता के रूप में भी सक्रिय था।

मैं किन विषम परिस्थितियों में दादर-कोल्हुआ ग्राम में (ननिहाल) अपनी बूढ़ी माँ, पत्नी और नन्ही बच्ची मेधा के साथ रहने के लिए विवश किया गया था, यह मेरे जीवन के दारुणतम अध्यायों में एक है। यह सन् 1960-61 की बात है। जब टेक्नीकल चौक की जमीन (ग्यारह धूर) की बावत बाबूजी को पता चला कि वह बिकनेवाली है तो बाबूजी ने बड़े भैया को रुपये देकर रजिस्ट्री ऑफिस भेजा कि वह बाबूजी के नाम से ही दस्तावेज बनवाकर रजिस्ट्री करा लें। तीन-चार दिनों के बाद बाबूजी ने रजिस्ट्री के सम्बन्ध में पूछा और रशीद माँगा तो वह रशीद पर अपने नाम की जगह युगलकिशोर राय नाम देखकर स्तब्ध रह गये। दमा के मरीज बाबूजी ने दुखी स्वर में सिर्फ इतना ही कहा-''अभी तो मैं जिन्दा ही हूँ ब।''

उसी जमीन पर तिमंजिला मकान बनने की भी एक अन्तर्कथा है, जो मझले भैया गौरीशंकर जी की कथित ईमानदारी का भी राज खोल देती है। मझले भैया गौरीशंकर जी लोक निर्माण विभाग, ढोली में अभियन्ता के पद पर नियुक्त होकर आ गये थे। उनके कार्यक्षेत्र में राष्ट्रीय उच्च पथ और मुजफ्फरपुर का इंजीनियरिंग कॉलेज का शेष निर्माण-कार्य भी था। इंजीनियरिंग कॉलेज के तीन विशाल छात्रावासों का निर्माण दाऊदपुर कोठी के उत्तर-पूर्व में होना था, जिसका ठेका तिलक मैदान रोड के रईस और प्रतिष्ठित ठेकेदार जकरिया साहब को मिला था। वह सचमुच सभ्य और शालीन व्यक्ति थे। वह आज की लोलुप और हिंसक प्रवृत्ति के राजनीतिक दलों एवं सरकार से संरक्षण प्राप्त ठेकेदारों से सर्वथा विपरीत व्यक्ति थे। उनके जैसे ठेकेदारों के कारण ही उसे जमाने में ठेकेदारी प्रतिष्ठितों का पेशा कहलाती रही होगी। आज के समान लुटेरों का पेशा नहीं थी। उस बड़े निर्माण के कमीशन के बदले जकरिया महोदय ने इंजीनियर भैया के निर्देश पर तिमंजिले मकान के निर्माण हेतु सारी सामग्री-सीमेंट, ईंट, लोहा, बालू, छड़ और गिट्टी की व्यवस्था करा दी। केवल मजदूरी और खुदरा खर्च हमारे परिवार को वहन करना पड़ा था। उस वक्त निर्माण सामग्री का मूल्य भी आज के समान आकाश नहीं छू रहा था। उस वक्त सीमेन्ट प्रति बोरा मात्र दस रुपये में बिकता था। मुझे यह भी याद है कि एक दिन काम खत्म होने पर खबड़ा के दोनों मिस्त्रियों-रामलाल और सुखलाल दोनों सगे भाइयों तथा छह-सात मजदूरों को देने के लिए रुपये कम

पड़े तो माँ ने अपनी टिनही पेटी में से दो सौ रुपये निकलाकर दिये थे। कहना न होगा कि मैं ट्यूशनादि से जो कुछ अर्जित करता था, वह भी उस निर्माण में लगा देता था। यह न तो गौरीशंकर भैया ने कभी सोचा होगा और न ही मैंने यह कल्पना की थी कि एक दिन ऐसा भी आ सकता है कि यह पारिवारिक सम्पत्ति हम दोनों भाइयों की अन्तर्वेदना का कारण बन सकती है।

टेक्निकल चौक पर बने उस तिमंजिले मकान के बाद हम भाइयों में बड़े भैया युगल किशोर जी की असहमति और अनिच्छा के बावजूद नयाटोला वाली जमीन पर एक ऐसा मकान बनाने की योजना बनी, जिसमें संयुक्त परिवार रह सके। योजना के अनुसार कार्य प्रारम्भ हुआ तो बड़े भैया सर्वथा उदासीन रहे। नयाटोला का खपरैल दो-दो पक्के-सुर्खी चूने से बने छतदार दो कमरों को छोड़कर टूटा और बुनियाद से लेकर प्लीन्थ तक के सभी निर्माण में बड़े भैया की उदासीनता हम दोनों भाइयों को बार-बार व्यथित कर जाती थी। इस निर्माण में हम दोनों भाई रुपये लगा रहे थे। यह स्वाभाविक था कि वह इंजीनियर थे तो वह अधिक राशि देते थे और व्याख्याता होने के कारण मेरा योगदान अपेक्षया कम होता था। बड़े भैया की उदासीनता इसलिए भी थी कि वह हम दोनों के प्रति मनोगत ढंग से यह सोचने लगे थे कि ये दोनों भाई बड़े आदमी हैं और मैं कम पढ़ा-लिखा एक मामूली दफ्तरी। उनकी इस कुंठा को बढ़ाने और उसे परवान चढ़ाने में वह बढ़ई दोस्त और उनके दफ्तर के दो पियक्कड़ किरानियों एवं मुहल्ले के भी उन दुष्टों ने कोई कसर न छोड़ी। 'एक तो करेला दूजे नीम चढ़ा' वाली कहावत सच होती चली गई। यह याद करके तो आज भी फूट-फूट कर रोने की विकलता अनुभव होती है कि हम दोनों भाई बड़े भैया और उनके परिवार के प्रति कितनी गहरी आत्मीयता और अपनापा अनुभव करते थे। यह भी रक्त-सम्बन्ध की वही प्रगाढ़ता थी, जिसे बड़े भैया बार-बार अपने निर्मम व्यवहार से लगातार झुठलाते आ रहे थे कि हम तीनों एक ही माता-पिता रूपी वृक्ष की कोमल शाखाएँ हैं जो टूट कर पृथक होते ही मुरझाकर सूख जाएँगी।

जब चौधराइन मंदिर गली वाला घर बनने के लिए टूटा तो स्वाभाविक रूप से मैं टेक्निकल चौक वाले बड़े से मकान में आ गया। माँ वहीं चौधराइन मंदिर वाली मकान में सेवक बालदेव राय के साथ रहती थीं। वही बालदेव सुबह-शाम माँ के हाथों का बना खाना लेकर टेक्निकल चौक पर आता था। मझले भैया पटना में ही रहते थे क्योंकि ढोली की उस पोस्टिंग के बाद उन्होंने राजनैतिक पैरवी और पैसे के बल पर वहाँ अपनी नियुक्ति करा ली थी। मेरे मन में बहुत दिनों से एक प्रेस खोलने और उसी से पत्रिका निकालने की इच्छा थी। टेक्निकल चौक के पूरब में एक प्रिंटिंग प्रेस के मालिक धीरेन्द्र मेरे

समवयस्क थे। उनसे मेरी मित्रता थी। मैं वहाँ उनके साथ उठता-बैठता था। वह 'जॉव-वर्क', रशीद, निमंत्रण पत्र, लेटर पैड आदि छापते थे। इस बीच नयाटोला चौधराइन मंदिर गली का निर्माण कार्य मेरी ही देख-रेख में चल रहा था। जब रुपया की अधिक दिक्कत होती तो मैं मझले भैया को फोन कर देता, वह वहाँ से रुपये भेज देते थे। बीच-बीच में वह अपनी व्यस्तता के बावजूद निर्माण-कार्य के सन्दर्भ में मुझे एवं मिस्त्रियों को आवश्यक सलाह भी दिया करते थे। तब न मेरी शादी हुई थी और न बड़े भैया युगल जी का दूसरा विवाह हो पाया था।

मैं पहले तो सुबह-सुबह तैयार होकर महिला शिल्प कला भवन महिला कॉलेज, चाँदवारा पैदल पढ़ाने जाया करता था। दो-तीन बजे लौटता तो अकसर थका होने के बावजूद सो जाया करता था। शाम को मैं जेल रोड में अपनी एक सभ्य, शिष्ट और संस्कार वाली छात्रा शुभा अग्रवाल को ट्यूशन पढ़ाया करता था। उनके पिता यशोवर्द्धन देव अग्रवाल घिरनी पोखर पर एक डेयरी चलाते थे। उनकी पत्नी भी अत्यन्त मृदुल स्वभाव वाली महिला थीं। 1966-68 के उस सस्ते के जमाने में मुझे सप्ताह में दो-से तीन दिन पढ़ाने के लिए पाँच सौ रुपये मिलते थे और जब भी शाम में मैं शुभा को पढ़ाने जाता तो मैं बिना खाना खाये नहीं लौटता था। ममतामयी नारी के हाथों का बना वह खाना आज भी मेरी स्मृति में अपने विविध व्यंजनों के मधुर स्वाद के साथ इसलिए अंकित है कि वह अन्नपूर्णा ही नहीं, वास्तव में माँ थी। मैं आज भी जब उन्हें याद करता हूँ तो मुझे उनमें अपनी माँ की प्रतिच्छाया दिखलाई पड़ती है। दोनों ही अपनी छवि में एक समान सुन्दर और गौरवपूर्ण ही नहीं थी, प्रकृति से करुणामयी। अभावों और कठिनाइयों के दिनों में उनका सामीप्य और स्नेह जीने की शक्ति देता था।

यह वह समय था जब मैं बाईस की उम्र पारकर अपने अन्त:संगीत की लय पर मस्त गाता-गुनगुनाता जीवन-संघर्ष की कठिनाइयों को अपनी ठोकरों पर रखता हुआ मचलता चल रहा था, अभावों में भी भावों से भरा-भरा; जो भी जहाँ भी तनिक भी आत्मीय स्वर में बोलता, उसे अपना मान गले लगा लेता, बाद में भले ही वह मेरी भावना, मेरी चेतना के विपरीत बहरूपिया निकल जाता रहा हो। जब वसन्त की चन्दनी हवा के स्पर्श से प्रकृति मुस्कुरा उठती, चारों तरफ कचनार खिल उठते, चमेली खिलकर धरती और आकाश को अपनी सुगन्ध से सराबोर कर देती, सेमल के लाल टेसू-फूल आकाश को रँगने लगते तो मेरे अन्तर्मन में कहीं छिपकर बैठा सौन्दर्य प्रेमी युवा हृदय सावन के बादलों को देखते ही थिरक उठने वाले मयूर की भाँति नाच उठता था लेकिन मुग्ध होकर नाचते-नाचते जब उसकी दृष्टि अपने पाँवों पर जाती तो उसकी मस्ती, उसका संगीत ठहर जाता-अपनी जातिगत हीनता और अपनी

दयनीय आर्थिक स्थिति का बोध सहसा उसकी मस्ती उसकी कस्तूरी-गंध को निरर्थक कर जाता था। तब मेरी युवा मनोदशा रवीन्द्रनाथ की 'मरीचिका' कविता के समान हो जाती थी-

अपनी ही गंध से आप पागल बना
वन-वन भटकता-फिरता हूँ मैं
कस्तूरीमृग समान
फागुन की रात में, दक्खिनी बयार में
खोजकर पाता नहीं कि दिशा कहाँ है-
जो चाहता हूँ भूल से चाहता हूँ
और जो पाता हूँ, उसे चाहता नहीं।

महिला शिल्पकला भवन महिला कॉलेज का परिवेश प्राकृतिक सौन्दर्य से ऐसा आच्छादित और मनोहारी था कि कोई भी संवेदनशील हृदय उससे अभिभूत हुए बिना नहीं रह सकता था। प्रवेश करते ही गेट के दोनों तरफ गुलाबों की झाड़ियाँ, जिनकी लता सरीखी टहनियों पर आकाश में चमकने वाले तारों के समान गुलाब मुस्कुरा रहे होते थे तो पास में ही कुछ दूरी पर जूही के उजले फूलों की लताएँ अपनी मनोरम सुगन्ध से मन मोह लेती थीं। रंग-बिरंगे परिधानों में कॉलेज में पढ़नेवाली छात्राओं की उपस्थिति उस परिवेश के सौन्दर्य को द्विगणित कर जाती थी। उस महिला महाविद्यालय में अधिकांशत: अध्यापिकाएँ ही थीं। पुरुष व्याख्याता ले-देकर छह-सात रहे होंगे। उन्हीं में एक मैं भी था। वहाँ मैं कैसे गया, यह पहले ही लिख चुका हूँ।

डॉ. लोहिया के इस विचार ने मेरे अन्दर यह आग सुलगा दी कि जो व्यक्ति या समाज अन्याय का विरोध नहीं करता, वह धीरे-धीरे खत्म हो जाता है। जातिवाद के विरोध में उनके प्रखर चिन्तन ने भी मुझे अन्दर से प्रभावित किया था। लोहिया ने जातिवाद के विरोध में 'जाति-तोड़ो' को राष्ट्रव्यापी आन्दोलन बनाने का अथक प्रयास किया था। यह सफल हो जाता तो जाति के कारण देश के हर क्षेत्र में पिछड़ों, दलितों, आदिवासियों एवं अल्पसंख्यकों का इस हदतक शोषण-उत्पीड़न नहीं होता। लोहिया ने तो 'दाम बाँधो' और 'अंग्रेजी हटाओ' जैसे दूरगामी उद्‌देश्य वाले आन्दोलन भी चलाये थे लेकिन पूँजीवादी-साम्राज्यवादी ताकतों के हाथों खेलने वाली कांग्रेसी सरकार ने उसे बलपूर्वक दबा दिया, जिसका दुष्परिणाम आज सत्तर प्रतिशत जनता भुगत रही है। कहना यह है कि मेरी प्रारम्भिक मनोरचना की बुनावट में लोहिया के प्रखर विचारों की भूमिका रही है। उनसे मुझे अन्याय के प्रतिकार की आग मिली तो माता-पिता से मिलने वाले नैतिकता-बोध ने मेरी सहज भावुकता को आदर्शवादी साँचे में ढाल दिया। यही कारण है कि महिला महाविद्यालय में जहाँ

मेरे सहकर्मी अध्यापक अपने आचरण में इतने ढीले-ढाले थे कि उन्हें देखकर यह मानना भी कठिन था कि ये अध्यापक हैं, वहीं मैं सदैव गम्भीर और नियमनिष्ठ था। वे अध्यापक बन्धु अपनी सहकर्मी अध्यापिकाओं के साथ फूहड़ ढंग का मजाक करते थे और हो-होकर हँसते थे। अध्यापिकाएँ भी उसी में रस लेती थीं। मैंने अध्यापक-कर्म के मर्म में यह जोड़ा था कि मैं पाठ्य विषयों को पढ़ाते समय उसे देश-दुनिया के सवालों से भी जोड़ता हुआ उसका विवेचन-विश्लेषण करता था। धाराप्रवाह व्याख्यान में कवित्व और दृष्टान्त का संस्पर्श छात्राओं को विशेष रूप से प्रभावित करता था। इस कारण जहाँ मैं छात्राओं के बीच जितना ही लोकप्रिय था, मेरी प्रखर आदर्शवादिता और नियमबद्धता उन्हें उतना ही आतंकित भी करती थी। इसलिए वे मेरे निकट तभी आती थीं, जब उन्हें कोई प्रश्नोत्तर या लेख आदि दिखलाना होता था। वह भी सहमी-सहमी-सी गोकि मैं ऐसी छात्राओं को प्रोत्साहित किया करता था। इन्हीं लड़कियों में एक थी वन्दना। सामान्य-सी दिखनेवाली लेकिन उसमें अन्य लड़कियों की अपेक्षा जीवन की समझ और विचारशीलता अधिक थी। मेरे द्वारा कक्षा में पढ़ाये गये विषयों के विवेचन-विश्लेषण में उसे कहीं कोई जिज्ञासा या शंका होती तो वह मेरे पास आ जाती। वह पाठ्येतर प्रश्न भी लेकर आती थी। इसलिए उसके प्रति मेरे मन में स्नेह होना कोई अस्वाभाविक न था, फिर जहाँ अधिकांश लड़कियाँ बनने-सँवरने पर अधिक ध्यान देती थीं, वहाँ वन्दना पढ़ने-लिखने और जीवन के प्रति गहरी संलग्नता का परिचय दिया करती थी-देश-दुनिया में कहाँ क्या घट रहा है, यह भी जानना चाहती थी। कुछ महीनों बाद पता चला कि वन्दना की माँ उसी परिसर में चलनेवाले हाई स्कूल में शिक्षिका हैं और पिताजी श्री महादेव नारायण रवीन्द्रनाथ टैगोर के शान्तिनिकेतन से फाइन आर्ट्स एवं मूर्तिकला में पारंगत हैं। बाद में यह भी ज्ञात हुआ कि विख्यात सर्वोदयी नेता जयप्रकाश नारायण से उनके नजदीकी सम्बन्ध हैं। इस तरह वन्दना की पारिवारिक पृष्ठभूमि सामाजिक-सांस्कृतिक रही, जिसके कारण वह एक अत्यन्त विचारशील छात्रा के साथ ही कला के प्रति भी आन्तरिक लगाव रखती थी। हाईस्कूल एवं महिला कॉलेज दोनों की प्राचार्या शान्ता देवी बंगाली थीं और अंग्रेजी से एम.ए. होने के साथ-साथ उन्होंने जाति तोड़कर जाति छोड़कर भारतीय कम्युनिस्ट पार्टी के एक होलटाइमर कार्यकर्त्ता विश्वनाथ प्रसाद (कायस्थ) से विवाह किया था। वह मेरी साहित्यिक रचनाशीलता और विचारों की प्रशंसक ही नहीं समर्थक भी थीं। उनके निर्देश पर मेरे सहयोग से महाविद्यालय में समय-समय पर सांस्कृतिक-साहित्यिक कार्यक्रम भी आरम्भ हो गये थे। इससे मेरी बढ़ती प्रतिष्ठा मेरे सहकर्मियों को चुभने लगी क्योंकि उनके लिए कॉलेज में पढ़ाना, ट्यूशन से धन-उपार्जन करने का जरिया था;

कॉलेज से मिलता ही क्या था, तीन से चार सौ रुपये मात्र। लेकिन मेरे लिए अध्यापन छात्राओं को अन्याय का प्रतिकार करते हुए मानवीय समाज बनाने वाली नई नारियों के निर्माण का पवित्र कर्म था। उस युग में मैं नारी सम्बन्धी विश्व के प्रमुख मनीषियों के विचार छात्राओं की चेतना में सम्प्रेषित करता था। एक ओर मैं लोहिया द्वारा स्थापित आधुनिक नारी के आदर्श के रूप में सावित्री और द्रौपदी का उल्लेख करता था तो दूसरी ओर सिमेन द बुवा के नारी विषयक सोच को भी सामने रखता था। यही कारण है कि वन्दना जैसी समझ रखने वाली छात्राओं के मन में मेरे प्रति सम्मान की भावना गहरी होने लगी थी। मैं नहीं जानता था कि उनमें से किसी छात्रा के मन में अपने शिक्षक के प्रति सम्मान भर है या कोई और भाव भी। लेकिन मैंने यह जरूर महसूस किया कि प्रायः हर बसन्त पंचमी के दिन कॉलेज परिसर में होनेवाली सरस्वती-पूजा के अवसर पर वंदना पीली साड़ी में सजकर आती और मेरे पैरों पर गुलाल रखकर चरण-स्पर्श करती थी। ऐसे ही एक अवसर पर मैंने उसकी आँखों को पढ़ा तो मुझे उसमें सम्मान से कुछ अलग और अधिक महसूस हुआ। तब अनजाने ही वह मुझे अच्छी लगने लगी। इस बीच उसके पिता से भी मेरी भेंट होने लगी। मिलने पर हमलोग विभिन्न प्रकार के विषयों–चित्रकला, संगीत और राजनीति आदि पर देर तक बातें करते थे। वह कभी-कभार मेरे यहाँ से पढ़ने के लिए किताब भी ले जाया करते थे। वह इतने बड़े चित्रकार होने के बावजूद अत्यन्त शालीन और विनीत व्यक्ति थे। मुझे आज भी याद है, नेताजी सुभाषचन्द्र बोस की पुस्तक 'तरुणाई के सपने' ले गये थे। लेकिन पढ़ने के बाद कोई उनके यहाँ से ले गया था। माँगने पर उन्होंने कहा कि कोई ले गया और अत्यन्त लज्जित होकर मूल्य देना चाहा तो मैंने कहा–यह अन्याय होगा। मैंने पढ़ा, फिर आपने पढ़ा तो पुस्तक खरीदना सार्थक हो गया। वंदना के बाबू जी ही नहीं, उसके दोनों भाई कुमार प्रशान्त। (आज के प्रसिद्ध सामाजिक कार्यकर्त्ता और गांधी शान्ति प्रतिष्ठान, दिल्ली के अध्यक्ष) और उसके अनुज भी पढ़ने-लिखने में कुशाग्र और दृष्टि सम्पन्न युवक थे।

मेरे प्रयास से महाविद्यालय परिसर में दो ऐसे बड़े कार्यक्रम हुए जिसके फलस्वरूप मेरी प्रतिष्ठा और बढ़ने लगी। विख्यात समाजवादी नेता और विचारक श्री मधुलिमये दो दिनों के लिए मुजफ्फरपरु आये थे। मैं परिक्रमा सदन में मिला और उनसे अनुरोध किया कि वह कॉलेज में छात्राओं के बीच नारी की समस्याओं पर अपने विचार रखें। वह सहर्ष तैयार हो गये।

शाम को चार बजे मधुजी को आना था लेकिन मुजफ्फरपुर की मीरा के प्रेम पंथ सरीखी ऊबड़-खाबड़ सड़क पर रिक्शे से आना था सो देर होने लगी। मैंने छात्राओं को काव्य का स्वाद देने हेतु माइक पर कभी की सहपाठी रह

चुकी कवयित्री शान्ति सुमन को बुलाया। उन्होंने दो-तीन गीत सुनाए। उन दिनों हिन्दी विभाग में दूसरे सहकर्मी के रूप में शान्तिजी आ गई थीं। मैं मधुजी का परिचय छात्राओं के बीच पहले ही दे चुका था। जब मधुजी आए तो लगभग चार-पाँच सौ छात्राओं ने खड़ा होकर उनका अभिवादन किया। मधुजी ने एक घंटे के अपने सम्मोहनकारी व्याख्यान में छात्राओं को आधुनिक और नई नारी की विशेषताओं को समझाया, उनमें अपने अधिकारों के लिए संघर्ष की चेतना का संचार किया और संघर्ष के लिए ललकारा। मधुजी के भाषण के सन्दर्भ में दूसरे दिन वन्दना ने ही कुछ प्रश्न किये थे, जिससे उसकी विकसित हो रही चेतना का पता चला।

एक और कार्यक्रम सम्भवत: वह कॉलेज के वार्षिकोत्सव के रूप में हुआ था। उसके लिए मैंने उपेन्द्रनाथ अश्क का एक एकांकी के मंचन का प्रस्ताव रखा था तो प्राचार्या ने उसकी तैयारी का भार भी मुझे ही सौंप दिया। कवि-सम्मेलन के लिए कवियों को निमंत्रित करने का भार शान्ति सुमन ने लिया था। सांस्कृतिक कार्यक्रम को भव्य रूप देने में हमलोग जुट गये। एकांकी नारी-समस्या पर केन्द्रित थी और उसकी नायिका की भूमिका के लिए वन्दना तैयार हो गई। एकांकी कुछ अधिक लम्बा था। वन्दना और अन्य छात्राएँ संवाद याद करके आतीं तो कक्षा की समाप्ति के बाद उस नाटक का रिहर्सल मेरे निदेशन में ही होता था। कभी-कभार रिहर्सल के दौरान एक-दो अध्यापिकाएँ भी आ जाती थीं। रिहर्सल आखिरी चरण में था। वन्दना जिस नायिका की भूमिका कर रही थी, वह यक्ष्मा के कारण अत्यन्त कमजोर हो जाती है। एक दृश्य में संध्या समय में उसे नौकर से यह संवाद एक रोगग्रस्त व्यक्ति के अत्यन्त क्षीण स्वर में बोलना था-..."पर्दा उठा दो।" मैंने कितनी बार वन्दना से यह संवाद बुलवाकर देखा था, वह रुग्ण और कमजोर होने का भाव भी लाती थी और क्षीण स्वर में भी बोलती थी। लेकिन उस अन्तिम रिहर्सल में अत्यन्त लाउड स्वर में संवाद बोल जाती थी। मैंने उस दिन भी उसे संवाद बोलना सिखलाया लेकिन पता नहीं क्यों वह पहले के समान क्षीण स्वर में संवाद बोल नहीं पा रही थी। मुझे गुस्सा आ गया और मैंने उसे इतने तेज स्वर में डाँट दिया कि वह फूट-फूट कर रोने लगी। मैं भी रिहर्सल खत्म घोषित करके निकल गया। उसे डाँटने के बाद मैं भी अस्थिर हो गया। मुझे यह सोचकर न केवल ग्लानि और पश्चाताप का गहरा अनुभव हुआ बल्कि मैं अन्दर से बहुत अधिक दुखी हो गया। घर लौटने पर उस रात मुझे अपने आप पर बहुत क्षोभ हुआ कि मैं कवि-लेखक बनता हूँ लेकिन उस वक्त मैं कैसे इतना संवेदनहीन हो गया कि जरा-सी बात पर बी.ए. में पढ़ने वाली कोमलमना छात्रा को इतनी बुरी तरह डाँट दिया। फूट-फूटकर रोती हुई वन्दना

की वह करुण छवि आँखों में आ-जाकर मुझे अस्थिर कर जाती और मैं क्षोभ से भर आता था। इस प्रकार मेरी सारी रात बेचैनी के बीच आती-जाती निद्रा के साथ गुजरी। सुबह-सुबह मैंने अपराध-बोध से मुक्त होने के लिए निश्चय किया कि मैं उससे कहूँगा, वह मुझे माफ कर दे।

कॉलेज पहुँचा तो वहाँ मेरी आँखें वन्दना को खोज रही थीं। संयोग से उसकी कक्षा में मेरा वर्ग नहीं था।

''नहीं सर। वह बीमार है।'' उसकी दोस्त जयश्रीदत्ता ने बतलाया तो मैं अन्दर से मर्माहत हो उठा। वह शायद तीन-चार दिनों तक कॉलेज नहीं आई। जिस दिन वह कॉलेज आई, वह अत्यन्त क्लान्त दिखी। जब एकान्त हुआ तो मैंने चपरासी को भेजकर बुलवाया। वह आई और पहले के समान ही झुककर प्रणाम किया। ''मैं उस घटना के लिए लज्जित हूँ।'' मैंने अवरुद्ध कंठ से कहा-''तब से मैं कम दुखी नहीं हूँ।''

वह सिर झुकाए नीचे देखती रही। मैं तब भी इतना ही संवेदनशील था, जितना आज भी हूँ। उसके मेघाच्छन्न मौन ने मुझे हिलाकर रख दिया। मेरी आँखें भर आईं। उसने नजर उठाकर देखा तो वह भी रो पड़ी। कुछ मिनटों के इस संवाद में वह शायद न था, जिसे आज की बाजारी भाषा प्रेम कहती है लेकिन वह कोमलता अवश्य थी, जिससे एक हृदय दूसरे हृदय के समीप ही नहीं होता, जुड़ भी जाता है। वन्दना अब किसी न किसी शैक्षणिक प्रश्न या सामाजिक-राजनीति समस्या पर विमर्श के लिए पहले की अपेक्षा अधिक आने लगी। एक शिक्षक के नाते मैं हमेशा अपने छात्रों या छात्राओं के बीच उनकी भाषा की शुद्धता पर विशेष बल देता था। उन्हें पाठ्य विषय या उससे इतर विषयों पर उनको लेखादि लिखने के लिए प्रेरित करता था। इस तरह वन्दना के अलावा भी दर्जन से अधिक छात्राएँ अक्सर अपना लिखा हुआ दिखलाने आया करती थीं। वन्दना के प्रति औरों की अपेक्षा मेरा स्नेह स्पष्ट होने लगा था। यह कहीं न कहीं जयश्रीदत्ता और विभा जैसी उसकी सहेलियों को अनुभव भी होने लगा था।

इधर वन्दना के पिताजी से भी मुलाकातें बढ़ गई थीं। मैं अब यह भी सोचने लगा था कि आज न कल विवाह करना है तो क्यों नहीं, जाति तोड़कर विवाह करूँ और जातिवाद की संकीर्णता के नीचे दबकर मर रहे समाज को थोड़ी रोशनी दूँ? प्रेम-व्रेम के चक्कर से बेहतर है कि पनप रहे कोमल मानवीय सम्बन्ध को वास्तविक रूप देकर उसे स्थायी कर दिया जाय? क्यों न वन्दना के पिताजी महादेव बाबू के जयप्रकाशी समाजवादी चिन्तन की वास्तविकता की जाँच-परख कर देखूँ कि अन्तर्जातीय विवाह के प्रति उनका क्या सोच है? लेकिन मैं कई बार चाहकर भी यह विषय न उठा सका। सीधी तरह वन्दना

से विवाह का प्रस्ताव रखना कोसों लम्बी वीहड़ यात्रा के समान था। लेकिन कई महीनों बाद समय मिलने पर एक दिन शहर के एक रेस्तरां में हम दोनों बैठे और उस दिन धर्म, सम्प्रदाय और जातिवाद पर जमकर चर्चा हुई। लोहिया के जाति-तोड़ों आन्दोलन से लेकर रामायण-मेला सब पर बात हुई। मैंने उनसे गम्भीर चर्चा के दौरान यह प्रश्न भी किया कि जाति तोड़ना आवश्यक है तो हमलोगों के परिवार में यदि कोई लड़का या लड़की दूसरी जाति में विवाह करे तो हम उसकी अनुमति देंगे? इस प्रश्न पर महादेव बाबू मौन रह गये। कुछ देर बाद बोले–''अभी हमारा समाज इस लायक नहीं हो पाया है कि वह इसे आसानी से स्वीकार कर सके। फिर हमलोग मध्यवर्गीय समाज के अंग हैं, जहाँ व्यावहारिकता की खाई पाटना बहुत मुश्किल है।'' वन्दना अपने माता-पिता और अन्य लोगों की अपेक्षा कहीं अधिक प्रखर एवं साहसिक थी। देर-सबेर मैंने यह अनुभव किया कि वन्दना साहस करे भी तो परिवार उसके इतने बड़े विद्रोही कदम का न तो समर्थन करेगा और न ही साथ देगा। मुझे पता नहीं कि उसके परिवार में इस सम्भावना के सम्बन्ध में कोई हल्की-सी चर्चा हुई भी या नहीं। लेकिन वन्दना के प्रति मेरे मन में कोमल सम्बन्ध का जो मनोरम स्फुरण था, वह तब भी बना रहा, जब वह प्रेम का वास्तविक स्वरूप पाने में असफल रहा। उसकी यह प्रवृत्ति कि जहाँ स्वयं की गलती महसूस हो, उसे करेक्ट करते जाना और नित नया जानने की उत्कटता मुझे प्रभावित करती थी। इसलिए वह मुझे सदैव अच्छी लगती थी।

जब इन्दिरा गांधी ने आपात्काल की घोषणा की तो सारे देश में पहले छात्र आन्दोलन के रूप में उसका विरोध हुआ, फिर वह आन्दोलन जयप्रकाश नारायण के नेतृत्व में चलाया गया। समूचे देश में आन्दोलन को दबाने के लिए बर्बर बल प्रयोग होने लगे, नेता और आन्दोलनकारी को गिरफ्तार कर उन्हें जेल भेजा जाने लगा। मैं आन्दोलन के सन्दर्भ में अपनी भूमिका का उल्लेख पहले ही कर चुका हूँ। उस समय कांग्रेस का साथ देने वाली भारतीय कम्युनिस्ट पार्टी के कई कामरेड आपात्काल का विरोध करने के कारण मेरे पीछे हाथ धोकर पड़ गये थे। कई बार उनसे बचने के लिए मुझे छिपना पड़ा। उसी दौरान मुझे मालूम हुआ कि अमरनाथ भाई जैसे समाजवादी के साथ प्रशान्त, वन्दना, सुरेश शर्मा, सन्तोष भारतीय आदि कई दर्जन आन्दोलनकारी मुजफ्फरपुर जेल में हैं। बाद में पता चला कि मुजफ्फरपुर जेल में ही जयप्रकाश नारायण के मार्ग-दर्शन में वन्दना और सन्तोष भारतीय का विवाह हो गया।

कई वर्षों बाद की घटना है। सुबह का समय था। मैं आचार्य जानकीवल्लभ शास्त्री से मिलने गया। वह निराला-निकेतन के बरामदे में चौकी पर प्रतिदिन की भाँति बैठे थे। मैं प्रणाम करके बैठ गया। इन दिनों क्या

लिख-पढ़ रहे हैं?-से बात शुरू ही हुई थी कि लाल चमकीली चौड़े पाट वाली हल्की पीली साड़ी में सजी-धजी मेहँदी लगी और सुन्दर चूड़ियों वाली एक युवती शास्त्री जी के घर के अन्दर से आकर बैठ गई।

''इसे आप पहचानते हैं?'' शास्त्रीजी ने मुझसे पूछा।

''नहीं तो?'' मैंने कहा।

''नहीं पहचानते? आपकी शिष्या है?'' शास्त्री जी ने कहा तो मैं मस्तिष्क पर बहुत जोर देने के बावजूद याद नहीं कर पाया।

''मैं वन्दना हूँ।'' उस युवती ने कहा और मेरे चरण-स्पर्श किए तो मैं उसे अपलक देखता रह गया। वन्दना! वह वन्दना और यह वन्दना। मर्यादा में बँधने के बावजूद मैं कनखियों से उस रूप-छवि को कई बार देखे बगैर नहीं रहा। उस दिन मैं अधिक समय वहाँ नहीं रुक सका और जल्द लौट आया। मैं वन्दना से यह जानकर बहुत खुश हुआ कि वह पूरी तरह खुश है। फिर यदा-कदा 'चौथी दुनिया' के एक स्तम्भ में उसको लिखते हुए देखा तो अच्छा लगा। लेकिन कई यात्राओं के बाद 24 जनवरी, 2013 को अमरनाथ भाई तीन दिन मेरे निवास पर रहे, जो मेरे लिए अत्यन्त प्रेरक साहचर्य-सुख था। कुमार प्रशान्त की चर्चा चलने पर मैंने वन्दना के बारे में उनसे पूछा तो उन्होंने जो कुछ बतलाया, उससे मुझे गहरा आघात लगा। वन्दना और सन्तोष भारतीय का बहुत पहले ही सम्बन्ध-विच्छेद हो गया। यह सुनते ही मैं गहरे सोच में डूब गया। जातिप्रथा जैसी अमानुषिक व्यवस्था को तोड़ने के जिस उज्ज्वल आदर्श की प्रेरणा से वह शादी हुई थी, उसके टूटने की त्रासदी ने मुझे अन्दर से उद्वेलित कर दिया। अमरनाथ भाई और मैं दोनों सोच-विचार करते हुए इस निष्कर्ष पर पहुँचे कि वन्दना जैसी प्रखर सामाजिक चेतना वाली संवेदनशील युवती का एक सामन्तवादी संस्कार वाले, राजनीतिक स्तर पर अति महत्त्वाकांक्षी युवक से विवाह एक दुर्घटना बनकर रह गया। विवाह मात्र दो युवा देहों का सम्मिलन नहीं है, वह तो दो मानवीय चेतना का आत्मीकरण है।

प्रकृति की नयनाभिराम छवियों के समान ही स्त्री का सौन्दर्य भी मुझे अपनी ओर खींचता रहा है। तब मैं तीसरी जमात में पढ़ता था। यमुना प्राइमरी स्कूल मेरे घर से महज दो-तीन सौ फ्लांग पर था। पाँचवीं जमात में सावित्री नाम की लड़की पढ़ती थी। वह आज की लड़कियों के समान स्कर्टपैंट या समीज-सलवार नहीं पहनती थी। वह सफेद साड़ी पहनती और दो चोटियाँ बनाकर चुपचाप आती, क्लास करती और चली जाती थी। मैं, बस उसे देखता रहता था। वह मुझे भली लगती थी। कहीं कोई दूसरा भाव न था। आज के बच्चों की तरह वह 'पकठायापन' मुझमें नहीं आया था, जिसे समय से पहले काम-बोध का आ जाना कहा जाता है। बाजारी विज्ञापन एवं और फिल्मी

अश्लीलता और आपराधिक घटनाओं की बाढ़ की देन–कथित प्रौढ़ता से हम बच्चे बाल–बाल बचे हुए थे। तो सावित्री मुझे अच्छी लगती थी, इतनी कि जिस दिन वह नहीं आती, मन उचाट हो जाता था। उसके भाई विवेकानन्द भी साथ पढ़ते थे। आज पचास–पचपन वर्षों के बाद भी आज विवेका भाई मिलते हैं तो मैं बिना पूछे नहीं रहता, "दीदी कैसी हैं?"

"अच्छी हैं। उनके सभी बच्चे भी अच्छी जगहों पर हैं।" विवेकानन्द जी बतलाते हैं तो मन में वही खुशी एक नये रूप में प्रकट होती है, जो कभी उनकी बहन को पाँचवीं जमात में पढ़ते समय देखने पर महसूस होती थी।

यह मैंने तब जाना कि वह मुझे हृदय में बसाये चल रही है जब वह बार–बार मेरे पास किसी न किसी बहाने आने लगी थी। कभी तो कोई लेख दिखलाने आती अथवा कोई प्रश्न लेकर आती थी। कभी–कभी तो उसके प्रश्न इतने साधारण होते थे कि लगता था, यह जिज्ञासा एक बहाना मात्र है। उसकी लावण्यमयी छवि और माधुर्य से परिपूर्ण बोली में ही कुछ ऐसा अप्रतिम सम्मोहन था कि कोई भी उस पर मुग्ध हो सकता था। वह गौरांग थी। बड़ी–बड़ी कुछ खोजती–सी आँखें, पतले सुन्दर होंठ, जिन पर मुस्कान उतरती तो लाली स्वतः आ जाती थी और मुखमण्डल पर अपने सौन्दर्य–बोध का सहज गर्वीलापन। बड़े–बड़े कानों में झूलती सोने की बड़ी–बड़ी बालियाँ, उसके काली लम्बी चोटियों के बीच एक सहज सौन्दर्य की सृष्टि करती थी। मुझे आज भी याद है वह अक्सर सफेद कपड़े पर नीली गोल छाप वाली समीज और सफेद सलवार के ऊपर हल्के आसमानी रंग का दुपट्टा लहराये चलती थी। कहना असंगत न होगा कि उसके नाम के अनुरूप उसके नीले झील–से नैनों में सौन्दर्यानुभूति से उत्पन्न गर्व के बावजूद उसमें वह शील भी था, जो सौन्दर्य को गरिमा प्रदान करता है। हाँ, वह नाम से भी नैनशीला ही थी।

नैन रूपवती थी, पढ़ने में कुशाग्र भी थी और भाषा भी ठीक–ठाक लिखती थी लेकिन उसमें वन्दना के समान प्रखर बौद्धिकता न थी। फिर भी उसके व्यक्तित्व में कुछ ऐसा विशेष आकर्षण था कि मैं उसकी तरफ बरबस खिंचता चला गया। निम्न–मध्यवर्गीय धार्मिकता का मेरा संकोच भी टूटता चला गया कि प्रेम–व्रेम कोई अच्छी बात नहीं है। मैं प्रेम की यूटोपियाई धारणा में जीने के बजाय ठोस धरातल पर जीना चाहता था। मैंने अपने मन में धीरे–धीरे यह निश्चय–सा कर लिया था कि यदि नैन विवाह के लिए तैयार हो तो मैं उससे विवाह कर लूँगा, चाहे समाज कितनी और कैसी भी बाधाएँ खड़ी करे।

मैं अक्सर शुभा अग्रवाल के जेल रोड स्थित घर पर नैन से मिलता था। शुभा को हम दोनों के प्रेम–सम्बन्ध की जानकारी थी और वह दिल से चाहती थी कि हम दोनों का प्रेम स्थायी स्वरूप प्राप्त करे। उसकी माँ भी मन ही मन हम दोनों

की कल्पित जोड़ी की सराहना भी करती थीं क्योंकि एक दिन मैं शुभा को पढ़ाने के बाद घर लौटने के लिए चलने वाला था तो उन्होंने मुझे रोक लिया।

"वैसे तो आप शुभा के गुरु हैं लेकिन मेरी नजर में मेरे बेटे के समान हैं। एक बात बहुत दिनों से कहना चाहती थी।" उन्होंने तनिक संकोच करते हुए कहा और वह बीच में ही रुक गईं।

"नहीं, नहीं, आप निःसंकोच बताएँ, क्या कहना चाहती हैं? मैं सचमुच आपको अभिभाविका मानता हूँ।" मैंने अत्यन्त विनम्रतापूर्वक कहा।

"नैन सुन्दर भी है और सुशील भी। वह अच्छी रहेगी।" शुभा की माँ ने कहा–"मैं आप दोनों के विवाह की कामना करती हूँ।"

यह सुना तो मैं किंचित् संकुचित हो उठा–मेरे गालों पर लाज की लाली दौड़ गयी। एक-डेढ़ मिनट बाद इतना ही कह सका–"मैं भी तो यही...।" मैं वाक्य पूरा करते-करते रह गया। उनकी तरफ देखने की हिम्मत न जुटा सका और छत के नीचे लगी अपनी साइकिल लेकर तेज गति से निकल गया। रात के अँधेरे में सड़कों पर आती-जाती सवारियों के बीच और कुछ नहीं, मुझे सिर्फ नैन ही दिखलाई पड़ रही थी।

कॉलेज-परिसर में एक दिन छात्राओं के जाने के बाद मैं था और वह थी। हम दोनों गेट तक आये। इस क्रम में मैंने उससे विवाह की बात कही तो वह सिर नीचे कर जमीन की तरफ देखने लगी। मैंने उसका मंतव्य जानने के लिए कहा–"तुम्हारा क्या विचार है?"

"चाहती तो मैं भी हूँ लेकिन माँ-बाबूजी और यह समाज?" कहकर नैन मौन हो गई।

"अपनी जिन्दगी तुम जियोगी या तुम्हारी जिन्दगी भी तुम्हारे माँ-बाबूजी या समाज जियेगा?" मैंने प्रश्न किया तो वह हत्प्रभ हो उठी। वह साथ-साथ चलती हुई निःशब्द रही।

"मैंने कुछ कहा है?" मैंने उसकी तरफ देखते हुए पूछा।

"हाँ। मैं सोच नहीं पा रही, क्या करूँ? इधर मेरा अपना जीवन है, उधर बीमार बाबूजी हैं।" उसने अत्यन्त कातर निगाह से मुझे देखते हुए कहा। मैंने उसके मुख पर अपने प्रति गहरी प्रेमासक्ति भी देखी और पिता के प्रति असीम ममता भी, वह भी उस पिता के प्रति, जिसने किशोर बेटे-बेटियों के होते हुए भी अपनी उम्र से कम वय की लड़की से दूसरा विवाह किया था। मैंने आगे कुछ नहीं कहा और हम दोनों गेट से बाहर आ गये थे। वह रिक्शा पर सवार हो आगे बढ़ी तो मैं भी अपनी साइकिल पर तेज गति से घर की ओर चल पड़ा। मैं सोच रहा था, मनुष्य चाहकर भी अपना जीवन अपनी इच्छानुरूप जीने के लिए स्वतंत्र क्यों नहीं है? क्या ये बंधन उसके स्वतंत्र जीने और विकास में बाधा

नहीं हैं? यही सब सोचता-विचारता मैं जब घर पहुँचा तो मेरे मुँह से गीत की यह पंक्ति फूट पड़ी-''बुलबुलो। कैद मत होना कभी जिन्दगी है बंधनों को तोड़ने में''। गीत पूरा हुआ तो 'आर्यावर्त' को भेज दिया। छपा तो अनेक लोगों ने उसे पसन्द किया। लेकिन नैन उसके उस अन्तर्भाव को अधिक गहराई से महसूस कर रही थी। 'बुलबुलो' का प्रतीकार्थ जानने वाली नैन ने मेरे प्रति अपने गहन एवं अटूट प्रेम और पिता के प्रति श्रद्धा के बीच मारक अन्तर्द्वन्द्व की जिस गहरी अन्तर्वेदना को बार-बार झेला होगा, उसकी मैं केवल कल्पना ही कर सकता हूँ। नैन से विवाह करने पर मेरी निम्नमध्यवर्गीय धार्मिक संस्कारों वाली, और एक हद तक रूढ़िवादी वृद्धा माँ के भी अपने छोटे बेटे के विवाह को लेकर कुछ अरमान और शौक रहे होंगे, जिनके टूटने पर उन्हें भी आघात लगने की स्वाभाविक सम्भावना थी लेकिन इस विवाह के जरिये मैं जातिवाद की जकड़न में बुरी तरह पड़े पतनशील समाज के सामने एक सन्देश भी देना चाहता था, जो मेरी माँ के आघात और दुख से कहीं अधिक बड़ा और महत्त्वपूर्ण कार्य था। इसलिए मैं इस बार अपने प्रेम को अन्तर्जातीय विवाह की परिणति तक ले जाने के लिए कृतसंकल्प था। इस कार्य में मेरे वरिष्ठ समाजवादी साथी स्वर्गीय बालेश्वर राय सहयोग करने वालों में अग्रणी थे।

हिन्दी प्रतिष्ठा के द्वितीय खण्ड की परीक्षा निकट आ गई तो कुछ प्रश्नों एवं व्याख्या की तैयारी के लिए नैन अपनी सहेली के साथ मेरे निवास पर आने लगी। नैन रेलवे क्वार्टर से आती तो मंजु स्पीकर चौक से एक दिन नियत समय पर नैन आ गई लेकिन मंजु के आने में काफी देर हो गई। इस बीच हम दोनों में प्रेम-संवाद होते रहे। तभी सहसा मैंने ही अपनी बाँहें फैला दीं और संकोच-संभ्रम के साथ वह आ गई। मैंने उसे चूमा ही था कि किसी की आहट हुई तो हमलोग विलग हो गये। वह उसकी सहेली मंजु ही थी। खैर, फिर मैंने दोनों को कुछ आवश्यक उद्धरणों की व्याख्या करने की पद्धति बतलायी और उनकी विशेषताओं का उद्‌घाटन-विश्लेषण कर समझाया। लेकिन मेरे और नैन के इस संक्षिप्ततम प्रथम मिलन ने हमारी प्रेमानुभूति को और अधिक तीव्रता और गहराई दे दी। नैन में यह परिवर्तन स्वत: प्रकट होने लगा कि अब वह मुझे और अधिक प्यार करने लगी और उसने मुझसे विवाह का मन भी बना लिया। अब वह कोशिश करती कि वह मंजु से पहले आ जाय।

इस प्रकार छह-सात महीने गुजरे होंगे कि एक दिन हमलोग कॉलेज से लौटते हुए उत्तर बिहार में अपनी कथित महिमा के लिए वैद्यनाथधाम (देवघर) के समान ख्यात गरीब स्थान मंदिर गये और नैन के समक्ष मैंने प्रस्ताव रखा कि हम लोग कहीं बाहर जाकर विवाह क़रे लें और बाद में आकर लोगों को सूचित करें कि हम दोनों ने अपनी इच्छा से विवाह कर लिया है। लेकिन शीला

ने अपने बाबूजी की अत्यन्त रुग्णता का उल्लेख करते हुए कहा–''हमलोग विवाह करेंगे लेकिन अभी नहीं क्योंकि मेरे बीमार पिता इस आघात को बर्दाश्त नहीं कर पायेंगे। अभी उन्हें स्वस्थ होने दें।'' उसकी बात सुनकर मैं क्रोधित हो उठा। मैंने यह कहते हुए उसे दो थप्पड़ जड़ दिए–''उन्हें तो मरना ही है, आज मरें कि कल मरें। हम अपना जीवन क्यों नष्ट करें?'' वह फूट-फूट कर रोने लगी। कुछ मिनटों बाद वह रिक्शे पर मंजु के साथ बैठकर मंदिर के बाहर निकली तो मैं अपने इस अमानवीय व्यवहार पर ग्लानि और पश्चाताप से इस कदर भर गया कि घर पहुँचकर बंद कमरे में लगातार रोता रहा। जब यह पता चला कि उसके पिताजी हाईब्लडप्रेसर, बल्ड सूगर और ब्लडयूरिया आदि रोगों से आक्रान्त हैं तो मैं और अधिक ग्लानि से विचलित हो उठा। कॉलेज में मेरी निगाहें नैन को खोजती रहीं लेकिन वह कहीं नहीं दिखी। मेरी ग्लानिजनित विकलता बढ़ती चली गई। उसकी सहेली मंजु और जयश्रीदत्ता दोनों तो कॉलेज आती थीं लेकिन नैन नहीं आ रही थी। तीन दिन उससे न मिलने की दारुण मनोदशा में ऐसे गुजरे कि चौथे दिन मुझसे न रहा गया और मैंने उसकी सहेली जयश्रीदत्ता से पूछ दिया–''नैन दिखाई नहीं देती? कहीं बाहर तो नहीं गई?'' ''नहीं, वह बीमार है। उसे सर्दी और बुखार है।'' जयश्री ने जैसे ही बतलाया, मैं उदास हो गया। वह तुरत अपनी कक्षा में चली गई। मेरा यह सोचना कहीं से अस्वाभाविक न था कि मेरे थप्पड़ मारने और तीखी डाँट ने उसे इतना आहत किया कि वह इस तरह बीमार पड़ गई। मेरी ग्लानि और गहरा गई। एक सप्ताह बाद नैन कॉलेज परिसर में दिखलाई पड़ी तो एक ओर जहाँ मुझे आशातीत खुशी हुई, वहीं उसे दुर्बल और क्लान्त देखकर मन को गहरा आघात लगा और मैं विचलित हो उठा। जब कॉलेज की कक्षाएँ समाप्त हो गईं तो देखा–नैन क्लास रूम से बाहर आ रही है। मैंने उसके निकट आने पर अपराध-बोध से भरे स्वर में कहा–''मैं उस दिन की घटना के लिए माफी माँगता हूँ। मैं स्वार्थ में अंधा हो गया था। मैं...।'' वाक्य पूरा करने से पहले ही मैं स्वभावतः फूट-फूटकर रो पड़ा। उसकी उदास और क्लान्त छवि मुझे और अधिक विचलित किये दे रही थी। उसने मेरे आँसू पोंछते हुए कहा–''इस तरह न रोइये। मैं सह नहीं पाऊँगी।'' और वह भी सुबकने लगी। काफी देर बाद हम दोनों सहज हो पाये। फिर मैंने उसे रिक्शा दिलवा दिया। मैं भी पीछे-पीछे साइकिल से चल पड़ा। रास्ते में एक दर्जी की दुकान पर पटना आकाशवाणी से लतिका चकलानबीस के मधुर स्वर में कबीर का यह पद सुनाई पड़ा–

साईं हो महराज मो पे रंग डारा
शब्द की बान लगी मोरे मन पर
भेद गया तन सारा...

इधर मेरे भाइयों और माँ ने मुझ पर विवाह के लिए दबाव बनाना शुरू कर दिया था, जिसे मैं किसी न किसी तरह टालता आ रहा था। मसलन, मैं इस नौकरी में जिसमें जेबखर्च लायक भी राशि नहीं मिलती थी, उसमें विवाह करके एक और सदस्य का भार उठाना, और उसकी छोटी-छोटी इच्छा के लिए परिवार के लोगों पर निर्भरता मुझे स्वीकार्य नहीं थी। इसलिए कि शुरू से मुझे परनिर्भरता गुलामी से बढ़कर त्रासद मालूम होती रही है। लेकिन यादव-परिवारों में एम.ए. पास और सम्बद्ध कॉलेज में ही सही लेक्चरर मिलना 1965-70 में बहुत मुश्किल था। फिर मेरे स्वर्गीय पिताजी यादवों में प्रतिष्ठित व्यक्ति भी थे, इसलिए पढ़े-लिखे यादव-परिवार में विवाह के लिए लड़की वाले स्वाभाविक रूप से दौड़ने लगे थे।

एक दिन मैं तीन बजे के आस-पास टेक्निकल चौक के निवास के कमरे में लिख-पढ़ रहा था कि नीचे से मेरे आत्मीय रिक्शाचालक दामोदर जी ऊपर आये और बोले-"कुछ लोग कार से आये हैं। आपसे मिलना चाहते हैं।" मैं सीढ़ियों से उतरकर नीचे गया और उन्हें ऊपर सादर ले आया। वे तीन व्यक्ति थे, जो वेश-भूषा और भाषा से प्रथम-द्रष्टया ही मुझे अफसर मालूम पड़े। मैंने दामोदर जी को अल्पहार और चाय के लिए रुपये देकर भेज दिया। इस बीच उन लोगों के साथ विभिन्न विषयों पर वार्तालाप होता रहा। लगभग डेढ़-दो घंटे उनसे वार्तालाप हुआ और वे नाश्ते-चाय के बाद चलने लगे तो मैंने उनसे आने का प्रयोजन जानना चाहा। उनमें से एक व्यक्ति ने कहा-"कोई खास प्रयोजन नहीं था। वैसे सोनपुर मेले के उद्घाटन के अवसर पर हम अफसरों को आना था, सो इधर आये तो आप जैसे युवा साहित्यकार से मिलने की इच्छा हो आई।" लेकिन मैंने समझने में देर नहीं की कि यह सब विवाह का ही उपक्रम है। एक दिन पता चला कि मेरे अग्रज श्री युगल किशोर जी माँ को लेकर मेरे लिए लड़की देखने पटना जानेवाले हैं। पटना में मेरे भाई श्री गौरीशंकर जी लोक-निर्माण विभाग में इंजीनियर थे। उन्होंने बड़े भैया से पटना आने से पहले मुझसे यह जान लेने के लिए कहा था कि हमलोग उनकी शादी के लिए लड़की देखने जा रहे हैं, उनकी (मेरी) क्या राय है? मझले भैया की यह समझ थी कि नन्दनजी पढ़े-लिखे आधुनिक सोच के युवक हैं, इसलिए उनकी सहमति जरूरी है।

लड़की देखने जाने के एक दिन पहले बड़े भैया युगल जी आये और बोले-"कल माँ के साथ तुम्हारे लिए लड़की देखने जा रहे हैं।"

"मेरे लिए लड़की देखने की जरूरत नहीं है। मैं अभी विवाह नहीं करना चाहता।" मैंने भाई साहब से कहा तो वह गुस्से से उबल पड़े-"विवाह अब नहीं करोगे तो कब करोगे?"

"जब मैं अपने पैरों पर खड़ा हो जाऊँगा।" मैंने उन्हें विनम्रतापूर्वक कहा–"यह व्यावहारिक नहीं होगा कि मैं परिवार के लिए एक और भार ले आऊँ।"

"जैसे सब रहते हैं, वह भी रहेगी।" भैया ने मुझे भरोसा देना चाहा लेकिन मैं जीवन की वास्तविकता भली–भाँति समझता था। अन्ततः मैं तैयार नहीं हुआ मगर वे अड़े हुए थे कि मेरी शादी के लिए लड़की देखनी ही देखनी है। जब मझले भैया को मालूम हुआ तो उन्होंने साफ मना कर दिया कि जब वह शादी करने को तैयार नहीं है तो लड़की देखने का कोई मतलब नहीं है। एक सूत्र से पता चला कि वह लड़की बिहार प्रशासनिक सेवा से भारतीय प्रशासनिक सेवा में प्रोन्नत अधिकारी की बहन थी और पटना विश्वविद्यालय से राजनीति शास्त्र विषय में प्रथम श्रेणी से एम.ए. पास थी। देखने में सामान्य थी।

संयोग से जिस दिन उसकी शाही शादी पटना में हुई, उस दिन मैं पटना में मझले भैया के निवास पर ही था। वहाँ आनेवालों ने मुझे यह अहसास कराया कि आज आप दूल्हा ही नहीं होते, मुख्यमंत्री से लेकर राज्यपाल जैसे व्यक्तियों के बीच आकर्षण का केन्द्र होते। लड़की जल्द ही लेक्चरर हो जायेगी। उन लोगों ने मुझे हर तरह से अनुभव कराना चाहा कि मैंने, यह विवाह ठुकराकर भारी भूल की है। लेकिन आज भी इस उम्र में मुझे इसका तनिक भी अफसोस नहीं है।

मेरे और नैन के प्रेम की बात उसके पिता को बाद में मालूम हुई, पहले मंजु के माध्यम से उसके पिता आदि को मालूम हो गई। मंजु के पिता वासुदेव बाबू कोर्ट में पेशकार थे लेकिन अत्यन्त भद्र व्यक्ति थे। लेकिन वह भद्रता, जातिवाद से ऊपर उठकर सोचने में समर्थ न थी। उनकी सोच का धरातल संकुचित था। इसलिए नैन के पिताजी को उन्होंने समझाया होगा कि देर मत कीजिए वर्ना समाज में मुँह दिखाने लायक न रहेंगे। कायस्थ की लड़की एक ग्वाले के घर जाय, इससे बड़ी ग्लानि की बात और क्या होगी? नैन के बाबूजी अपनी शारीरिक असमर्थता के बावजूद उसकी चटपट शादी कर देने के प्रयास में लग गये। इसके लिए उसकी पढ़ाई भी बीच में रोक देने की सोचने लगे। मुझे यह बात मालूम हुई तो मैंने मंजु के पिताजी को समझाया कि नैन को कम से कम बी.ए. ऑनर्स तो कर लेने दिया जाय। लड़की है, डिग्री किसी भी आकस्मिकता के बीच काम आ सकती है, वह कभी बेकार नहीं जायेगी। अन्ततः वासुदेव बाबू ने नैन के पिताजी को इसके लिए तैयार कर लिया कि वह बी.ए. ऑनर्स कर ले। लेकिन नैन के पिताजी आशंकित थे कि मैं कहीं उसे लेकर बाहर न भाग जाऊँ, इसलिए उन्होंने उसकी परीक्षा से तीन–चार माह पहले ही उसकी शादी कर दी। वर उत्तर प्रदेश में कहीं जूनियर इंजीनियर था।

इस विवाह ने मेरी जिन्दगी में भूचाल-सा ला दिया। विवाह यहीं निकट रेलवे क्वार्टर में सम्पन्न हुआ था। मेरी अन्तर्वेदना की गहराई का अन्दाजा इसी से लगाया जा सकता है कि मैं दिनभर अपने कमरे में नैन की स्मृतियों से अन्तर्व्यथित मनोदशा में पड़ा रहता था। कॉलेज की भद्र प्राचार्या तक मेरे इस अन्तर्दाह को जानती थीं, इसलिए उन्होंने मुझे कॉलेज आने और क्लास लेने के लिए कोई दबाव नहीं दिया। विवाह के एक माह बाद नैन ससुराल से मुजफ्फरपुर लौटी तो वासुदेव बाबू ने अपने घर पर मुझे खाने पर बुलाया। मैं वहाँ गया तो मैं नैन को उसके पति के साथ देखकर मर्माहत हो उठा। लेकिन तुरत ही सम्भल भी गया और उसके पति से हाथ मिलाते हुए मैंने अपने स्वभावानुसार सहज आत्मीयता के साथ बात शुरू कर दी। अपरिचय ऐसे खत्म हो गया जैसे हम दोनों वर्षों से परिचित और निकट रहे हों। नैन अब पहले से और अधिक सुन्दर और भरी-भरी लग रही थी लेकिन उसकी आँखों में यह आशंका भी रह-रहकर उभर आती थी कि नन्दनजी अपनी सहजता एवं सरलता के कारण हमारे सम्बन्धों की चर्चा न कर बैठें जबकि उसने स्वयं मेरी छवि पति के सामने ऐसे रूप में चित्रित की थी, जिससे किसी के भी मन में यह सन्देह स्वाभाविक रूप से हो सकता था कि यह युवती इस व्यक्ति के प्रति स्वयं ही प्रेमाविष्ट है। यह मुझे तब ज्ञात हुआ जब उसी दिन मुझे नैन के पति के साथ नगर-भ्रमण के लिए निकलना पड़ा। उन्होंने सड़क पर चलते हुए बतलाया-"नैन तो आपकी जबर्दस्त फैन हैं। वह हमेशा आपकी ही चर्चा करती रहती है। जैसा उसने आपके बारे में बतलाया है, मैंने आपको उससे कहीं अधिक पाया।" इस पर मैंने उन्हें कहा-"यह नैन का अपने शिक्षक के प्रति अतिरंजित सम्मान प्रदर्शन मात्र है, जो एक शिक्षक की भूमिका ठीक ढंग से निभाना चाहता है।" हम दोनों देवी मंदिर गये और फिर मैं उन्हें नैन के फ्लैट के निकट छोड़कर चला आया। मुझे इस बात की बेहद खुशी हुई कि नैन को पति के रूप में एक अच्छा इन्सान मिला है।

1969 की इस घटना ने मुझे अन्दर से इतना झकझोर दिया कि मेरी अब जीवन से विरक्ति होने लगी और मैं अन्यमनस्क भाव से यंत्रवत् अपनी दिनचर्या जीने लगा। कहीं कोई उमंग या उत्साह नहीं। ऐसे ही समय समाजवादी मित्र और रेलवे में टी.टी. बालेश्वर बाबू, जो खुद भी चाहते थे कि मेरी और नैन की शादी हो, मेरे निवास पर आए। मुझे देखकर पहले तो अत्यन्त आहत से लगे लेकिन मेरे जैसे हमेशा ऊर्जावान और आशान्वित रहने वाले व्यक्ति को उदास और क्लान्त देखकर बरस पड़े। उनके अनुसार-जो इच्छित था, वह नहीं मिल सका, इसके दुख में आनेवाली खुशियों को रोक देना बुद्धिमानी नहीं है। उन्होंने बड़े भाई की तरह समझाया और मुझमें नये सिरे से जीने की प्रेरणा

का संचार किया। सच्चे लोहियावादी के समान वह मित्रों को फटकारते थे तो अन्दर से प्यार भी करते थे। यही कारण है कि 1970 की शुरुआत में मेरी शादी की चर्चा आई तो मैंने कुछ कहने के बजाय मौन साध लिया, जिसे मेरे परिवार ने स्वीकृति मान लिया।

मझले भैया गौरीशंकर जी ने पटना के आलमगंज निवासी और प्रसिद्ध ठेकेदार श्री काशी प्रसाद सिंह की पुत्री से विवाह का निर्णय लिया। माँ, भाभी और भैया ने लड़की देख ली थी और पसन्द भी कर ली थी। मझले भैया इतने आधुनिक तो थे ही कि वह मेरी पसन्द का भी ख्याल रखते। इसलिए मुझे कहला भेजा कि वह चाहें तो स्कूल आते-जाते समय लड़की को देख लें। मैं पटना गया तो मेरे भावी श्वसुर जी के नजदीकी युवा ठेकेदार को लड़की दिखलाने का जिम्मा सौंपा गया। मैं उसके साथ आलमगंज चौकी के पास लड़की के स्कूल जाने के समय खड़ा हो गया। लेकिन तब तक लड़कियाँ सब स्कूल चली गई थीं। शाम को हम दोनों फिर पहुँचे तो एक बस आकर रुकी और उससे एक-एक कर कई लड़कियाँ उतरीं और चली गईं तो उस युवा ठेकेदार ने कहा–"वह देखिये, वही लड़की है।" मैं ठीक से देख नहीं पाया कि उनमें कौन-सी लड़की मेरी भावी पत्नी है। उसने पूछा–"देख लिया न?"

"हाँ, देख लिया।" मैंने झल्लाहट के साथ कहा और उससे विदा लेकर मुजफ्फरपुर लौट आया।

और इस प्रकार मेरी अन्यमनस्क सहमति के बाद मझले भैया मेरी शादी की तैयारी अपने निकटवर्ती सहयोगी ओवरसियर, कर्मचारियों और ठेकेदारों के सहयोग से करने लगे। पटना से आकर भैया के ठेकेदारों ने मुजफ्फरपुर में दो बाई जी को नाच के लिए ठीक किया। पटना के मशहूर बैण्ड पार्टी, रथ और आतिशबाजी-पटाखों के साथ बड़ी धूमधाम के साथ चार सौ बारातियों को लेकर सजधजकर बारात मेरे श्वसुरजी के दरवाजे पर पहुँची। हाथी और ऊँट के साथ सिंघा बाजा भी था। दूल्हे के रूप में मैं भी यथासम्भव सजा-धजा था लेकिन मेरे मन में कोई उत्साह न था क्योंकि तिलक में मेरे श्वसुर जी एक हजार रुपये नहीं दे पाये थे, जिसके कारण मेरे मझले भैया गौरीशंकर जी ने उन्हें कुछ इस तरह भला-बुरा कहा था कि मेरा मन विवाह के पहले ही खट्टा हो गया था। वह विवाह ही क्या जिसमें सम्बन्धों की शुरुआत पैसों की वजह से दो परिवारों में मनोमालिन्य पैदा कर दे और शादी केवल बाहरी हँसी-मुस्कुराहट के बीच सम्पन्न हो?

आतिशबाजियों-पटाखों के साथ शहनाई और बैण्डबाजे के साथ चार सौ बारातियों की यात्रा मुझे रथ पर लेकर द्वार पर पहुँची तो आरती एवं द्वार-पूजा के बाद बड़े से शामियाने में अल्पाहार के बाद महफिल जम गई। महफिल

में बीचोबीच मैं सबका केन्द्र जरूर बना लेकिन मेरी जेब बिल्कुल खाली थी। बाईजी की एक-एक अदा पर लोग नोटों की बारिश कर रहे थे। वह नाचते-नाचते मेरे निकट आकर मोहक भंगिमाएँ दिखलाने लगी, उसे देने के लिए मेरी जेब में कुछ भी न था। मैंने अपने मित्र रामविलास जी से कहा कि बड़े भैया युगल जी से रुपये माँग लें। रामविलास जी ने लाकर पचास के दो नोट चुपके-से मेरी जेब में रख दिए। मैंने बाईजी को एक नोट दिया और वह लेकर चली गई तो मेरी झेंप मिटी। इसलिए मैं विवाह के समय वर में रहने वाले स्वाभाविक उत्साह से सर्वथा वंचित और अन्यमनस्क ही था। विदाई के बाद तो वातावरण और अप्रिय हो उठा। जब अम्बेसडर कार चलाते हुए मेरे मझले भाई मेरी नवविवाहिता पत्नी को विदा कराकर बाईपास के रास्ते लेकर चले तो वह रास्ते-भर मेरे श्वसुरजी को गरियाते रहे। बीच-बीच में वह मुझे रोती हुई पत्नी को चुप होने के लिए कहने को कहा करते थे-"कहिये न चुप हो जाने के लिए।" मुझे लगता है, मेरी पत्नी की रुलाई अपने घर छूटने से अधिक पिताजी की भर्त्सना सुन-सुनकर आ रही होगी।

जब मैं अपनी नवपरिणीता संगिनी मनोरमा के साथ लोदीपुर स्थित गोलघर सबडिवीजन के एसडीयो क्वार्टर पर पहुँचा तो माँ, भाभी और कई स्त्रियों ने हम दोनों का आरती उतारते हुए स्वागत किया। वैसे घर में विवाह के बाद की चहल-पहल बनी रही। मैंने रात्रि में अपनी संगिनी को भली-भाँति देखा। वह मेरी कल्पना के अनुरूप एकदम से वैसी रूपवती भले न हो लेकिन सौन्दर्य की ऐसी सम्मोहनकारी प्रतिमा जरूर थी, जिसे देखनेवाला देखता रहे। विवाह के महीने भर बाद एक दिन हम दोनों पटना के हथुआ मार्केट में घूम रहे थे। मैं अपनी आदत के अनुसार तेज चलते हुए कुछ आगे बढ़ गया और मनोरमा एक कपड़े की आकर्षक दुकान के बाहर टँगी साड़ियाँ देखने लगी। मैंने पीछे मुड़कर देखा वह कहाँ रह गई? देखता क्या हूँ कि दो-तीन छोकरे मनोरमा को घूरे जा रहे हैं। मैंने धीरे से पहुँचकर उनसे कहा-"हाँ, बेटे। देख ले अपनी माँ को गौर से देख ले।" वे लड़के तो शर्माते हुए भाग निकले लेकिन मनोरमा ने झेंपते हुए कहा-"धत्।"

वैवाहिक जीवन के सैंतालिस वर्षों बाद भी मुझे मनोरमा में वही सौन्दर्य और यौवन की प्रतीति होती है और मैं अब भी किसी भी युवा के समान उद्दाम जीवनेच्छा के साथ हर पल का आनन्द लेते हुए जी रहा हूँ तो इसका श्रेय मेरी इन्हीं संगिनी रमा को है। इसीलिए मैंने उन्हें 'प्राण-सहचरी' के रूप में सम्बोधित किया है। मैंने जीवन में मानवीय सम्बन्धों को सर्वोपरि स्थान दिया है क्योंकि सम्बन्धों की नींव एक-दूसरे के प्रति वह गहरी संवेदना और अटूट विश्वास है जहाँ क्षुद्रता पनप ही नहीं सकती। स्वार्थ अथवा क्षुद्रता वहीं पनपती

है जहाँ सम्बन्धों का आधार पारस्परिक आदान-प्रदान होता है, जिसकी कोई आधारशिला नहीं होती और होती भी है तो व्यक्तिगत तात्कालिक हितों की पूर्ति भर। मानवीय सम्बन्धों का पूरी निष्ठा के साथ अन्तिम दम तक निर्वाह करने की मेरी सहज प्रवृत्ति का यह स्वाभाविक प्रतिफल मिला कि मैं दूसरों के हितों की पूर्ति का साधन बना और बहुतेरे लोग सम्मोहनकारी मुखौटे लगाकर आए और अपने हितों की पूर्ति के बाद मुझे भूलते चले गये। ऐसे समय हर किसी से आन्तरिक ललक के साथ मिलने वाले मेरे सरल हृदय को चोटें पहुँचती रही हैं लेकिन तात्कालिक अन्तर्वेदना के बाद मैं मन में आए कसैलेपन को निकाल भी देता रहा हूँ। यह पूँजीवाद की ही तो देन है कि भारत में समाज-परिवार टूटते-टूटते इतना संकुचित और सीमित हो गया है। मेरी संवेदना का विस्तार ऐसे हुआ है कि जिन लोगों से मेरा महज हलो-हाय का सड़क-चलते समय मिलने भर का सम्बन्ध रहा है, वे भी जब ज्यादा दिनों तक नहीं मिलते तो मन बेचैनी से उन्हें देखना चाहता है। यदि उनमें से कोई वर्षों बाद दिख जाता है तो मुझे ऐसी खुशी होती है जैसे कोई खोयी हुई निधि मिल गई हो।

लेकिन उसके बीच यह स्वीकार न करूँ कि मेरे ही कारणों से, मेरी कमजोरियों के कारण मेरी पत्नी और बच्चों को आज भी अनेक प्रकार की मुश्किलों और कष्टों से गुजरना पड़ रहा है तो यह मेरी बेईमानी होगी। व्यक्ति आत्मसंघर्ष से बड़ा होता है। लेकिन मुझे तो आत्म-संघर्ष से भी वह प्रकाश नहीं मिल पाया कि मैं अपने मनुष्य को पा लूँ। मैं स्वयं अपने आपको भी नहीं पा सका। मैं शुरू में क्रोधी स्वभाव का व्यक्ति था। बात-बात पर आपे से बाहर आ जाता और स्वयं को ही पीड़ित करने लगता था। लेकिन अध्यापन की सेवा से मुक्त होने के बाद अब मैं सब कुछ सहकर मौन रहना सीख रहा हूँ; यह भी सच है कि मौन अन्तर्वेदना का ही रूपान्तर है। मैं ऐसा झूठ नहीं बोलता था, जिससे अपना लाभ हो और दूसरे की हानि हो। लेकिन छोटा-मोटा झूठ इसलिए भी बोलना पड़ जाता है कि सामने वाले को सच बोलने से पीड़ा न हो। शायद इसलिए कि लोग सच सुनना नहीं चाहते जबकि मेरे सम्पूर्ण लेखन में सच का यथार्थ भी है, उसका ताप और उसी तल्खी भी। शराब पीना बुराई है। एक समय था कि मैंने अग्रज लेखकों-कवियों के साथ जमकर शराब पी है। मैं भी एक साधारण पुरुष के समान कभी स्त्री-शोषक (पत्नी) था अब हूँ तो कहाँ तक हूँ कह नहीं सकता। लेकिन कई दशकों तक रमा ने मेरी माँ, भईया, भाभी और उनके बच्चों की ताबेदारी में जिन्दगी के सुन्दर हिस्से लगा दिए। और मैं था कि साहित्य, समाज और विश्वविद्यालय की सेवा में अपना सब कुछ झोंकता रह गया। मिला क्या? शून्य! इसलिए किसी एक व्यक्ति के

सामने मैं गुनहगार हूँ तो वह मेरी पत्नी है। लेकिन यह भी सच है कि पुरुष और स्त्री अपनी सीमाओं का अतिक्रमण करके ही शिखर की तरफ बढ़ते हैं, लेकिन ऐसा कम ही होता है। जहाँ हुआ है, वहीं दाम्पत्य के फूल खिले हैं। महान गायक मन्नाडे और सुलोचना का दाम्पत्य निस्सन्देह आदर्श दाम्पत्य का उदाहरण है, क्योंकि दोनों एक-दूसरे की दुनिया में कभी हस्तक्षेप नहीं करते थे। काश! हमारे साथ भी ऐसा ही हो पाता।

यह रमा की उदारता है कि विवाह के बाद भी मेरी दुनिया कभी इतनी छोटी नहीं हो पायी कि उसमें संगिनी मनोरमा और बाद में बच्चों के अलावा वे सभी लोग अनुपस्थित हो जाएँ, जिन्हें मैंने कभी हृदय से प्यार किया था। इनमें मेरी प्रेमिका और मित्र भी रहे हैं। इसलिए जब कभी नैन का बड़ा भाई या छोटा भाई प्रेम मुझे मिलता, मैं उससे पूछता, "दीदी कैसी हैं? उनका स्वास्थ्य ठीक है न? मेहमान (नैन के पति) कैसे हैं?" यह सिलसिला लगातार कई वर्षों तक चलता रहा। मैं जीवन-संघर्षों से ऐसे घिरता चला गया कि 'हम वहाँ हैं जहाँ हमें अपनी खबर नहीं' की दारुण स्थिति बन आई, फिर भी नैन की चिन्ता गायब नहीं हुई। जब नैन का भाई कहीं अन्यत्र नौकरी करने लगा तो उनका हाल-समाचार लेने की उत्कटता उनकी सहेली मंजु के पास ले गई। जब वह बतलाती कि नैन सपरिवार अच्छी तरह है तो मुझे आन्तरिक खुशी होती थी।

अनेक वर्षों बाद एक दिन नैन का छोटा भाई प्रेम, जो हँसमुख और जिन्दादिल है, स्टेशन पर मिल गया। मैं पहले की तरह उसे देखकर खुश हुआ और उससे पूछा-"दीदी कैसी हैं?" वह उदास और दुखी हो उठा। उसके चेहरे पर हमेशा रहने वाली चहक और विनोदप्रियता गायब हो गई। एक मिनट की चुप्पी के बाद बोला-"जीजा जी नहीं रहे।" मैं मर्माहत हो उठा। कई मिनटों तक मुँह से कोई शब्द नहीं निकल पाया और मेरी आँखें नम हो आईं। सहज होने पर मैंने प्रेम से नैन का गोरखपुर वाला पता लिया और उनसे मिलने का निश्चय किया। मैंने यह बात मनोरमा से कही तो संवेदनशीलता का परिचय देते हुए उन्होंने कहा-"हाँ, हाँ जरूर जाइए। इस समय तो आपको जाना ही चाहिए।" मुझे मनोरमा के उत्तर से बल मिला और मैं अपने अत्यन्त आत्मीय और संवेदनशील शोधार्थी श्री रामललित सिंह के साथ नैन के निवास (किराये का मकान) पर पाँच बजे शाम में पहुँचा। दस्तक दी तो वही निकलीं। इतने वर्षों बाद मैंने उन्हें देखा भी तो शोकाकुल दशा में। बड़ी-बड़ी आँखें निरन्तर रोने के कारण सूज आई थीं, चेहरा सूखे पत्ते-सा प्राणहीन हो गया था। मुझे पहचानते सेकिण्ड भर की देर नहीं हुई और उनकी आँखें छलक पड़ीं। फिर बोलीं-"आइए।" मेरे पीछे खड़े ललित जी को देखकर उन्होंने जिज्ञासाकुल

नेत्रों से देखा। "ये मेरे अपने भी हैं और मेरे रिसर्चस्कॉलर भी।" मैंने उन्हें बतलाया। वह मुझे रो-रोकर पति की हत्या की दारुण कथा बतलाने लगीं। उसका सार यह है कि एक शाम एक-दो ठेकेदार रोड में नापी कराने की बात कहकर नैन के पति प्रेम कुमार श्रीवास्तव महोदय को ले गये। लेकिन शाम होने के बाद भी वह घर नहीं लौटे तो नैन की चिन्ता अनहोनी की आशंका में बदल गई। देर रात उन्हें पता चला कि वह उसी रोड में मृत अवस्था में खून से लथपथ पड़े हुए हैं। यह उनकी ईमानदारी और कर्त्तव्यपरायणता का पुरस्कार था। हमारी पतित राजनीति और राजनेताओं ने भारतीय लोकतंत्र में ईमानदारी के साथ जीने के लिए कोई 'स्पेस' नहीं रहने दिया है। यदि कोई ईमानदार व्यक्ति या अधिकारी अपने देश और जनता के प्रति ईमानदारी के साथ कर्त्तव्य का निर्वाह करते हुए देश के किसी कोने में मारा नहीं गया है तो यह महज एक संयोग भर है। मुझे नैन के पतिदेव के साथ गुजारी वह शाम याद आती रही जब उनके सहज मनुष्य से मेरा साक्षात्कार हुआ था। अब तो ईमानदारी और निष्ठा से कार्य करने वाला सामान्य व्यक्ति हो या अधिकारी, उसकी निर्मम हत्या का सिलसिला जारी है और लोकतंत्र के अधिकतर प्रहरी बुर्जुआ राजनीतिक दल और उनके नेता इस हद तक गिर चुके हैं कि उनमें नाममात्र की भी संवेदना शेष नहीं है! 2 मार्च, 2013 में उत्तर प्रदेश के प्रतापगढ़ के वलीपुर गाँव में राजा भैया की साजिश के तहत जिस बर्बरता के साथ ईमानदार डी.एस.पी. जिआउलहक की हत्या की गई और राजा भैया के समर्थन में सभी दलों के राजपूत सांसद, विधायक, मंत्री और नेता एक साथ खड़े हुए, वह लोकतंत्र की पतनशीलता की पराकाष्ठा तो है ही हमारी मनुष्यता पर भी एक बदनुमा दाग है। कथित 'चाल, चरित्र और चेहरा' वाली भाजपा अध्यक्ष राजनाथ सिंह और बाबूराम कुशवाहा ने अपने मुख्य मंत्रित्व काल में सामन्ती बर्बरता के प्रतीक राजा भैया को कैबिनेट मंत्री बनाया था और समाजवादी कहे जाने वाले पूर्व मुख्यमंत्री मुलायम सिंह यादव ने भी अपने मंत्रिमण्डल में राजा भैया को कैबिनेट मंत्री की जगह दी थी और उन्होंने अपने बेटे अखिलेश यादव के भी मंत्रिमण्डल में उन्हें कैबिनेट मंत्री बनवाया। हद तो तब हो गई, जब मायावती ने मुख्यमंत्री बनते ही राजा भैया को पोटा लगाकर जेल में डाला तो बड़े-बड़े आदर्श बघारने वाले, नैतिकता की दुहाई देनेवाले वाले राजनाथ सिंह ने यहाँ तक कह दिया कि पोटा को सोंटा हो जायेगा और मुलायम सिंह यादव का तो कहना ही क्या? उन्होंने बेटे के मुख्यमंत्री बनते ही राजा भैया को जेल से निकलवाया और उन्हें कैबिनेट मंत्री भी बना दिया।

मैं नैन से मिलकर लौटा तो कई सप्ताह तक उनकी शोकग्रस्त म्लान मुखाकृति मुझे विचलित करती रही और यह चिन्ता बनी रही कि वह वैधव्य

की वेदना के बीच कैसे अपने छोटे बच्चों की पढ़ाई-लिखाई की व्यवस्था करेंगी। असहाय स्त्री के लिए लोलुप और वर्चस्ववादी पुरुष समाज में जीना कल भी अत्यन्त कठिन था और आज तो और भी दुष्कर हो गया है। मैंने उस मुलाकात में संकेत में ही कहा था–"जहाँ भी वह मेरी जरूरत समझें, मुझसे निःसंकोच कहें।" लेकिन नैन को अपने आप पर इतना विश्वास था कि उन्होंने मेरी सहायता लेने की नौबत ही नहीं आने दी। जिस दृढ़ता के साथ उन्होंने उस दारुण मुसीबत का सामना किया, वह सचमुच एक मिसाल है।

मैं समय के साथ बढ़ रही अपनी व्यस्तता के बीच भी नैन का अवसादग्रस्त चेहरा भूल नहीं पा रहा था। उस मुलाकात के एक साल बाद मेरे भीतर उनसे मिलने और उनका हाल-चाल लेने की इच्छा प्रबल हो उठी। मैंने अपनी संगिनी मनोरमा से कहा–"जरा गोरखपुर चलकर नैन का हाल-चाल लेना चाहिए। पता नहीं, किस हाल में हैं वह?"

"हाँ, हो आइए। सचमुच उन पर तो विपत्ति का पहाड़ ही टूट पड़ा है।" मनोरमा ने निःसंकोच कहा।

"मैं सोचता हूँ। तुम भी साथ चलतीं तो बेहतर होता।" मैंने मनोरमा से यह सोचते हुए कहा कि वह यह प्रस्ताव जरूर अस्वीकार कर देंगी। लेकिन मेरे सुखद विस्मय का ठिकाना न रहा जब उन्होंने कहा–"हाँ! जरूर चलूँगी।"

हम दोनों गोरखपुर में नैन के किराये के मकान पर पहुँचे तो दस्तक देने पर दरवाजा खोलने में किंचित् विलम्ब हुआ, जिसका कारण भय और आशंका रही होगी। मैंने जब अपना नाम बतलाया तो नैन ने ही दरवाजा खोला। मेरे पीछे मनोरमा खड़ी थीं। उन पर नैन की दृष्टि गई तो उन्होंने विस्मय से मेरी तरफ देखा। मैंने कहा–"मेरी धर्मपत्नी मनोरमा।"

"आइए।" कहती हुई नैन हमें अन्दर कमरे में ले गईं। दीवार पर जहाँ पहले उनके पिता की तस्वीर टँगी थी, अब वहीं पर बगल में उनके पति की प्रसन्नचित्त मुस्कुराती हुई मुद्रा वाली तस्वीर माला से सुसज्जित थी। हाल-चाल लेने के क्रम में यह मालूम हुआ कि सिंचाई विभाग में जहाँ नैन के पति इंजीनियर थे, वहीं बी.ए. की डिग्री होने के कारण अनुकम्पा के आधार पर उन्हें लिपिक का पद मिल गया था और दोनों बच्चों की पढ़ाई भी सुचारु ढंग से चल रही थी। यहाँ प्रसंगात यह कहना असंगत न होगा कि नैन और मेरे सम्बन्धों की अतीत छाया मेरे दाम्पत्य पर उस तरह कभी नहीं पड़ी कि पति-पत्नी का साथ जीना दूभर हो जाय। इस दृष्टि से मुझसे कहीं अधिक विवेकशीलता और सहिष्णुता मनोरमा में रही है, जो आज भी नैन के प्रति मेरी उस कोमलता को मेरी व्यापक एवं गहन मानवीय संवेदनशीलता के रूप में ही देखती हैं। मैं मानता हूँ कि अतीत चाहे कितना भी सम्मोहनकारी रहा हो,

उसे कंधे पर बोझ की तरह उठाये चलना और उसके नीचे दबकर अपने वर्तमान एवं भविष्य को दम तोड़ते हुए देखना बुद्धिमानी नहीं है।

मैं 1960 से हिन्दी के यशस्वी कथाकार दम्पति राजेन्द्र यादव और मन्नू भण्डारी को देखता-समझता रहा हूँ जब वे कलकत्ते में थे। दिल्ली आ जाने के बाद भी जब मन्नूजी मिराण्डा हाउस में पढ़ाने लगीं और राजेन्द्र यादव ने दरियागंज में अक्षर प्रकाशन आरम्भ किया था, मैं शक्तिनगर के निवास पर जाता था और अक्षर प्रकाशन के दफ्तर (दरियागंज) भी। उन दिनों दोनों में दाम्पत्य की सहज आत्मीयता थी। राजेन्द्र यादव के उस साक्षात्कार ने उसमें दरार डाल दी, जो 'कथादेश' में प्रकाशित हुआ था। साक्षात्कारकर्त्ता ने दुष्टतापूर्वक कुछ ऐसे बेतुके और निरर्थक सवाल किये थे, जिनके उत्तर में यादवजी को संयम का परिचय देना था अथवा पति-पत्नी के सम्बन्धों की मर्यादा को समझते हुए उन बेहूदे सवालों से कतराकर चल देना था। लेकिन अपनी स्पष्टवादिता के अहंकारी आवेग में उन्होंने मन्नू जी और अपने सम्बन्धों को लेकर वह सब कह दिया जो अवांछित था। हिन्दी की साहित्यिक पत्रकारिता भी अब पीतपत्रकारिता की मिसाल बन गई है। दो सेलिब्रेटी पति-पत्नी को लड़ाकर उन्हें तमाशा बना देने में उसे ज्यादा मजा आता है। यही हाल साहित्य-विमर्श का है, वह गाली-गलौज के स्तर तक पहुँच गया है।

'कथादेश' वाले प्रकरण के कुछ दिनों बाद मैं दिल्ली गया था। अरावली गेस्ट हाउस (जे.एन.यू. कैम्पस स्थित) से यादव जी को फोन किया और कहा-"यह क्या कर दिया आपने? यह साक्षात्कार आप दोनों के रिश्तों को तोड़ने की साजिश थी, जिसमें आप अपनी कथित बहादुरी के जोश में फँस गये।" यादव जी ने टालने के उद्देश्य से 'इस प्रसंग को छोड़ो, कोई और बात करो' कहा। वह स्वयं व्यथित महसूस कर रहे थे कि गलती हो गई।

बहरहाल, मैं इतना जरूर कहना चाहता हूँ कि यह जीवन जितना सुन्दर और प्रीतिकर है, मानवीय सम्बन्धों की सहजता और पारस्परिक निष्ठा उसे और अधिक सुन्दर और प्रीतिकर बना देती है। किसी एक पक्ष की स्वार्थपरता या क्षुद्रता उसे छिन्न-भिन्न कर देती है। मुझे लगता है ज्यादातर दाम्पत्यों के प्रीतिकर और स्थायी होने में पतियों से अधिक पत्नियों की भूमिका होती है। मेरे जीवन में आए एक-दो विचलनों को झेलकर भी मुझसे प्राणपन से प्रेम करने वाली मनोरमा ही हैं जिन्होंने मुझे ही नहीं, मेरी सन्तानों को भी उस मुकाम तक पहुँचाया है, जहाँ उनका व्यक्तित्व और कृतित्व अक्सर हम दोनों को गौरवान्वित करता है।

घर और बाहर दोनों स्तरों पर मुझे जितने-जितने प्रकार की मुसीबतों का सामना करना पड़ा है, उसमें मेरी संगिनी रमा (मनोरमा) की सूझ-बूझ, दृढ़ता,

साहस, प्रेम और प्रेरणा से परिपूर्ण साथ न होता तो मैं कब का न टूटकर नष्ट हो गया होता। पारिवारिक स्तरों पर दोनों भाइयों और उनके आस-पास रहनेवाले उनके सलाहकारों की दुरभिसंधि से मैं जिन जानलेवा कठिनाइयों और परेशानियों से गुजरा और आज भी गुजर रहा हूँ, उसमें रमा ने कदम-कदम पर साथ न दिया होता तो आज मैं कहानी, उपन्यास, आलोचना और यह आत्मकथा लिखने के लिए जीवित न होता। जब मैं लंगट सिंह कॉलेज के हिन्दी विभाग में पढ़ाने के लिए उस महान संस्था के प्रवेश-द्वार से उसके परिसर में प्रवेश करता तो मैं हर दिन यह प्रार्थना करते हुए प्रवेश करता था कि हे ईश्वर! मैं पढ़ाकर सकुशल घर लौट जाऊँ। हिन्दी विभाग के डॉ. शकुनि सिंह और उनके गुण्डे छात्रों के द्वारा मैं रात-दिन अपमानित और प्रताड़ित होता रहता था। उन छात्रों में से कोई न कोई मुझे गाली दिये बिना नहीं रहता था। जिस दिन मैं कॉलेज से बहुत अधिक उदास लौटता, रमा समझ जाती थीं कि जरूर उन्हें अपमानित, प्रताड़ित किया गया है। रमा के पूछने पर भी मैं उस दिन की घटना नहीं बतलाता तो वह मुझे अपनी जान की कसम देकर सब कुछ बताने के लिए विवश कर देती थीं। जब मैं अपने अपमान और प्रताड़ना की दारुण कथा बतलाते हुए रो पड़ता तो वह मेरे आँसू पोंछते हुए कहती थीं, "वे इसलिए आपको अपमानित-प्रताड़ित करते हैं कि वे आपकी प्रतिभा से, आपकी प्रतिष्ठा से जलते हैं। वे दुष्ट चाहते हैं कि आप भी लिखना-पढ़ना और सामाजिक कार्य छोड़कर पैसों के पीछे पागल हो उनकी जमात में शामिल हो जाएँ। इसलिए उनकी गालियों और उनके धक्के-मुक्के खाकर भी अपने रास्ते से विचलित नहीं होना है। इस तरह आपके विचलित होने से तो उन कमीनों की ही साजिश सफल हो जायेगी।" रमा के ये शब्द मेरे मन को ढहने से बचा ले जाते थे और मैं समरभूमि में अपने विचार और संवेदना की ढाल के साथ कलम लेकर फिर से सन्नद्ध हो उठता था।

यह मैं पहले ही लिख चुका हूँ कि किस कठोरता और षड्यंत्र के अन्तर्गत युगल भैया के द्वारा मैं, माँ, पत्नी और छोटी मेधा के साथ प्रताड़ित करके टेक्निकल चौक के पैतृक मकान से निकाल दिया गया और मैं अपने ननिहाल में रहने चला गया। वहाँ रमा ने जिस प्रकार मेरे संघर्ष के उन काले दिनों में मेरा साथ दिया, उसे याद करके आज भी रोने को जी चाहता है। कहने को वहाँ मेरा ममेरा भाई भी था और आज भी है लेकिन वह तब भी मेरा दुश्मन था और आज भी दुश्मन है क्योंकि वह भी धन-पशुओं की मण्डली का ही एक सदस्य है। गाँव में स्वजातीय (यादव) लोगों के द्वारा मुझे तंग-तबाह करने के पीछे उसी का हाथ है ताकि मैं अपनी पैतृक भूमि उसके हाथों बेचकर गाँव छोड़कर चला जाऊँ और वह एकछत्र राज करे। जाहिर है कि बुराई और

अच्छाई को जाति और सम्प्रदाय के दृष्टि से देखना सर्वथा गलत है। वह मुझसे 2 साल छोटा है। मेरी स्मृति में वे दिन भी हैं जब हम दोनों बारह-तेरह साल के रहे होंगे। जब वह नयाटोला में अपने फूफा (मेरे पिता स्व. रामचन्द्र राय) अर्थात् हमारे यहाँ आता तो हम दोनों साथ-साथ रहते और खाते-खेलते थे। जब एक-दो दिनों के बाद वह दादर चला जाता था तो मैं उदास हो जाता था। इतना प्रेम करता था मैं। लेकिन वह भाई मेरे मझले भैया गौरीशंकर जी की सहायता लेकर बढ़ा तो उन्हीं की माँ के नाम से खरीदी गई जमीन उनके मरते ही उनके बड़े बेटे को झाँसे में रखकर लिखवा ली। अब ऐसे लोगों के बीच भी मैं साहित्य-सृजन के साथ सामाजिक कार्यकर्त्ता के रूप में निरन्तर सक्रिय हूँ तो इसकी प्रेरणा और शक्ति मेरी माँ, संगिनी रमा और मेरे बच्चे और देश-भर में फैले मेरे स्नेही मित्र हैं, जो मेरी कमियों के बावजूद मुझे हृदय से प्यार करते हैं।

मैं जीवन की इस सांध्य-बेला में जिस बात से अत्यन्त व्यथित और विचलित होता हूँ, वह पढ़े-लिखे लोगों की संवेदनहीनता है। घर-बाहर सर्वत्र मुझे ऐसे ही लोगों से जूझना पड़ा है, जो समाज के सुपठित बुद्धिजीवी और उच्च पदासीन लोग रहे हैं। यदि डिग्री पाना और उच्च पदों पर प्रतिष्ठित होना ही योग्यता अथवा प्रतिभा की कसौटी है तो देश को भौतिक विकास के साथ- साथ मानवीय विकास की दृष्टि से भी संसार में शीर्ष पर होना चाहिए था। देश के पूर्व प्रधानमंत्री डॉ. मनमोहन सिंह योग्यतम व्यक्ति थे लेकिन देश का क्या हुआ? विचार व्यक्तित्व का सृजन करता है। जिसे हम परिवार और समाज कहते हैं और आगे बढ़कर देश तक कहते हैं, उसकी आधार-शिला-मानवीय सम्बन्धों की सहज निर्मिति है जिसका आधार पारस्परिक समझ, प्रेम और सहिष्णुता के कोमल धागे होते हैं। गहरी वेदना के साथ कह रहा हूँ कि चार दशक पहले हम इतने क्रूर, धन-पशु और स्त्री-लोलुप नहीं थे। धन-लोलुपता ने एक ओर जीवन के आधारभूत समस्त मान-मूल्यों को पूरी तरह मटियामेट कर दिया है तो देह की पाशविक हवस ने मानवीय सम्बन्धों की आधारशिला-पिता-पुत्री एवं भाई-बहन के स्नेहमय पवित्र रिश्तों को भी तार-तार कर दिया है। उदारीकरण की अंधी दौड़ में हम कितने अनुदार हो गये हैं कि समूचे देश को एक वीभत्स समाज में बदल दिया है। हम कारपोरेट घरानों की आकाशी समृद्धि के बीच इतने दरिद्र और उन्मादी होते चले गये हैं कि अब हमारे मुखौटे भी हमारी वास्तविकता नहीं छिपा पाते, उसके नीचे हमारा कोई मानवीय चेहरा ही नहीं है कि किसी भी कोण से हम स्वयं पर मनुष्य के रूप में गर्व कर सकें। एक ओर हिन्दू सम्प्रदायवादी ताकतें सिर उठा रही हैं तो दूसरी ओर पूँजीवाद से शक्ति प्राप्त कर नव

जातिवादी सामन्तवाद हाशिये पर पड़े लोगों का शोषण-दमन कर रहा है। इतिहास गवाह है कि मनुष्यता के पथ की सबसे बड़ी बाधा सम्प्रदायवाद और जातिवाद रहा है। विज्ञान की अनेक ज्ञानधाराओं में हमने अभूतपूर्व अनेक आविष्कार किये हैं और विकास की नई मंजिलें भी तय की हैं। हम परमाणु-शक्ति सम्पन्न देश तो पहले ही बन गये थे लेकिन मानवीय विकास की दृष्टि से हम कहाँ खड़े हैं?

जिस गुजरात के विकास को उदाहरणीय और सम्पूर्ण देश तो क्या विश्व के लिए भी अनुकरणीय बतलाकर कारपोरेटी मीडिया जोर-शोर से प्रचारित कर रहा था, उसके विकास की अन्तर्कथा कितनी घिनौनी और राष्ट्र-विरोधी ही नहीं, मनुष्य-विरोधी भी है, यह किसी भी सजग एवं प्रबुद्ध नागरिक से छिपा नहीं है। कोई भी सभ्य और सुसंस्कृत समाज हजारों निर्दोषों की हत्या करानेवाले किसी के विकास के दावे को, भले ही वह तात्कालिक रूप से हमें कितना भी चमत्कृत करता हो, विवेकशील व्यक्ति स्वीकार नहीं कर सकता। समाज का एकांगी भौतिक विकास बहुलतावादी देश में व्यापक, समावेशी और मानवीय हुए बिना सच्चे सामाजिक न्याय पर आधारित परिवर्तन का वाहक नहीं हो सकता। जिस दिन 2013 में गुजरात महाराष्ट्र के साथ अपना स्थापना दिवस मना रहा था, उसी दिन एक चैनल के माध्यम से दहला देने वाला यह सच सामने आया कि विकास के दावों के बीच गुजरात और महाराष्ट्र के हजारों गाँवों-कस्बों में लाखों लोग एक-एक बूँद पानी के लिए तड़प-तरस रहे हैं। हालत इससे और भयानक क्या हो सकती है कि लोग पाखाने के पानी से खाना बनाने और उसे ही पीने के लिए विवश हो रहे हैं। गुजरात की सरकार सांस्कृतिक राष्ट्रवाद और राष्ट्रभक्ति का ढिंढोरा पीटते हुए नहीं थक रही थी लेकिन उसे देश को इस प्रश्न का उत्तर देना ही होगा। यह कैसी राष्ट्रभक्ति है कि जिस जमीन की कीमत प्रति स्क्वयार मीटर डेड़ हजार रुपये है, उसे उस सरकार ने एक रुपया से लेकर बत्तीस रुपये की दर से कारपोरेट घरानों के हाथों बेच दिया है? इसे ही 'मुफ्तेमाल दिलेबेरहम' कहा जाता है। विस्तृत विवरण के लिए 4 मई से 17 मई, 2013 के 'फ्रौन्ट लाइन (Front line) में प्रकाशित लेख 'द ग्रेट लैण्ड ग्रैब' देखा जा सकता है। गुजरात में कट्टरता और भेद-भाव सारी सीमाओं का अतिक्रमण कर चुका है। 2002 के दंगा और उसके बाद के 'फेंक इन्काउन्टर' की घटनाएँ ही नहीं, दंगों के बाद अल्पसंख्यकों और दलितों की उपेक्षा और उनके साथ पशुतापूर्ण व्यवहार कथित रूप से चमकते गुजरात की सारी पोल खोल देता है। ना-नू करने के बावजूद प्रधानमंत्री बनने का सपना सँजोने वाले नीतीश के कथित (मीडिया प्रायोजित) सुशासन में भी माफिया-गिरोहों का साम्राज्य सभी क्षेत्रों में स्थापित है। भला हो कि

गठबंधन टूट गया और रामनामी चादर के नीचे घी पीने वाले (जनता की गाढ़ी कमाई) भाजपाई मंत्रियों से जनता को छुटकारा मिला लेकिन ऐसा बिलकुल भी नहीं है कि राजद और जद-यू के मंत्री दूध के धुले हैं। शिक्षा-माफिया, स्वास्थ्य-माफिया, शराब माफिया, परिवहन-माफिया, पुलिस-माफिया-सबने मिलकर बिहार की जनता को उसी तरह तबाह-बर्बाद किया है, जिस तरह गुजरात में माफिया-गिरोहों ने जनता का जीवन नारकीय बना रखा है।

जब मैंने 2005 की 28 फरवरी को बी. आर. ए. बिहार विश्वविद्यालय, मुजफ्फरपुर के स्नातकोत्तर हिन्दी विभाग के प्रोफेसर एवं अध्यक्ष तथा हिन्दी पत्रकारिता एवं जन-संचार के निदेशक-पद से अवकाश ग्रहण किया तो मुक्ति की लम्बी साँस ली। सोचा, अब जीविका के लिए चलने वाली संघर्ष-कथा खत्म हुई और जीवन को स्वतंत्रता और सृजनात्मकता के साथ जीने के लिए मुक्त आकाश मिलेगा। नयाटोला के चौधराइन मंदिर गली में स्थित जिस 'हरीतिमा' परिसर को नाम के अनुरूप मेरी पत्नी रमा और प्रकृति की अनन्य उपासिका-पुत्री शेफाली और सबने विविध प्रकार के नयनाभिराम फूलों-पौधों से आत्मा का रस देकर सजा-सँवार रखा है, उसे देखकर नामवर सिंह कवि केदारनाथ सिंह, गंगा प्रसाद विमल, रामकुमार कृषक जैसे बाहर से आनेवाले व्यक्तित्व तो मुग्ध होते रहे हैं तो सुप्रसिद्ध समाजवादी चिन्तक-लेखक सच्चिदानन्द सिन्हा, भारत जन आन्दोलन के प्रवर्तक और आदिवासियों की मुक्ति के लिए निरन्तर संघर्षरत योद्धा तथा विचारक स्वर्गीय डॉ. ब्रह्मदेव शर्मा एवं समाजवादी चिन्तक अमरनाथ भाई ने 'हरीतिमा' के नैसर्गिक परिवेश में आत्मीयता का अनुभव किया है। लेकिन 'हरीतिमा' तक आनेवाली छोटी-सी गली इतनी गन्दी, ऊबड़-खाबड़ और बदबू भरी है कि 'हरीतिमा' में बाहर से आनेवाले लोग सहसा कहे बिना नहीं रहते-''कितनी गन्दी है गली? कैसे रहते हैं लोग?'' लेकिन वहीं 'हरीतिमा' में प्रवेश करते ही वे अभिभूत हो उठते हैं। इन दिनों गली पाक्की हो गई है। लेकिन गली के लोगों का व्यवहार आज भी मेरे ही प्रति नहीं, मेरी पत्नी और बच्चों के प्रति भी दुश्मन-सरीखा है। इसलिए अपनी ननिहाल-माँ की जन्मभूमि दादर कोल्हुआ गाँव मुझे, पत्नी और बच्चों को भी अपनी ओर बरबस खींचने लगा। टेक्निकल चौक के मकान से बड़े भाई के द्वारा निष्कासित किये जाने के बाद दादर-कोल्हुआ में कई वर्षों तक खेती कराने, कॉलेज आने-जाने और वहाँ के 'कुटिल-कामियों' से जूझने के दौरान मैंने कई ऐसी यथार्थवादी कहानियाँ लिखी थीं, जिनमें 'मैं अभी जिन्दा हूँ', 'पहला कुर्त्ता', 'तीर्थ यात्रा', 'कायदा', 'नंगे धड़ पर' और 'मतदाता' आदि को कर्णसिंह चौहान, अरुण प्रकाश और कवि ज्ञानेन्द्रपति ने पसन्द किया। इसलिए उस गाँव के प्रति मेरा लगाव मातृभूमि (माँ चम्पादेवी का जन्म स्थान)

होने के कारण तो था ही, मैं गाँव के यथार्थ को बिलकुल करीब से, उसका होकर जीने के अनुभव से भी गहरे स्तर पर जुड़ा हुआ था।

प्रसंगात् यह उल्लेख आवश्यक है कि मैं जब विश्वविद्यालय के कथित प्रोफेसरों, अध्यक्षों और अधिकारियों के संगठित प्रयास से 2002 में विश्वविद्यालय के स्नातकोत्तर हिन्दी विभागाध्यक्ष के पद पर जाने से रोक दिया गया तो अन्ततः एक शिक्षाविद् और सिद्धान्त-प्रिय कुलपति ने मुझे पाँच महीने तेरह दिनों के लिए विधिसम्मत ढंग से किसी तरह विश्वविद्यालय का हिन्दी विभागाध्यक्ष बना दिया। मैंने विभाग में व्याप्त अकर्मण्यता, अस्त-व्यस्तता और कक्षा में विषय की जगह गीत-गजल सुनाने के स्थान पर अकादमिक वातावरण को बेहतर बनाने के लिए कमर कसी तो मेरे ज्यादातर शिष्य रह चुके शिक्षक साजिश, गुण्डागर्दी और उपद्रव कराने पर उतर आए। लेकिन मैंने घुटने नहीं टेके। मैंने विभाग में एकेडेमी स्टाफ और कबीर विषय पर 23 दिनों की राष्ट्रीय पुनश्चर्या का आयोजन किया, जिसमें डॉ. कमला प्रसाद, डॉ. चौथीराम यादव और डॉ. गंगा प्रसाद विमल जैसे आलोचक और विद्वान ने भाग लिया था। सर्वोपरि डॉ. नामवर सिंह ने कबीर पर दो दिन व्याख्यान दिए और मेरी प्रेरणा से और जन-सहयोग के बल पर विभाग-परिसर में स्थापित कबीर की प्रतिमा का अनावरण करने के बाद नामवर जी ने कहा था-"भारत के किसी विश्वविद्यालय में अभी तक कबीर की प्रतिमा नहीं लगी है। इसके लिए ये बधाई के पात्र हैं।" इन्हीं कारणों से जले-भुने विभागीय अध्यापकों में से उन दो कुचर्चित अध्यापक अवकाशोपरान्त अप्रत्यक्ष रूप से धमकियाँ दिलवाने लगे। इसे अतीत को देखते हुए मैंने राष्ट्रपति महोदय से सुरक्षा की याचना की। राष्ट्रपति भवन से बिहार सरकार के मुख्यसचिव को पत्र गया कि डॉ. नन्दन की सुरक्षा के सम्बन्ध में सम्यक कार्रवाई करें। विश्वविद्यालय में मुख्यसचिव के द्वारा भेजी गई चिट्ठी गायब कर दी गई। इधर मैं 2006 में अपनी द्वितीय पुत्री स्निग्धा के विवाह की तैयारियों में व्यस्त हो गया। घर की गली से कई बार निकला करता हूँ। मैं कार्यवश 23-05-2006 को ग्यारह बजकर दस मिनट पर पीपल वाले ब्रह्मस्थान (अब महावीर स्थान) जा रहा था कि BT0S(P) 5009 नम्बर की गाड़ी ने बायीं ओर से आकर मेरे शरीर के दाहिने में मुझे जोरदार ठोकर मारी। मैं गिर गया। किसी तरह उठकर गाड़ी रोककर गाड़ी का नम्बर नोट किया और थाने में प्राथमिकी दर्ज (Registered KMP, P.S Case No. 77/06 dt. 23.05.06 W/S, 279, 337, 59.U.B. singh will investigate the case) करा दी। बाद में पता चला कि वह गाड़ी उसी बेतिया की है जहाँ के दोनों अध्यापक हैं। जाँच-कर्त्ता को बाद में मोटी रकम दे दी गई और उसने मुकदमा समाप्त कर दिया। कहना न होगा कि मुझे मारने की

कोशिश करने वाले इन्हीं अध्यापकों ने विश्वविद्यालय में पद पाकर शैक्षणिक वातावरण को तहस-नहस कर दिया। मुख्यमंत्री से लेकर कुलाधिपति किसी ने भी कभी अकादमिक अराजकता से विश्वविद्यालयों को उबारने का कभी कोई प्रयास नहीं किया।

यही कारण है कि जब मैं अवकाश प्राप्त करने के बाद दादर-कोल्हुआ की पैतृक भूमि पर बाबूजी द्वारा बनाये गये उस छोटे से (एक कमरा और बरामदेवाला) मकान में आने-जाने की कल्पना करने लगा तो सपने में भी यह न सोचा था कि 1970-1980 वाला गाँव शहर जैसा हो जायेगा और जिन्दगी पहले से बहुत अधिक कठिन तो हो ही जायेगी और गाँव में भी मध्यवर्ग के लोगों जैसी सुख-सुविधा की लालसा इस तरह घर कर जायेगी कि वे लोग भी टुच्चे और दलाल हो जाएँगे।

नीतीश के सुशासन में इतने बड़े पैमाने पर भूमि-माफियाओं और दलालों का संजाल फैला कि नागरिकों के अपनी सम्पत्ति बचाने के लोकतांत्रिक और संवैधानिक अधिकार भी भीषण खतरे में पड़ गये। मेरे मझले भैया गौरीशंकर जी ने हमलोगों की मदद से श्रीकृष्ण मेडिकल कॉलेज के उत्तर-पूर्व में सड़क के किनारे भीखनपुर कोठी के पास ढाई-सौ रुपये प्रति कट्‌ठे की दर से 1976-78 के आस-पास माँ के नाम से और कई दूसरे नामों से लगभग बीस एकड़ जमीन खरीदी थी। राजग की सुशासनी सरकार के आते ही विधायकों, पार्षदों, पूर्व विधायकों और दबंगों ने सरकार एवं प्रशासन से संरक्षण पाकर खाली जमीनों को खरीदने-बेचने और उस पर बड़े मॉल और अपार्टमेन्ट बनाने का काला धंधा शुरू कर दिया। भीखनपुर के उस बड़े कीमती भू-खण्ड पर मुजफ्फरपुर के पूर्व विधायक के भाई एवं अन्य दलालों की नजर पड़ गई और मेरे भतीजों ने (स्व. गौरीशंकर राय के पुत्रों) बेचना शुरू कर दिया। कई दलाल मेरे पास भी ब्रीफकेश में नोटों की गड्डियाँ लेकर आए कि आपकी माँ के नाम से इतने एकड़ जमीन है, आप अपने हिस्से की जमीन का रुपया लेकर पावर ऑफ एटार्नी हमारे नाम से लिख दीजिए। हमलोगों ने अर्थात् मैं, पत्नी और बच्चों ने उनसे विनम्रतापूर्वक कह दिया-"यह जमीन जरूर माँ के नाम (चम्पा देवी) से खरीदी गई है लेकिन इसमें पैसा मेरे भाई इंजीनियर साहब (स्व. गौरीशंकर राय, लोक निर्माण विभाग, बिहार) का लगा है, इसलिए इन भूखण्डों की बिक्री में हम किसी भी रूप में शामिल नहीं होंगे।" उनके बार-बार जिद करने पर मुझे कठोर शब्दों का भी प्रयोग करना पड़ा। लोगों के अनुसार कई करोड़ों के इस 'डील' में मेरे बड़े भैया के एक पुत्र ने बड़ी कमाई की। आज वह भी जमीन की दलाली के धंधे में है और बाजाप्ता बड़े भैया के नाम से कम्पनी खोल रखी है। वह भी वही कर रहा है जो दूसरे लोग कर

रहे हैं। भीखनपुर की जमीन बिकने से करोड़ों रुपये आने का कुफल या सुफल हुआ कि मझले भैया के पुत्र अपने पिताजी द्वारा अर्जित बची-खुची सारी जमीन बेचने में लग गये, जिसमें बड़े भैया का पुत्र पहले से ही सहयोग कर रहा था। जब कोल्हुआ-दादर के पैतृक भूमि के बिकने की बात आई और दलाल पटना पहुँचने लगे तो मैं, मनोरमा और शेफाली पटना मझले भैया के घर गये। हमलोगों ने भाभी से हाथ जोड़कर प्रार्थना की कि कम से कम पैतृक भूमि तो न बेचें! लेकिन भाभी ने यह कहकर अपनी असमर्थता प्रकट की कि ये लोग (बेटे) मेरी बात नहीं मानते। अन्ततः वही हुआ, जो होना था। धन-पशु दलालों के हाथों जमीन बिक गई। हमारे भतीजे को तीन-साढ़े तीन लाख रुपये प्रति कट्ठे की दर से मिले और दलालों ने दस से पन्द्रह लाख रुपये प्रति कट्ठे की दर से जमीन बेचकर अकूत कमाई की। इन लोलुप दलालों की गिद्ध दृष्टि मझले भैया के भूखण्ड से सटे मेरे भूखण्ड पर भी पड़ गई। मैंने गाँव के जिस गरीब को सात क्विंटल अनाज के मनखप पर खेती करने को भूखण्ड दे रखा था, वह उससे अच्छी-खासी गेहूँ और धान की फसल उपजाकर खुशहाल रहने लगा था। दस वर्षों में उसकी स्थिति काफी सुधरी। गाँव में दलाली की हवा चली तो वह भी दलाली पर उतर गया। वह अब दलालों को मेरे भूखण्ड के लिए बुलाने लगा। यह मुझे दो घटनाओं से मालूम हुआ। दो-तीन व्यक्ति आए और उन्होंने प्रस्ताव रखा कि मैं उन्हें अपना भूखण्ड दे दूँ, वह पूरी तैयारी करके आए थे। मैंने आश्चर्य प्रकट करते हुए कहा-"पूरा गाँव क्या मुजफ्फरपुर जानता है। मैं किसी भी कीमत पर पैतृक भूमि नहीं बेचूँगा। आप आए कैसे?" तब उन्होंने जो बतलाया, उसे सुनकर मैं और मेरा परिवार सन्न रह गया। उनके अनुसार मेरी खेती में बँटाई करने वाले उसी शातिर ग्रामीण ने उन लोगों से कहा था-"आप कागज तैयार करवाइए, मैं जैसे चाहूँगा, उनसे (मेरे बारे में) काम करा लूँगा।" दूसरी घटना यह हुई कि जिन लोगों ने मझले भैया के भूखण्ड का सौदा किया था, उनमें से एक दलाल को लेकर बँटाई खेती करनेवाले ने पूरे दिन मेरे भूखण्ड की नापी करवायी। दूसरे दिन उसी ने फोन पर कहा कि एक दलाल जमीन नाप रहा है। मैंने उससे कहा कि दलाल को मोबाइल दो। मैंने दलाल को डाँट पिलायी-अभी डी. आई. जी. को लिखता हूँ। जमीन मेरी है और तुम चले आये नापी करने? सारी दलाली निकाल दूँगा। खैर, उसके बाद मामला शान्त हो गया। और तो और एक माफिया और पूर्व विधायक का एक नजदीकी व्यक्ति, जो थोड़ा-बहुत वेद-शास्त्र जानता था, वह मिलने पर अक्सर कहता था-"फलाने प्रोफेसर को आपने जमीन लिख दी।" सुनते-सुनते आजिज आकर एक दिन मैंने अपनी सरलता को ताख पर रखकर उसे डाँट दिया-"यह रोज-रोज फालतू बातों से मेरा दिमाग क्यों खराब करते

हैं। जमीन मेरी है, उसे बेचूँ या रखूँ, इससे आपको क्या मतलब है। आइन्दे फिर कभी मत बात करना।'' तब से वह अब कभी नहीं मिलता।

आखिरकार हमने–मैं, मनोरमा और बच्चों ने सोच–विचारकर निर्णय लिया कि मझले भैया के दलालों के हाथों बेचे गये भूमि खण्ड से सटे हुए अपने हिस्से की जमीन को चारों तरफ से दस–दस फीट पर पीलर देकर उसमें लोहे के एंगल डालकर काँटेदार तारों से घेर दिया जाय ताकि रात–दिन भूमि–माफिया और दलालों के द्वारा पैदा किये जा रहे तनावों और चिन्ताओं से मुक्ति मिल जाय। अभी दो–दो बेटियों की शादी भी बाकी है। बीस–पच्चीस लाख रुपये तो हैं नहीं कि उन्हें सीमेन्ट–ईंट की दीवारों से घेरकर सुरक्षित कर सकूँ। इसलिए जो भी थोड़े–बहुत रुपये थे, डॉ. राम ललित सिंह के साले, जो इस तरह के काम कराते थे, उन्हीं को यह काम सौंप दिया। लेकिन वह भी ऐसे घाघ और पतित निकले कि उन्होंने बालू–सीमेंट गिट्टी–छड़ गिरवा देने के बावजूद एक मिस्त्री और दो–तीन मजदूरों से ही काम शुरू करवाया। काम की रफ्तार भी धीमी थी। मेरे बड़े भाई युगल जी ने दो एकड़ वाले उस मेरे भूखण्ड की ग्यारह कट्ठे से अधिक जमीन पर कब्जा कर रखा था, जिसमें चार–पाँच लीची के वृक्ष भी थे। मेरी पूज्या भाभी नापी कराकर मेरा हिस्सा निकालकर देने को तैयार नहीं थीं। लेकिन बेटे मुन्ना की पहल पर दो अमीनों के द्वारा कई बार की पैमाइशों के बाद किसी तरह राजी होती हुई सी लगीं। जब सारे गाँव और भूमि–दलालों को यह मालूम हो गया कि प्रोफेसर नन्दन किसी कीमत पर जमीन नहीं बेचेंगे तो मेरे ममेरे भाई के इशारे पर मेरी भूमि पर मनखप पर खेती करनेवाले उसी शातिर ग्रामीण ने निकट के लोगों से मिलकर रातोंरात लोहे के बीस–पच्चीस नौ फीट ऊँचे एंगल्स को, जो उसी रात पीलर में ढाले गये थे, चुरा लिया। मैंने एफ.आई.आर. किया। मैं जवाहरलाल नेहरू विश्वविद्यालय से पढ़कर आए डी.एस.पी. से स्वयं भी मिला। उसने थाने को कार्रवाई के लिए लिखा था। थाने से कोई जमादार दो सिपाहियों के साथ ममेरे भाई के घर पर बैठा था। मैं मोटरसाइकिल से उपेन्द्र कौशिक जी के साथ पहुँचा तो जमादार ने खेत में घूम–घूमकर उखाड़ कर ले गये एंगल्स वाले स्थल की जाँच की और वह मेरी खेती करने वाले उस कमीने के घर भी गया। जब जमादार गवाह के रूप में बैद्यनाथ राय का नाम लिखने लगा तो वह साफ मुकर गया। जमादार ने घर पर उसके न मिलने पर उसे थाने पर बुलवाया। जमादार ने मुझे विश्वास दिलाया कि आपका सामान मिल जायेगा और अपराधी को तो अन्दर करेंगे ही। लेकिन कथित सुशासन में माफिया–पुलिस की मिली–भगत का अंजाम हुआ कि मेरी परेशानियाँ खत्म होने के बजाय बढ़ती ही चली गईं। किसी को न कोई सजा हुई न मेरा कोई एक भी एंगल मिला। कुल मिलाकर अस्सी–नब्बे

हजार का नुकसान हुआ और महीने भर की भाग-दौड़, तनाव और परेशानी से लगातार समूचे परिवार को गुजरना पड़ा। जिसने काम कराने का ठीका लिया था, वह भी कई हजार रुपये लेकर चम्पत हो गया। इन विषम परिस्थितियों में न तो मुझे ही रात में ठीक से नींद आती थी न ही मनोरमा और शेफाली को। रात-दिन यही सोचने-विचारने में हमारी शक्ति और समय खर्च होते थे कि कैसे इन दरिन्दों से अपनी पैतृक भूमि की रक्षा करें। यह स्मरण दिलाना बड़बोलापन नहीं होगा कि जिन दिनों मैं इसी दादर-कोल्हुआ से साइकिल चढ़कर लंगट सिंह कॉलेज में पढ़ाने जाया करता था, उन दिनों सौ स्लेट और ब्लैक बोर्ड के सहारे लालटेन की रोशनी में इन्हीं ग्रामीणों को निःशुल्क पढ़ाया करता था। रात-बिरात कोई बीमार पड़ता था, मेरे घर से पेटेंट दवाएँ मुफ्त में दी जाती थीं। उस गाँव में मोहम्मद अब्दुस सत्तार और सत्यनारायण ठाकुर के अलावा मेरा कोई हितैषी नहीं रहा। मैंने और परिवार ने तो वहाँ के ऐसे लोगों की भी मदद की थी जो मेरे विरोधी थे। भोनूराय, जो रिश्ते में मेरे मामा लगते थे, उन्होंने मझले भैया के उकसाने पर मुझे और मेरी पत्नी को लाठी लेकर मारने के लिए दौड़े तो उस समय अब्दुस सत्तार (मौसा) ने ही हमें बचाया था। वही भोनूराय बीमार होकर बिस्तर पर गिरे तो मैं उन्हें देखने गया था। यथासम्भव आर्थिक मदद भी की थी। आज उन्हीं के लड़के हमारी परेशानी बढ़ाने में आगे रहे। ममेरे भाई और उसके बेटों का प्रसंग तो और भी अधिक दुखदायी है।

उस समय मुजफ्फरपुर की जिलाधिकारी राजबाला वर्मा थीं, जो वंचित-वर्ग विशेषकर स्त्री-जाति और निर्धन मुस्लिम समुदाय के विकास के प्रति प्रतिबद्ध थीं। वह प्रशासन के स्तर पर गरीबों के प्रति किसी प्रकार की उपेक्षा और अनदेखी होने पर अपने मातहतों को आड़े हाथों लेती थीं। इसलिए सवर्ण समाज उनके बारे में अनर्गल बातें किया करता था, जो आमतौर पर इस वर्ग का स्वभाव बनता जा रहा है। पढ़ा-लिखा समाज गतानुगतिकता के विरोध में चलने वाले हर किसी के प्रति प्रतिकूल बातें कहने का आदी है, वह भी खासकर दलित और स्त्री के बारे में। राजबाला जी ने आते-आते वेश्याओं में शिक्षा और नव चेतना का विकास करने के लिए अभियान चलाया तो जेल में सजा भोग रहे उन युवकों और प्रौढ़ों के लिए एक समिति बनायी, जिनमें संगीतकार, कवि-साहित्यकार एवं चित्रकार थे, जो उन्हें उनकी अभिरुचि और प्रतिभा के अनुसार सप्ताह में एक बार प्रशिक्षण देते थे ताकि उनमें कलात्मक प्रवृत्तियों का विकास हो। ये वे सजायाफ्ता लोग थे, जिनसे क्षण विशेष में अनजाने ही अपराध हो गया था, वे पेशेवर अपराधी नहीं थे। इन बन्दियों में शिक्षक, विद्यार्थी और दूसरे पेशे के पढ़े-लिखे लोग हुआ करते थे। मैं राजबाला

वर्मा जी की अध्यक्षता में उस समिति के सदस्यों के साथ कवि-गायक-चित्रकार बन्दियों की कलात्मक प्रस्तुतियों पर विमर्श कर रहा था कि मेरे घर से रमा का फोन आया कि आपके ममेरे भाई और उनके बच्चों ने भयंकर मार-पीट की है, जिससे उनके सभी बच्चों समेत और कई लोगों को जेल भेजा जा रहा है। ममेरे भाई की कनिया (मेरी पत्नी उन्हें आज भी प्रेमवश 'कनिया' ही कहती हैं) का रो-रोकर बुरा हाल है। आप वहाँ हैं तो जेल में उन लोगों की अच्छी व्यवस्था करा देंगे। समिति की सभा समाप्त हो गई तो राजबाला जी ने मुझ से साथ चलने के लिए कहा तो मैंने कहा कि मुझे इन लोगों से (प्रख्यात सितार वादक और संगीतकार अब स्व. रवीन्द्र किंजल्क और प्रसिद्ध कथाकार एवं चित्रकार चन्द्रमोहन प्रधान-समिति के सदस्य) से कुछ बातें करनी हैं। दरअसल मैं अपने ममेरे भाई और उनके बच्चों सहित जेल आ रहे ग्रामीण लोगों की जेल में विशेष सुविधा-व्यवस्था कराने के लिए ही ठहर गया था। जेलर भी मेरा बहुत अधिक सम्मान करते थे। जब ममेरा भाई और उनके बच्चे पुलिस जीप से जेल के गेट पर उतरे तो मैंने ममेरे भाई से जेलर साहब से परिचय कराया और मैं यह झूठ बोला-"ये लोग फँसा दिये गये हैं।" खैर, उन लोगों को जाड़े में भी घर जैसा आराम और सुविधाएँ मिलीं। लेकिन दूसरों को लूट-खसोटकर धन अर्जित करने वाले ऐसे लोगों की आँखों में मुरौव्वत होती ही नहीं, वे सिक्कों का संचय करते-करते सिक्कों की तरह ठस कठोर या नोटों की तरह बेरस हो जाते हैं। मेरे ममेरे भाई के पतन की भी कोई सीमा नहीं है।

दादर-कोल्हुआ में परिवार के साथ रहते हुए मैं जिन मुश्किलों के बीच साइकिल से कॉलेज आता-जाता था, उसका उल्लेख कर चुका हूँ। उस समय भी ममेरा भाई मेरे ही फोन से मझले भैया गौरीशंकर जी को मेरे खिलाफ कान भरा करता था। फोन आने पर मैं उसे रिसीवर देकर हट जाता था। मझले भैया इंजीनियर साहब ने उसे पाँच हजार रुपये दिए तो मैंने लक्ष्मी चौक पर होम्योपैथ के डाक्टर अख्तर साहब से कह-सुनकर पाँच हजार में उनकी राजदूत मोटर साइकिल दिलवा दी। कुछ दिनों बाद मझले भैया से उसने 18 हजार रुपये ट्रक खरीदने के लिये दिए और बाद में उसे बेचकर ट्रैक्टर टेलर लिया और उससे उसकी आमदनी बढ़ने लगी। इस बीच वह मझले भैया के यहाँ पटना आने-जाने लगा और उनसे रुपयों की मदद भी लेने लगा। उसके बाद तो उसने भस्मासुर की कथा ही सच कर दी। मझले भैया और उनके परिवार के सिर पर ही हाथ रख दिया।

इससे पहले भी ममेरे भाई का हमलोगों के प्रति शत्रुतापूर्ण व्यवहार कई अवसरों पर प्रकट हुआ था लेकिन हम अपने स्वभाव की सरलता के कारण हर बार उसके अपनापन के जाल में फँसते रहे हैं। निस्सन्देह दुष्टता सदैव सुन्दर

मुखौटा लिये चलती है। मझले भैया गौरीशंकर जी के थ्रोट कैंसर से पीड़ित होकर गुजरने के बाद यह तय हुआ कि मिल-बैठकर समझौता कर लें। पटना से भतीजा रामप्रवेश सिंह, मझले भैया के बड़े पुत्र संजय और भैया के साढ़ू ममेरे भाई के निवास पर आये तो ममेरे भाई ने उस बदनाम दारोगा को भी बुला लिया जो नौकरी करते हुए जमीन की दलाली करता था और वह मेरी पत्नी के द्वारा अपने नाम से ली गई जमीन को हड़पना चाहता था। मेरी तरफ से रामस्वार्थ राय और अधिवक्ता वीरेन्द्र प्रसाद यादव थे। मेरी समझ में नहीं आया कि उसने उस पतित दारोगा को क्यों बुला लिया था? मजे की बात यह हुई कि जिस रामस्वार्थ राय की मैंने कदम-कदम पर मदद की, वह भी मझले भैया के साढ़ू से परिचय होते ही उन्हीं की तरफ हो गये। पंचों ने कहा कि हमलोग मिलकर जो फैसला करते हैं, वह सबको मान्य होगा और स्टाम्प पेपर पर प्रोफेसर नन्दन और अन्य पक्ष उस पर दस्तखत कर देंगे। सभी पंच एक कमरे में गये, जिनमें लालगंज वाले भतीजे रामप्रवेश सिंह भी थे। दस मिनट बाद वे निकले और मेरे ममेरे भाई ने बाहर निकलते ही कहा–''भैया स्टाम्प पेपर पर दस्तखत कीजिए। हमलोगों ने फैसला कर दिया है।'' मुझे सन्देह हो गया। इतनी उतावली क्यों? मैंने कहा–''एक बार भाइयों की ईमानदारी पर भरोसा करके हस्ताक्षर (1978) किया सो उसका फल पूरा परिवार कई दशकों से भोग रहा है। क्या फैसला हुआ, यह जाने बगैर मैं दस्तखत कभी नहीं करूँगा।'' मैंने दस्तखत नहीं किये। दो दिन बाद पता चला कि सबने मझले भैया और बड़े भैया के पक्ष में ही फैसला किया था ताकि मैं और मेरा परिवार सड़क पर आ जाय। यह क्या विडम्बना है कि अधिकतर लोग गलत का ही साथ देने लगे हैं और अपेक्षया सही व्यक्ति अकेला और अलग-थलग पड़ जाने के लिए अभिशप्त हो गया है? इस घटना ने मुझे सपरिवार हिलाकर रख दिया और हमलोगों को इस आघात से उबरने में कई महीने लग गये।

मैंने 1996 में पैटीशन सूट (88/96) पूरी तरह विवश कर दिये जाने के बाद ही दायर किया था। मैंने दोनों भाइयों से बार-बार यह प्रार्थना की थी कि अब तो न्यायपूर्वक बँटवारा कर दें लेकिन दोनों भाइयों ने हिस्से से अधिक पाया था, इसलिए वे सदैव इनकार करते रहे। यही नहीं, उन दोनों की मृत्यु के बाद भी मैंने समझौते के लिए कई बार पहल की लेकिन सफल नहीं हो पाया क्योंकि दोनों भाइयों के परिवारों से ऐसे दुष्ट लोग जुड़े थे, जो तीनों परिवारों के बीच प्रेम और सद्भाव के घोर विरोधी ही नहीं थे वरन् उन्हें हमलोगों को लड़ाने में ही सुख मिलता रहा है।

मेरे जीवन का सबसे दारुण पक्ष यह है कि जिन मझले भैया श्री गौरीशंकर जी ने मुझे और मेरे परिवार को कभी भरपूर प्यार किया था, वही कैसे इस

हद तक मेरे विरुद्ध हुए कि मैं ही नहीं, मेरी पत्नी और बच्चे भी उनके सहज और स्वाभाविक स्नेह से सदैव के लिए वंचित हो गये? इतना भर ही होता तो गनीमत थी, उन्होंने हम सबको अपना शत्रु समझकर अमानवीय स्तर पर हमारे साथ व्यवहार किया और लगातार हमें तड़पाया और रुलाया। याद आता है। मझले भैया गौरीशंकर जी (लोक-निर्माण विभाग के इंजीनियर) के दबाव पर फैमिली अरेजमेंट डीड इस उद्देश्य से तैयार करवाया गया कि उन पर आय के स्रोत से अधिक आय पाने के आरोपों से उन्हें बचाया जाय और बाद में जरूरत पड़ने पर आपस में सही-सही बँटवारा हो जाये। माँ, बड़े भैया युगल जी एवं स्वयं पत्नी की अनिच्छा के बावजूद यह फर्जी फैमिली अरेजमेंट डीड मेरे ही प्रयत्न से तैयार किया गया क्योंकि जब भी मैं पटना जाता तो मँझले भैया गौरीशंकर जी मुझे डाँट लगाते और कहते-''आप लोग मुझे जेल भेजकर ही दम लेंगे।'' महीनों के प्रयत्न के बाद मैंने बड़े भैया को तैयार किया। माँ को भी समझाया कि यह कोई असली बँटवारा थोड़े ही हो रहा है। यह सिर्फ गौरी भैया को सरकारी जाँच-वाँच से बचाने के लिए कागजी बँटवारा हो रहा है। माँ भी अन्ततः तैयार हो गईं लेकिन उनके मन में अन्देशा अन्त तक बना रहा। मनोरमा भी मेरे दबाव पर तैयार तो हो गईं लेकिन वह भी अन्दर से दुखी थीं। इन लोगों को मझले भैया पर भरोसा नहीं था। जहाँ तक मेरी बात है, मैं तो राम का लक्ष्मण था। रजिस्ट्री ऑफिस में उस दिन माँ और मनोरमा दोनों रोने लगीं कि हमलोगों को ठगा तो नहीं जा रहा है। माँ ने रोते हुए कहा-''नन्दन छोटा बेटा है। कहीं आप लोग...।'' इस पर मझले भैया ने कहा-''हमलोग कोई दुश्मन हैं। उनके बड़े भाई हैं न। बड़ा भाई पिता के समान होता है।'' आखिरकार सरलमना माँ और मनोरमा ने भी दस्तखत कर दिये। मनोरमा से यह कहकर दस्तखत कराये गये थे कि वह गवाह हैं जबकि बाद में पता चला, उन्हें भी पार्टी बनाया गया था। उस फर्जी फैमिली अरेजमेंट डीड को हम एक तरह से भूल गये थे। लेकिन जब बेटी मेधा और सृजन को दिल्ली में पढ़ाने के क्रम में रुपयों की जरूरत पड़ी तो पत्नी के नाम से कोल्हुआ-दादर में बाँध के पश्चिम में खरीदी गई जमीन का एक हिस्सा बेचने के लिए मैंने पीलर दिलवाया तो इंजीनियर भैया गौरीशंकर जी ने आकर तुड़वा दिया और पूछने पर कहा कि आप फैमिली अरेजमेंट डीड पढ़िए, आपकी पत्नी ने मेरे नाम से लिख दिया है। यह सुनते ही मैं आकाश से जमीन पर आ गिरा। मैंने कहा-''यह कैसे हो सकता है?'' ''आप सबने दस्तखत किये हैं। आपको पता नहीं है?'' मैं लुटा-पिटा रजिस्ट्री ऑफिस गया और उसकी सर्टिफायड कॉपी निकाली। पढ़ा तो मालूम हुआ, उसमें मेरी पत्नी को भी शामिल किया गया था गोकि वह 'को-पासनर' नहीं हो सकती थीं। यहीं से अर्थात् 1990

से मझले भैया मेरा और मेरे परिवार के शत्रु बनते चले गये। वह मुजफ्फरपुर आते तो मेरे मुहल्ले के अधिकांश लोगों का एकसूत्री काम होता था कि वे मेरे खिलाफ भैया के कान भरें और उन्हें कनविन्स करें कि नन्दन उन्हें सरेआम गाली देता है और उन्हें बर्बाद करने पर तुला है। भैया तो कान के कच्चे पहले से थे ही उस पर उन पतितों के द्वारा मेरे खिलाफ कान भरते रहना, कहावत सच होती चली गई–एक तो करेला दूजे नीम चढ़ा। भैया ने मेरे ऊपर दर्जन से अधिक मुकदमे मुजफ्फरपुर–हाजीपुर–पटना में किये तो पत्नी पर चार मुकदमे और मेरे बेटे तक को भी मुकदमे में घसीट कर उसका कैरियर चौपट करना चाहा था जबकि वह दिल्ली में पढ़ता था। आज उनकी पत्नी और मेरी पूज्या भाभी यह कहती हैं–"वह मुजफ्फरपुर खेती–बाड़ी देखने की बात कहकर जाते थे, इसलिए हम लोगों को कोई जानकारी ही नहीं होती थी कि वहाँ वह क्या सब कर रहे हैं।" निस्सन्देह उनके इस कथन में सच्चाई होगी।

मुझे बड़े भैया युगल किशोर जी के शत्रुतापूर्ण व्यवहार की वेदना से कहीं अधिक गहरी मर्मान्तक वेदना है तो मझले भैया गौरीशंकर जी के उन कठोर, अमानवीय और सर्वथा स्तरहीन व्यवहारों से, क्योंकि बड़े भैया बहुत पढ़े-लिखे न थे गोकि उनकी समझ और कला--प्रेम किसी भी सुशिक्षित से कम न था लेकिन दुष्टों की संगति ने उन्हें अपनी सीमाओं का अतिक्रमण कर सतह से ऊपर उठने नहीं दिया। लेकिन मझले भैया प्रतिभासम्पन्न, एक संवेदनशील कवि और बिहार सरकार के चर्चित इंजीनियर थे, उनसे यह अपेक्षा तो की ही जा सकती थी कि वह अपने व्यवहार में कम से कम औसत मनुष्य के समान भी सुसंस्कृत और मानवीय हों। ऐसा भी नहीं था कि वह संवेदनशील और मानवीय न थे। भैया 1954 से 1960 के काल में 'खोज रहा मैं जीवन का पथ सघन अमा की रात में' और 'कलियों से क्या खेल रहे तुम अंगारों से खेल करो' जैसी कविताएँ लिखा करते थे। उन्हें सम्पूर्ण 'रामचरित मानस' कंठस्थ ही नहीं था, उन्होंने मुजफ्फरपुर से श्री सदानन्द शास्त्री के सम्पादन में छपनेवाली पत्रिका 'तिरहुत समाचार' में जन–जीवन में तुलसीदास का महत्त्व' शीर्षक लेख भी लिखा था। यह सच है कि 1956 में सारी रात नेपाली जी को सुनने के बाद ही मुझ पर कविता लिखने की धुन सवार हुई थी लेकिन मझले भैया के साहित्य–प्रेम का भी प्रभाव मुझ पर था।

मझले भैया गौरीशंकर जी मेरे और मेरे परिवार के प्रति आरम्भ में एक बड़े भाई के समान ही स्नेह और ममत्व से भरे हुए थे, यह मैं याद करता हूँ तो आज भी मन भर आता है। लेकिन तब उनके इर्द–गिर्द स्वार्थी और अवसरवादियों की जमात नहीं थी, जो अपने टुच्चे स्वार्थ के लिए मानवीय सम्बन्धों में दरार डालकर अपना उल्लू सीधा करने में ही विश्वास करते हैं।

पहली पुत्री मेधा के बाद 1973 में एक दूसरी बिटिया हुई, जो एकदम गोरी चिट्टी एवं बड़ी-बड़ी आँखों वाली परी समान सुन्दर थी। उसके कान भी बड़े-बड़े थे। उसे हम प्यार से प्रीतू कहकर पुकारने लगे थे। यह इतनी बड़ी खुशी थी कि उसके सामने उन दिनों की आर्थिक कठिनाई और दुख भी छोटे पड़ गये थे। कहने को मैं लंगट सिंह कॉलेज में लेक्चरर था लेकिन प्रत्येक माह समय पर वेतन न मिलने की वजह से भी स्वाभाविक रूप से कठिनाइयाँ बढ़ जाती थीं। ऐसे समय भी दूसरी पुत्री के आगमन ने पत्नी रमा और दादी (मेरी माँ) को तो अजहद खुशी हुई लेकिन पुरुष-मानसिकता वाले समाज में कइयों को दुष्ट खुशी भी हुई थी। पुत्र-पुत्री में कल्पना में भी भेद न करने वाले मेरे जैसे व्यक्ति के लिए यह मर्मान्तक समय होता था। मैं अभाव और कठिनाइयों के बीच उन दिनों दूसरे वैसे लोगों की तरह स्वयं को थोड़ा भी गिरा देता तो मेरे और पत्नी-बच्चों के लिए वे सारी आधुनिक सुख-सुविधाएँ आसानी से प्राप्त हो सकती थीं और मैं शोकाकुल कर देने वाली इस अन्तर्वेदना से बच सकता था-

धन्ये, मैं पिता निरर्थक था,
कुछ भी तेरे हित न कर सका।
जाना तो अर्थागमोपाय
पर रहा सदा संकुचित-काय
लखकर अनर्थ आर्थिक पथ पर
हारता रहा मैं स्वार्थ-समर।
शुचिते, पहनाकर चीनांशुक
रख सका न तुझे अतः दधिमुख

(सरोज स्मृति, निराला)

हमलोग उस नवागता बच्ची प्रीतू को जिस आत्मिकता के साथ प्यार-दुलार करते थे, उसके समुचित पालन-पोषण के लिए घर में साधन का अभाव था। फिर हिन्दी विभाग के सहयोगी मित्र, जिन्होंने, आधुनिक साहित्य से गहरे स्तर पर मेरे सरोकार और छात्रों में बढ़ती लोकप्रियता के कारण मुझे रात-दिन परेशान करने की कसम खा रखी थी, उनकी वजह से भी मैं परिवार और उसकी समस्या पर यथोचित समय नहीं दे पाता था। प्रीतू दो साल की हो गई थी। हमेशा तुरत-तुरत खिले फूल की तरह ताजा एवं प्रसन्न रहनेवाली प्रीतू एकदम से सुस्त एवं शिथिल पड़ने लगी तो हम दोनों उसे पारिवारिक डाक्टर मित्र डॉ. अंजनी कुमार अग्रवाल के पास ले गये। उन्होंने उसका एक्स-रे और अन्य जाँच करवायी और वह टी. वी. मेंजाइटिस का सही दिशा में इलाज करने लगे। डॉ. अग्रवाल न केवल एक कुशल डाक्टर हैं बल्कि अत्यन्त संवेदनशील

मनुष्य भी। मैंने अपने गाँव और शहर के कई गरीबों को उनके पास इलाज के लिए भेजा तो उन्होंने उनसे फीस तो नहीं ही ली बल्कि अपनी तरफ से उन्हें दवाएँ भी दीं। उन्होंने कहा था कि प्रीतू को ठीक होने में समय लगेगा, रोग सीरियस है। दस-बारह दिनों में सुधार के हल्के लक्षण दिखलाई पड़े लेकिन अतिरिक्त चिन्ता के कारण हम उसे पटना ले गये। वहाँ मझले भैया के बच्चों का इलाज करनेवाले शिशुरोग विशेषज्ञ डॉ. हीरालाल पाल ने इलाज किया तो प्रीतू की हालत सुधरने के बजाय बिगड़ने लगी क्योंकि उनकी (लाइन ऑफ ट्रीटमेंट) इलाज की दिशा ही गलत थी। हमलोग उसे बिहार के चिकित्सकीय आधुनिक सुविधाओं से लैस मिशनरी अस्पताल कुर्जी में ले गये। मझले भैया के परामर्श पर राष्ट्रीय ख्याति प्राप्त डॉ. शिशुपाल राम को हम कुर्जी अस्पताल में बुला लाये जहाँ डॉ. शिशुपाल राम ने बच्ची प्रीतू की पूरी तरह जाँच की और एक्सरे पैथोलॉजिकल रिपोर्ट्स, एक्सरे एवं पूर्व डाक्टरों के द्वारा चलाई गई दवाओं का पुर्जा भी देखा तो वह उदास हो गये। उन्होंने कहा-"बच्ची ने डाक्टरों को बहुत समय दिया। पटना क्यों ले आए? मुजफ्फरपुर के डॉ. अग्रवाल का लाइन ऑफ ट्रीटमेंट सही था। अब कोई उम्मीद नहीं है।" यह सुनते ही हम पर बज्रपात हो गया। मुजफ्फरपुर में डॉ. अग्रवाल की दवाएँ इतनी महँगी और खर्चीली थीं कि हमलोगों ने कुछ दिन विवश होकर अपने मुहल्ले के होम्योपैथ डाक्टर से भी इलाज करवाया था। पटना ले जाने पर मेरे श्वसुर जी और मझले भैया की सहायता से वहाँ उसका इलाज चला। मझले भैया गौरीशंकर जी उन दिनों हमलोगों को-हमारे बच्चों को किस हद तक प्यार करते थे, इसकी इससे बेहतर मिसाल और क्या होगी कि वह उन दिनों छपरा में लोक-निर्माण विभाग में पदस्थापित थे और प्रीतू जितने दिन कुर्जी अस्पताल में भर्ती रही, वह अक्सर नाव से गंगापार कर कुर्जी अस्पताल उसका हाल-चाल जानने छपरा आते और उसके उपचार हेतु यथासम्भव मदद भी किया करते थे। भैया के उस प्रेम और स्नेह को स्मरण करते हुए आज मेरी आँखें बरबस छलक पड़ती हैं कि आखिर ऐसा मैंने क्या अपराध किया कि वही भैया कठोरता की सारी हदें पारकर मुझे और मेरे परिवार को मिटाने पर तुल गये?

आखिरकार पन्द्रह-बीस-पच्चीस दिनों तक मृत्यु से संघर्ष करती हुई गुलाब से भी कोमल और सुन्दर परी जैसी प्यारी प्रीतू भोर में चल बसी तो हम दोनों पर जैसे विपत्ति का पहाड़ ही टूट पड़ा। उस अछोर अन्तर्वेदना की उपयुक्त व्यंजना के लिए अब भी मेरे पास शब्द नहीं हैं। जब मैंने उस अत्यन्त कोमल तन-मन प्राण मृत बच्ची का चेहरा देखा तो लगा जैसे वह अब, अभी, इसी पल मुस्कुरा उठेगी, वैसा ही गोरा तरोताजा मुखमण्डल जैसे तुरत-तुरत खिला

फूल हो। मैंने भी पत्थर होते हुए समाज और परिवार के बीच अपने कलेजे पर पत्थर रखकर उस नन्ही सी बच्ची के शव को कपड़े में लपेटकर उसके प्रति जाने-अनजाने अर्थाभाव से हुए अत्याचार-उपेक्षा को याद किया और जब उसे कुर्जी के उत्तर में गंगा की तेज धारा में प्रवाहित किया तो मैंने महसूस किया कि मैं प्रीतू के शव को नहीं, स्वयं को गंगा की धारा में प्रवाहित कर रहा हूँ। मैं अश्रुप्लावित गंगा में खड़ा प्रीतू के शव को कपड़े में लिपटा लहरों पर तैरता हुआ जाता तब तक देखता रहा जबतक वह अदृश्य न हो गई। मेरी आँखों से अनवरत बह रहे आँसुओं की बूँदें नीचे गंगा में टप-टप गिरकर गंगा की धारा से एकाकार हो रही थीं। देर तक मैं खड़ा रोता रहा। जब मैंने जीवन की बड़ी बाजी हारे हुए व्यक्ति के समान पराजित और हताश चलने के लिए मुड़ा तो देखा-मेरे पीछे मझले भैया खड़े थे, अन्दर से भरे-भरे और आँखों में मेघ लिये वह कुछ कह न पाये और उन्होंने मेरे कंधे पर अपना ममता भरा हाथ रख दिया।

भैया तब सचमुच भैया थे। जब कभी मेरी कोई कविता या कहानी छपती, वह खुश होते और अपने आस-पास के लोगों को भी दिखलाते थे कि देखिये, नन्दनजी की कहानी छपी है। जिन दिनों मैं स्कूली छात्र के रूप में चित्र बनाया करता था तो वह मुझे समझाया करते थे-''आप रंग भरने में कुछ जल्दी कर देते हैं। हड़बड़ी की क्या जरूरत है? कलात्मक पूर्णता समय माँगती है। लेकिन 1978 के उस कागजी और फर्जी बँटवारे के बाद मझले भैया वह भैया नहीं रहे, धीरे-धीरे वह मेरे और मेरे परिवार के प्रति स्नेह रखने की बात तो दूर असहिष्णु और कठोर होते चले गये। यह बस नयाटोला और चौधराइन मंदिर गली के लोगों के साथ उनके उठने-बैठने की परिणति थी। वे दुष्ट और कुटिल लोग मेरे खिलाफ उनके कान भरने का एकसूत्री अभियान चला रहे थे। मेरा दोष इतना भर था कि मैं उनके साथ बैठ नहीं सकता था, उनके रंग में रंग नहीं सकता था। मेरी दुनिया और उनकी दुनिया में कहीं कोई ताल-मेल न था। उनकी एकदम से सीमित जिन्दगी कमाना-खाना और आस-पास के लोगों को आपस में लड़ाना और मजे लेना। इनमें वे लोग भी थे, जो पढ़े-लिखे भी थे और कम पढ़े-लिखे भी। एक वह सज्जन भी थे, जो मझले भैया के समकालीन थे, जिनकी माँ ने बड़े भैया युगलजी को बचपन में पढ़ाई-लिखाई से विमुख कर दिया था। यह सज्जन उसी भूमिहार ब्राह्मण कॉलेजियट स्कूल में कथित नगरपिता की कृपा से हेडमास्टर हो गये थे। कम-पढ़े लिखों में वह बढ़ई महोदय भी थे, जिन्होंने बड़े भैया को शराब पीने की लत लगा दी थी। मुझे व्याख्याता के पद से हटाने के अभियान में मझले भैया लगे तो कुलाधिपति को दिये गये उस प्रतिवेदन में पटना के कतिपय ठेकेदारों के साथ इन महोदय

शर्मा के भी हस्ताक्षर थे। उस प्रतिवेदन में मुझ पर यह आरोप लगाया गया था कि मैं बहुत बड़ा अपराधी हूँ क्योंकि मुझ पर कोर्ट में दर्जनों मुकदमे चल रहे हैं। मजे की बात यह कि वे वही मुकदमे थे, जो मझले भैया ने ही मुजफ्फरपुर, हाजीपुर और पटना में मुझ पर किये थे। टेक्निकल चौक पर फर्नीचर की दुकान चलाने वाले इस सज्जन ने भैया को यहाँ तक चढ़ाया था–आप (गौरीशंकरजी) कहें तो मैं नन्दन को एक घंटे में घर छुड़वा दूँ। मेहतर टोले से मेहतर आकर उसके दरवाजे पर मैला डाल देंगे और वे इतनी गालियाँ देंगे कि वह घर छोड़कर भाग जायेगा।'' वहाँ पर बैठे एक व्यक्ति ने यह बात बतलायी तो मुझे रोना आ गया।

जब व्यक्ति का अपना विवेक कमजोर होता है, तभी दूसरे उसको अपने ढंग से, निहित स्वार्थ-पूर्ति के लिए अनुकूलित करते हैं। मझले भैया इतने पढ़े-लिखे विद्वान और अपने पेशे के (इंजीनियरिंग) श्रेष्ठ व्यक्ति थे फिर भी ये लोग उन्हें गुमराह करने में सफल हो गये। मझले भैया की यह दुर्बलता इन दुष्टों के काम आ गई कि वह अब अपनी आँखों से देखने के बजाय दूसरों के कहे शब्दों पर विश्वास करने लगे थे। गाँव में मेरा ममेरा भाई मेरे ही फोन से मेरे खिलाफ कान भरता था, यह भी मैं लिख चुका हूँ। लेकिन मैं कोर्ट-कचहरी का चक्कर लगाता-लगाता इतना परेशान हो जाता था कि कभी कोर्ट की दीवार से लगकर रोने लगता था–भैया! आप इतने कठोर कैसे हो गये? कभी-कभी हताशा इतनी बढ़ जाती थी कि रेल लाइन पार करते हुए सोचता–क्या ही अच्छा होता आनेवाली ट्रेन मुझ पर से गुजर जाती; फिर मुझे पत्नी, बच्चों और स्नेही मित्रों का खयाल आ जाता था और मैं एक बार फिर संघर्ष के लिए तैयार हो जाता था।

मेरे पीछे हाथ धोकर पड़े बी.बी. कॉलेजियेट स्कूल के हेडमास्टर हों या वह फर्नीचर हाउस वाले शर्माजी, मैं सबको बड़े भाई के समान ही सम्मान देता था। मेरी पत्नी और बच्चे भी उन्हें दूर से देखते ही सिर झुकाकर प्रणाम करते थे लेकिन नैसर्गिक न्याय तो इसी जीवन में होता है, यह कहावत गलत नहीं है–''इस हाथ दे, उस हाथ ले।'' यह कहना मानवीयता के विपरीत होगा कि आपने ऐसा किया, इसीलिए आपके साथ ऐसा हुआ। मैंने इन दोनों सज्जनों के अन्तिम वर्षों की यातनामयी जिन्दगी के बारे में ऐसा कभी नहीं सोचा कि उन्होंने मेरे साथ बुरा किया, उसी का फल भोग रहे हैं। यह भी एक सार्वकालिक सत्य है कि व्यक्ति को अपने किये की सजा यहीं मिलती है और प्रकृति देती है। आमतौर पर जिसे 'खुदा की लाठी बेआवाज होती है' कहा जाता है, वह दरअसल खुदा की नहीं, प्रकृति की ही लाठी होता है, जो अदृश्य रूप से और बिना शोर-शराबे के व्यक्ति को प्रकृति-विरुद्ध आचरण की सजा देती

है। व्यक्ति का दुर्भाग्य कि वह इस सत्य से गुजरते हुए भी इसे स्वीकार करने से सदैव भागता रहा है। एक दिन मालूम हुआ बड़े भाई के समान हेडमास्टर साहब लकवाग्रस्त हो गये हैं और बड़ी मुश्किल से टूटे-फूटे ढंग से कुछ बोल पाते हैं। मुझे गहरा दुख हुआ कि कल तक चलते-फिरते व्यक्ति को अचानक यह कैसे हो गया। मैं उन्हें अक्सर देखने जाने लगा। अभी साल भर पहले उनकी मृत्यु से पहले भी गया तो उन्होंने अत्यन्त धीमे स्वर में भाभी जी से कुछ कहा! जो मैं नहीं सुन सका। भाभीजी ने बतलाया–"आपसे आपका कोई गीत सुनना चाहते हैं।" पता नहीं, जाने सहसा क्या मन में आया और मैं सस्वर यह गीत सुनाने लगा।–"

"पूछते हो, किस तरह जीते रहे,
आँसुओं के घूँट हम पीते रहे।"

गीत समाप्त हुआ तो देखा हेडमास्टर भाई साहब की आँखों से आँसू बह रहे थे।

फर्नीचर हाउस वाले शर्माजी भी ऐसे ही पक्षाघात के शिकार होकर कई वर्षों तक बिस्तर पर पड़े रहे। पता चला तो तुरत उन्हें देखने चला गया। वह तो बोल भी नहीं पा रहे थे। वह मुझे एकटक देखते और रोते रहे। उनकी उस समय क्या मनोदशा रही होगी और वह क्यों रो रहे थे, यह मेरी कल्पना से परे था। लेकिन व्यक्ति अपनी शक्ति और शौर्य काल में यह कभी नहीं सोचता कि इस तरह असहाय कर देने वाला समय भी आ सकता है। व्यक्ति अपने युवा और प्रौढ़ावस्था में यह सोच ले तो भारतीय समाज में ईर्ष्या-द्वेष, कलह और झगड़े की जगह शान्ति और प्रेम का परिवेश बन सकता है।

लेकिन यही एक चेहरा हमारे समाज का चेहरा नहीं है। एक चेहरा वह भी है, जहाँ विवेक और न्याय-भावना के साथ संवेदना भी प्रकट होती है। जब मझले भैया ने मुझ पर, मेरी पत्नी पर मुकदमों की बौछार कर दी तो मैं हत्प्रभ क्या बिलकुल निरुपाय हो उठा। एक धनाढ्य इंजीनियर के सामने एक अदना से व्याख्याता की क्या औकात? मझले भैया ने पटना में मुझ पर एक एक्सटोर्सन का, दो मानहानि के और एक 'आखिरी सच' कहानी पर लॉ ऑफ टोर्ट्स का मुकदमा किया था तो हाजीपुर में भी मानहानि का मुकदमा किया, जिसमें सीधे-सादे स्वर्गीय राधाकृष्ण भैया को मेरे विरुद्ध कोर्ट में ले जाकर खड़ा कर दिया था। बाद में गवाही देने के लिए उन्होंने राधे भैया को धमकाया भी लेकिन उन्होंने जाने से साफ इनकार कर दिया। पटना के अधिवक्ताओं में श्री लाल बाबू सिंह एवं श्री रामविनय सिंह ने एक लेखक और अध्यापक के नाते न केवल मेरी हृदय खोलकर सहायता की बल्कि मुझे भरपूर सम्मान दिया अन्यथा मैं जरूर जेल गया होता। हाजीपुर में मुकदमे की पैरवी करनेवाले

स्वर्गीय चन्द्रकेतु नारायण शर्मा को मैं कैसे भूल सकता हूँ, जो जितने लम्बे-चौड़े और गौरांग थे, उतने ही ऊँचे आदर्श और मुक्त-मन के समर्पित मनुष्य भी थे। अधिवक्ता ही नहीं, वह एक समर्पित वामपंथी कार्यकर्त्ता भी थे। जाति-पाति और सम्प्रदाय से बिलकुल ऊपर। एक सच्चे कम्युनिस्ट। उन्होंने कॉमरेडशिप का उदाहरण प्रस्तुत किया और मेरे मुकदमे की पैरवी इतनी संलग्नता और तैयारी के साथ की कि मझले भैया मुकदमा बुरी तरह हार गये। इससे उन्हें गहरा आघात पहुँचा। न्यायिक दण्डाधिकारी श्री जगन्नाथ राय जी ने अपने फैसले में यहाँ तक लिख दिया-"साक्ष्य से स्पष्ट है कि परिवादी एक पैसे वाले अभियन्ता हैं एवं पैसे के बल पर अपने भाई प्रो. नन्दकिशोर नन्दन पर इस केस के अलावा विभिन्न जगहों पर अन्य केस लादे हैं। उपरोक्त तथ्यों के आलोक में स्पष्ट है कि परिवादी यह मुकदमा अपने छोटे भाई पर दुर्भावनापूर्ण आशय से बिना किसी कारण के परेशान करने की नियत से झूठे आधार पर दायर किये एवं परेशान वर्ष 95 से किया। अतः परिवादी को दण्ड प्र.स. की धारा 250 के तहत नोटिस निर्गत करें कि क्यों न झूठा मुकदमा करने के एवज में प्रो. नन्दकिशोर नन्दन को आपसे मुआवजा दिलाया जाय।" यही नहीं, मझले भैया मध्यवर्गीय बड़प्पन के जिस गर्व-गुमान में रहा करते थे, उसे भी माननीय न्यायाधीश महोदय ने बेनकाब कर उन्हें धरातल पर ला दिया था-"किसी बड़े पद पर चले जाना एवं किसी मंत्री या एम.पी. के लड़का-लड़की से शादी करने या रिश्तेदार होने पर कोई बड़ा आदमी नहीं हो जाता।" (न्या. दण्डा. हाजीपुर, 22-06-99)

आज यह सब लिखते हुए मुझे गहरी अन्तर्वेदना होती है कि भैया के आस-पास दो-चार भी विवेकशील सज्जन होते तो न मैं इतने मुकदमों और मुसीबतों के नीचे पिसता और न ही मझले भैया की माउथ कैंसर से दुखद मृत्यु होती। हम दोनों भाइयों के इस संग्राम में बड़े भैया (युगल जी का परिवार) का परिवार भी मेरे विरुद्ध ताल ठोककर खड़ा था क्योंकि वह भी एक पक्ष थे और उनके आस-पास भी ऐसे ही खल थे, जिनके बारे में यही कथन अधिक सार्थक है-"को बड़ छोट कहत अपराधू।"

श्रीकृष्णवल्लभ सहाय के मुख्यमंत्रित्व काल में लोक निर्माण विभाग के प्रभावशाली मंत्री रह चुके और यादवों के सर्वोच्च नेता श्री रामलाख प्रसाद यादव हम दोनों भाइयों की इस लड़ाई से बहुत अधिक मर्माहत थे गोकि वह मझले भैया के द्वारा अपने अपमान के प्रसंग सुनकर भी उनके प्रति स्नेह रखते थे। लेखक के रूप में मेरी ख्याति से रामलखन बाबू भी प्रभावित थे बल्कि उन्होंने पत्र-पत्रिकाओं में प्रकाशित मेरी कई कहानियाँ भी पढ़ी थीं। मृत्यु से दो वर्ष पूर्व उन्होंने मुझे पटना बुलवाया। उस समय वह शरीर से काफी थक

चुके थे लेकिन मस्तिष्क पूरी तरह सक्रिय था और आवाज वैसी ही बुलन्द थी। मैं गया तो उन्होंने मुझे बिठाया और मुझसे सारा मामला समझ लिया और कहा–''मैं गौरीशंकर जी से बात करता हूँ। क्यों छोटे भाई को परेशान कर रहे हैं? मैं जो फैसला करूँगा, उसे मानोगे?''

''आप अभिभावक हैं, गलत फैसला थोड़े ही करेंगे? मुझे आपका फैसला स्वीकार होगा।'' मैं कहकर मुजफ्फरपुर लौट गया।

एक-डेढ़ महीने के बाद मैं रामलखन बाबू से मिलने गया तो वह नहाकर निकलने ही वाले थे। मैं वहीं सामने सोफा पर बैठा था, वह धोती पहनना चाह रहे थे लेकिन उन्होंने काँपते हाथों से किसी तरह धोती पहनी और बैठते हुए बोले–''मैं असफल हो गया! गौरीशंकर जी बहुत जिद्दी और कान के कच्चे भी हैं प्रोफेसर! तुम्हारे विरुद्ध काफी कुछ जहर भरा गया है। तुम्हारी झूठी शिकायत करने लगे तो मैंने कहा–'मैंने खुद देखा है, प्रोफेसर छाया की तरह तुम्हारे साथ रहा है।' '' मैं निराश मनोदशा में उठने लगा तो उन्होंने रोक लिया। ''सुबह का समय है। नाश्ता कर लो। इधर कोई कहानी पढ़ी थी। अच्छा चित्रण था।'' कहकर वह अन्दर चले गये। मैं निराशा के बावजूद यह सोचता रहा कि आज कितने राजनेता हैं, जो परिवारों में मेल-मिलाप चाहते हैं?

जहाँ तक मझले भैया की छाया बनकर साथ रहने का प्रश्न है, जब भी उन्होंने मेरी जरूरत महसूस की, मैं बिना विलम्ब किये पहुँच गया। उनके बच्चों के विकास का सवाल हो अथवा स्वयं उनकी नौकरी में आ रही कठिनाइयों को दूर करने का सन्दर्भ, मैंने अपनी प्रतिष्ठा, प्रभाव और शक्ति-भर मदद की है। मझले भैया ने स्वयं अपने बयान में हाजीपुर के कोर्ट में यह स्वीकार किया है–''इनकी सिद्धि और प्रसिद्धि बहुत अधिक है।'' जब भैया का द्वितीय पुत्र संजीव कुमार (मुन्ना) क्रिकेट के क्षेत्र में बहुत अच्छा करने लगा और पढ़ाई में पिछड़ने लगा तो मैंने भैया से कहा था–मैं दिल्ली के कॉलेज में मुन्ना का नामांकन करा देता हूँ। वह वहाँ क्रिकेट खेलते हुए राष्ट्रीय स्तर पर पहुँच जायेगा। उस समय दिल्ली के मोतीलाल नेहरू कॉलेज में प्रिंसिपल मेरा सम्मान करने वाले मित्र डॉ. रत्नाकर पाण्डेय (डॉ. सुधाकर पाण्डेय के अनुज, काशी नागरी प्रचारिणी सभा, वाराणसी के तत्कालीन अध्यक्ष) थे, जिन्होंने मेरे पत्रों की सिफारिश पर कम से कम दो लड़कों को अपने कॉलेज में दाखिला दिया था। संजीव (भतीजा) बिहार की रणजी ट्राफी टीम का आलराउण्डर चुना गया था। वह दिल्ली में पढ़ता और खेलता तो उसमें जैसी क्रिकेट प्रतिभा थी, वह जरूर राष्ट्रीय टीम का सदस्य बन गया होता। भैया ने जितना प्यार-दुलार अपने बड़े बेटे संजय को दिया, उतना संजीव को नहीं दिया, यही कारण है कि उन्होंने दिल्ली में उसके नामांकन का प्रस्ताव ठुकरा दिया। खिलाड़ी की हैसियत से

संजीव को भारतीय स्टेट बैंक में नौकरी मिली। उसमें भी अब मेरी यह मदद शायद ही किसी को याद हो कि उसमें भारतीय स्टेट बैंक रिक्रूटिंग बोर्ड के तत्कालीन अध्यक्ष डॉ. चक्रधर सिंह (डॉ. जगन्नाथ मिश्र के खासमखास) से मेरी मित्रता थी जिन्होंने मेरे कहने पर कि संजीव मेरा अपना भतीजा है और क्रिकेट का प्रतिभाशाली खिलाड़ी है, उसकी नियुक्ति लिपिक के पद पर स्टेट बैंक में हुई थी। मझले भैया के बच्चों के शैक्षणिक विकास से लेकर उनके बड़े जामाता की भी यथासम्भव बिहार लोक सेवा आयोग में भी मैंने सहायता की थी। उस समय बिहार लोक सेवा आयेाग के एक सदस्य श्री रामस्वरूप सिंह थे, जो मेरे शिक्षक ही नहीं थे, मुझे बहुत अधिक स्नेह भी देते थे। मैं जब अपनी भतीजी (मझले भैया की बड़ी पुत्री) दिव्या के पति श्री ब्रजकिशोर की पैरवी लेकर उनके निकट गया तो उन्होंने अपने कक्ष में न केवल अल्पाहार कराया बल्कि सारा विवरण लेकर सहायता करने का वचन दिया। कहना न होगा, यह वही रामस्वरूप बाबू थे, जिन्होंने लंगट सिंह कॉलेज के परीक्षा-संचालक के रूप में उस समय भी मेरी मदद की थी। दिव्या (भतीजी) के विवाह के लिए मैं किस तरह परेशान हुआ; यह अन्तर्कथा इसलिए आवश्यक है कि लोग महसूस करें कि भतीजी बेटी से तनिक भी कमतर नहीं होती। उसे 'दिव्या' नाम भी मेरा ही दिया हुआ है। मैंने इन्टर से लेकर एम.ए. तक उसकी लगातार पैरवी भी की, उसके लिए योग वर की खोज में कहाँ-कहाँ नहीं गया। दरअसल मझले भैया अपने विभागीय महकमे में जितने बड़े सम्पर्की रहे हों लेकिन सामाजिक स्तर पर उनकी पैठ कम ही थी। इसलिए उन्होंने दिव्या के लिए योग्य वर ढूँढ़ने की जिम्मेवारी मुझे ही सौंप दी थी। मेरे मित्रों ने बतलाया कि बिहार का एक यादव लड़का भारतीय प्रशासनिक सेवा में चुन लिया गया है और वह अभी दिल्ली विश्वविद्यालय के नार्थ कैम्पस के एक छात्रावास में रहता है। मैंने सोचा–मेरे साथ एक बौद्धिक अभिभावक जैसे मित्र रहें तो बेहतर होगा। नवगीत के प्रवर्तक एवं बहुपठित कवि-लेखक राजेन्द्र प्रसाद सिंह जी के सामने बिटिया दिव्या के लिए भावी वर देखने हेतु दिल्ली चलने का प्रस्ताव रखा तो वह सहर्ष तैयार हो गये। हम नार्थ कैम्पस के छात्रावास पहुँचे तो पता चला कि वह साथियों के साथ भारत और आस्ट्रेलिया का वन-डे मैच देख रहा है। मैंने चपरासी से अपना नाम और पद लिखकर भेजा तो वह मैच देखना छोड़कर तुरत आ गया और हम दोनों को आदरपूर्वक प्रणाम किया और वह अपने कमरे में ले गया। फिर हमलोग विभिन्न प्रकार की बौद्धिक चर्चा में ऐसे संलग्न हुए कि अपरिचय आत्मीयता में बदल गया। इस बीच मिठाई-स्नैक्स और कोल्ड ड्रिंक्स आ गये थे। लगभग डेढ़ दो घंटों के सहज संवाद के बाद मैंने आने का कारण बतलाया तो उसने अपनी ओर से विवाह के लिए अपनी

स्वीकृति देते हुए कहा–"मुझे आपके जैसे विद्वान प्रोफेसर के परिवार में विवाह करने पर खुशी होगी लेकिन माता-पिता की राय लेना जरूरी होगा। आप उनसे भी जरूर मिल लें। मैं अपने घर का पता दे देता हूँ।" दिल्ली से लौटकर मैंने मझले भैया को भारतीय प्रशासनिक सेवा के लिए चयनित युवक के रूप रंग और स्वभाव के बारे में बतलाया और उनकी कविवर श्री राजेन्द्र प्रसाद सिंह भी बात करवा दी। भैया ने कहा कि वह उस लड़के के घर स्वयं जाएँगे। कुछ दिनों बाद मझले भैया मुजफ्फरपुर आए तो मैंने उनसे पूछा कि लड़के के घर बिहार शरीफ गये थे? तो उन्होंने अपशब्दों के साथ कहा–"मारिये साले को। उसका घर तो खपरैल है। मैं उस खपरैल में बेटी ब्याहूँगा?" भैया लड़के के माता-पिता से भी नहीं मिले। यह पता चलते ही कि सामनेवाला खपरैल मकान ही उस लड़के का घर है, अपनी कार घुमाकर पटना लौट गये। उन्होंने मुझे कोई दूसरा लड़का देखने को कहा। कुछ दिनों बाद मैंने उन्हें सूचना दी कि राँची में विद्युत विभाग के महाप्रबन्धक एक सज्जन व्यक्ति हैं, उनका लड़का इंजीनियर है, जो इन दिनों फ्रांस में है। मैंने महाप्रबन्धक महोदय से विवाह की चर्चा चलायी तो आने का निमंत्रण दे दिया। भाई साहब ने खुशी जाहिर की और एक सप्ताह बाद रविवार की सुबह राँची साथ चलने के लिए बुला लिया। मैं नौ बजे पटना पहुँच गया। भैया बोले–"ड्राइवर आता है तो चलते हैं।" एक घंटा, दो घंटे, तीन घंटे–समय बीतता चला गया लेकिन भैया कहते रहे–राँची जाना है, ड्राइवर आयेगा, चल देंगे। मैं सरल मन व्यक्ति यह समझ न सका। तीन बज गये तो भैया ने कहा कि "भीष्म बाबू का कहना है कि हम दोनों परिवार एक-दूसरे को ज़ानते-समझते हैं। क्या ही अच्छा हो कि दिव्या का विवाह मेरे ही पुत्र से हो।" मैंने सिर्फ इतना ही कहा–यह तय था तो मुझे बुलाया ही क्यों? भैया मौन रह गये। कुछ यही तब भी दुहराया गया जब उनकी दूसरी बिटिया के विवाह के लिए भी वर ढूँढ़ने की बात आई।

मैं अपनी सरलता में भैया की बात पूरी गम्भीरता से लेता था और सच्चे मन से चाहता था कि मेरी बेटियों के ही समान प्रिय भतीजी को भी श्रेष्ठ से श्रेष्ठ वर और घर मिले। मैंने अपने सम्पर्कों के जरिये श्रेष्ठ वर की खोज शुरू की तो मालूम हुआ कि दरभंगा से तीस किलोमीटर दूर बहेड़ी कॉलेज के प्राचार्य के पुत्र ने भारतीय प्रशासनिक सेवा में उत्तीर्णता प्राप्त की है। मैंने मझले भैया को बतलाया तो उन्होंने मुझे बात चलाने का निर्देश दिया। मैं दरभंगा पहुँचा तो पता चला कि बहेड़ी तक एक-दो बस ही जाती है, और वही शाम में लौटती है। बस-स्टैण्ड पहुँचा तो बहेड़ी जाने वाली बस खुलने को थी। बस के अन्दर-बाहर और छत पर लोग ठुँसे हुए थे। मैं ब्रीफकेश लिए खड़ा असमंजस में था कि कंडक्टर ने कहा–"चलिये सर, ले चलता हूँ।" मैं खुश

हुआ कि वह जरूर सीट देगा लेकिन उसने मुझे गेट के अन्दर ठेल दिया और बस खुल पड़ी। मैंने उतरना चाहा तो लोगों ने ठेल-ठालकर और अन्दर कर दिया। मैं जिस मुश्किल दमघोटू स्थिति में था, उसका वर्णन करना भी कठिन है। हर पाँच मिनट पर लोगों से पूछता, अब बहेड़ी कितनी दूर है? और लोग कहते-अब बस आने ही वाला है। लेकिन बहेड़ी था कि आता ही नहीं था। सड़कें इतनी खराब कि हिचकोले से ठोकर लगती तो दर्द से सिहर उठता था। ऐसे ही संकटों के बीच बस बहेड़ी पहुँची तो मैं कॉलेज परिसर तेज-तेज कदमों से पहुँचा जहाँ प्रिंसिपल का क्वार्टर था। खुशी इस बात की थी कि प्रिंसिपल मुझे अच्छी तरह जानते थे और स्वयं भी अंग्रेजी-साहित्य में पी-एच.डी. थे। उन्होंने यथोचित सत्कार किया और विवाह के लिए बात आगे बढ़ाने हेतु अपनी सहमति दे दी। लेकिन भाई साहब ने फोन पर प्रिंसिपल साहब से बात करने के बाद पता नहीं, किस कारण से वहाँ भी रिश्ता करना मंजूर नहीं किया। कहना न होगा कि जब मैं प्रिंसिपल साहब के यहाँ से बस पकड़ने के लिए पहुँचा तो बस फिर ठसाठस भरी थी। आखिरकार मुझे गेट के पास किसी तरह लटककर आना पड़ा। यह सब लिखने का आशय इतना भर है कि मैंने भैया और उनके परिवार की बेहतरी के लिए क्या कुछ नहीं किया लेकिन भैया ने मुझे इस्तेमाल की वस्तु से अधिक कुछ नहीं समझा। भैया किसी न किसी बहाने मुझे इस कदर उलझाए रखते थे कि मुझे अपने परिवार के भविष्य की चिन्ता और उसके लिए सम्यक् योजना बनाने या कुछ करने का अवसर ही नहीं मिला। फिर घर में कोई समृद्ध और शक्तिशाली सदस्य हो तो घर के छोटे और आर्थिक रूप से अपेक्षया कमजोर सदस्य उनसे यह सहज ही अपेक्षा करने लग जाते हैं कि समय आने पर उनसे उन्हें जरूर सहायता मिलेगी। फलतः वे अपने भविष्य को लेकर एक मध्यवर्गीय लापरवाही भरी निश्चिन्तता से भर जाते हैं। यह सब जमाने से चली आ रही पारिवारिक सम्बन्धों की सहज आत्मीयता की स्मृति के दबाव से ही होता है। जब पारिवारिक सम्बन्धों के बीच आ गई स्वार्थ-जनित कठोरता से साक्षात्कार होता है तो सबकुछ हथेली से फिसल गया होता है। यही मेरे साथ भी हुआ। मुझे उलझाए रखने वाला कोई प्रकरण समाप्त होता भी न था कि वह कोई न कोई दूसरे प्रकरण में मुझे इस कदर उलझा देते और समय-समय पर कार्य की प्रगति पर एक सख्त मास्टर (मालिक) की तरह डाँट-फटकार लगाते कि ऐसा क्यों हुआ, वैसा क्यों हुआ? इतनी देर हो रही है? भीखनपुर के बीस एकड़ वाले प्लाट में एक ओर खेती-बाड़ी की देख-रेख तो दूसरी ओर उसमें लीची के पेड़ लगाने में मैं इतना तबाह और परेशान हुआ कि उसका वर्णन करने में शब्द भी छोटे पड़ जाएँगे। एक ओर कॉलेज में तीन-चार बजे तक पढ़ाना, फिर वहाँ से छूटकर भूखे-प्यासे श्रीकृष्ण

मेडिकल कॉलेज के उत्तर में भीखनपुर जाना और वहाँ खेती-बाड़ी के काम की देख-रेख करने से लेकर लीची के पेड़ों में पानी पटवाने और उसके रख-रखाव के लिए मजदूरों से मुस्तैदी से काम कराना। मझले भैया के आने की खबर होती तो मेरे प्राण नहों में होते कि पता नहीं मझले भैया किस बात पर फट पड़ें। ऐसा डर बना रहता था। यह सब हो रहा था कि मझले भैया ने मुझसे कहा–"मुजफ्फरपुर में राइस मिल खोलना कैसा रहेगा? दक्षिण बिहार में राइस मिल खूब चलता है।" मैंने मौन रहने में ही अपनी भलाई समझी लेकिन आखिरकार राइस मिल की योजना भी मुझी पर आ गिरी। मझले भैया बोले–"मुजफ्फरपुर में उद्योग विभाग है। वहाँ तो आपको लोग जानते ही होंगे?" सरलता के कारण मेरे मुँह से निकल गया–"हाँ, कैलास बाबू अध्यक्ष हैं और मेरे मित्र हैं।" फिर क्या था, मझले भैया ने राइस मिल बिठाने के लिए फार्म लाने-भरने से लेकर सारी प्रक्रिया पूरी करने का भार मुझे सौंप दिया। मैं लगभग सात-आठ महीने उद्योग विभाग के चक्कर लगाता रहा और जब सारी प्रक्रिया पूरी हुई, तभी मझले भैया का पटना से फोन आया–"राइस मिल स्थापित करने का विचार ड्राप कर दिया है।" मैं मर्माहत हुआ कि मेरे सात-आठ महीनों की दौड़-धूप की, मेरी चिन्ता, तनावों और आर्थिक परेशानियों की परिणति इस बड़े शून्य में हुई। मैं क्यों अनुज से भी बढ़कर एक पुराने जमाने के गुलाम की मानिन्द भैया के हुक्म की तामील करने में अपनी जान, प्राण देता रहा? मेरे जीवन के वे बीसियों युवा वर्ष मझले भैया के द्वारा निर्मित मकड़-जाल में कुछ इस तरह उलझ-पुलझकर गुजरे कि मैं अपने भविष्य की सोच ही नहीं पाया। जब मझले भैया का वास्तविक चेहरा सामने आने लगा, तब तक बहुत देर हो चुकी थी। मुझे सम्भलने का मौका मिलता कि मझले भैया कहर बनकर मुझ पर, मेरे परिवार पर टूट पड़े।

जब मैंने 30-11-1978 की दिखावटी फैमिली ऐरेंजमेंट डीड के सम्बन्ध में अपनी आपत्ति मझले भैया से बतलायी और कहा कि आपने तो कहा था कि यह केवल आपको सरकारी जाँच आदि से बचाने के लिए है, बाद में हमलोग मिल-बैठकर बराबर-बराबर बाँट लेंगे लेकिन आप अब इसे ही बँटवारा मान रहे हैं तो वह आपे से बाहर हो गये और कहा–"अब कोई बँटवारा नहीं होगा, जहाँ जाना है, जाओ।" उसके बाद से मझले भैया मेरे विरुद्ध क्रूरता और मर्यादा की सारी सीमाएँ लाँघते चले गये।

1996 में मझले भैया गौरीशंकर जी ने आखिरी बार मेरे न्यायसंगत बँटवारा करने के अनुरोध को ठुकराते हुए स्पष्ट कर दिया कि अब कोई दूसरा बँटवारा नहीं होगा। मैंने न्यायसंगत बँटवारा के लिए सूट दायर कर दिया। मझले भैया को यह बात अखर गई कि छोटा भाई होकर उसने मुझे

कोर्ट में चुनौती दी है? वह खुलेआम कहने लगे–उस पर इतने मुकदमे लादूँगा कि वही समझेगा, उसे पत्नी-बच्चों के साथ दर-दर की भीख न मँगवायी तो मेरा नाम...।

वह सम्भवतः 1996 के अक्टूबर माह की ग्यारह तारीख की सुबह रही होगी। टेलीफोन की घंटी बजी तो मैंने रिसीवर उठाया। उधर से मेरे दोस्त और सहपाठी स्वर्गीय उपेन्द्र प्रसाद गुप्ता घबराये हुए स्वर में बोल रहे थे–"हिन्दुस्तान अखबार में तुम्हारे बारे में समाचार छपा है–'सामान उधार भी लिया और दुकानदार को पीटा भी'।" मैं घबरा उठा। मैं कोर्ट-कचहरी और पुलिस के नाम से ही घबराता था। मुझे विश्वास नहीं हुआ। मैंने कहा–"मेरे नाम का कोई दूसरा व्यक्ति होगा या तुम मजाक कर रहे हो।" उसने मेरे यह कहने पर पूरा समाचार पढ़कर सुना दिया–"किराना की दुकान से उधार सामान लेने के सवाल पर दुकानदार से मार-पीट करने एवं रुपये छीन लेने का मामला प्रकाश में आया है। मामला नयाटोला मोहल्ले का बताया जाता है। दुकानदार सत्येन्द्र कुमार सिंह ने नयाटोला मोहल्ला के चौधराइन मंदिर गली के नन्दकिशोर नन्दन पर एक मुकदमा भी कोर्ट में दायर किया है। सत्येन्द्र कुमार सिंह के अधिवक्ता सतीश कुमार चौहान के अनुसार श्री नन्दन दुकानदार के यहाँ से अक्सर सामान उधार ले जाया करते थे और पाँच सौ रुपये की बकाया राशि पाँच-छह माह से चली आ रही थी। 9 अक्टूबर को भी श्री नन्दन पुनः 150 रुपये का सामान लेकर जाने लगे जिसका वादी ने विरोध किया। इतना कहना था कि श्री नन्दन तथा उनके साथी गाली-गलौज करने लगे। वे कहने लगे कि वे जनता दल के नेता हैं और जेल में बन्द करवा देंगे। कहा गया कि श्री सिंह ने विरोध किया तो उसके साथ मार-पीट की गई और उसकी दुकान के सामानों को भी फेंक दिया गया जिससे उसे सौ रुपयों का नुकसान हुआ है।" मैंने तुरत अखबार मँगवाया और पटना हिन्दुस्तान के सम्पादक से मैंने प्रश्न किया–"झूठा और बनाया गया मुकदमा क्या सामाजिक-राजनीतिक दृष्टि से इतना महत्त्वपूर्ण था कि अखबार ने छाप दिया?" क्या जिस पर कथित मुकदमा किया गया, उससे पूछने की कोई नैतिक बाध्यता नहीं थी? आप अखबार को कितना गिराना चाहते हैं?" मेरे गुस्से से भरे इन आरोपों को सम्पादक महोदय ने गम्भीरता से लिया और उन्होंने उसकी जाँच की और उस वकील व सह पत्रकार को निकाल दिया जिसने मझले भैया से पाँच-छह सौ रुपये लेकर यह समाचार छपवाया था। मजे की बात यह है कि जब मुजफ्फरपुर संस्करण के रूप में हिन्दुस्तान अखबार को सम्पादक महोदय ने लाँच किया था तो मैंने ही उनके अनुरोध पर उस अंक का सम्पादकीय लिखा था, नाम भले ही उनके स्थानीय सम्पादक का गया हो। पत्रकारिता में आई

गिरावट का उदाहरण पेडन्यूज आज चर्चा का विषय बना हुआ है, जिसे दूर करने के लिए मेरे अत्यन्त आदरणीय अग्रज समान मित्र स्वर्गीय प्रभास जोशी जी पूरी तरह संकल्पित थे। बहरहाल मेरे भैया का इससे भी मन न भरा तो उन्होंने कुलाधिपति-सह-राज्यपाल को अपने बेटे के दोस्त, जूनियर इंजीनियर, ठेकेदार एवं मुजफ्फरपुर के फर्नीचर हाउस वाले शर्मा के हस्ताक्षरों वाला एक प्रतिवेदन भेजा कि जिस नन्दकिशोर नन्दन पर इतने-इतने आपराधिक मुदकमे चल रहे हों, वह कैसे देश के एक प्रतिष्ठित कॉलेज में प्रोफेसर के रूप में कार्यरत है? उन्होंने विश्वविद्यालय अधिनियम को उद्धृत करते हुए मुझे तत्काल प्रभाव से निलम्बित एवं डिसमिस करने के लिए अनुरोध किया था ताकि शैक्षणिक वातावरण और मूल्य की स्थापना हो। जिस मुकदमे का उल्लेख (Criminal case No/ 826 (C)/95) किया गया था, वह उन्हीं के द्वारा पटना के न्यायिक दण्डाधिकारी श्री वीरेन्द्र कुमार सिंह के कोर्ट में किया गया था। मुझ पर धारा 384 रंगदारी, धारा 500 मानहानि, 504 जानबूझकर अपमानित करना और 506 के आरोप मढ़े गये थे। बी.आर.ए. बिहार विश्वविद्यालय के द्वारा कुलाधिपति के पत्रांक 326 रा.स. I 26-04-97 के आलोक में प्रतिकुलपति का यह उत्तर गया कि डॉ. नन्दकिशोर नन्दन एक समर्पित एवं निष्कलंक छवि वाले प्राध्यापक हैं। यह उनके भूमि संबंधी पारिवारिक विवाद के कारण उन पर किया गया मुकदमा है। इसलिए उन पर किसी प्रकार की कार्रवाई करने का कोई आधार नहीं है। लेकिन मझले भैया ने तो ठान लिया था कि मुझे और मेरे परिवार को बर्बाद करके ही दम लेंगे। उन्होंने दो-तीन साल बाद भारतीय जनता पार्टी के एक विधायक को मोटी रकम देकर पुनः राज्यपाल-सह-कुलाधिपति के नाम एक कड़ी चिट्ठी लिखवायी थी जिसमें इस दौरान पटना, हाजीपुर और मुजफ्फरपुर में मेरे विरुद्ध उन्हीं के द्वारा किये गये आपराधिक मुकदमों का उल्लेख करते हुए मुझे अपराधी होने के कारण प्रोफेसर के पद से हटाने की माँग की गई थी। भाई साहब की मुझे बर्बाद कर डालने की बेचैनी का इससे बेहतर सबूत क्या होगा कि जिस प्रोक्टर महोदय को कुलाधिपति को उत्तर देना था, वह उनके पास गये भी और उनके रिश्वतखोर किरानी से मिले और मेरे प्रतिकूल टिप्पणी भेजने के लिए उन्हें तैयार करने में लग गये थे। मैं भी प्रोक्टर महोदय से मिला, जिनसे मेरी कई दशकों की मित्रता थी और दर्शनशास्त्र के विद्वान होने के अलावा हिन्दी-भोजपुरी में कविताएँ भी लिखते थे। यही नहीं, उनकी पत्नी को हिन्दी एम.ए. में मैंने दो वर्ष पढ़ाया भी था। लेकिन प्रोक्टर महोदय ने मेरी कोई मदद नहीं की। अपनी कभी की छात्रा और भौतिक शास्त्र की रीडर एवं विश्वविद्यालय की सीनेटर डॉ. तारण राय ने एक दिन मुझसे पूछा-''सर, आपके विरुद्ध किसी

भाजपाई विधायक ने चांसलर महोदय को लिखा है। आप चाहें तो मैं उन्हें आपके सम्बन्ध में उत्तर दूँ कि आप क्या हैं?'' उस समय तो मैं असमंजस में मौन रह गया कि वह भाजपा की समर्पित सदस्या हैं। फिर भी उन्होंने विनम्रतापूर्वक कहा–''यह गुरुदक्षिणा देने का समय है। मैं उस विधायक के दुष्टतापूर्ण पत्र का उत्तर इसलिए देना चाहती हूँ कि आप जैसे समर्पित शिक्षक एवं साहित्यकार की प्रतिष्ठा से खिलवाड़ किया जा रहा है।'' तब मैंने उन्हें अपनी स्वीकृति दे दी और उनके उत्तर के बाद ही मेरे विरुद्ध मझले भैया के द्वारा चलाये जा रहे उस कुत्सित अभियान का पटाक्षेप हो सका।

इन्हीं दिनों पटना में चल रहे चार मुकदमों के सिलसिले में मुझे पटना जाना पड़ता था। मझले भैया की आक्रामकता ने यह भी सोचने के लिए मुझे विवश कर दिया था कि वह किसी भी सीमा तक जा सकते हैं। मेरी यह आशंका उस समय सच साबित हुई, जब मेरे भतीजे रामप्रवेश सिंह ने मुझे यह प्रसंग बतलाया।

मैं एक दिन राष्ट्रीय जनता दल के प्रान्तीय कार्यालय से प्रान्तीय अध्यक्ष स्वर्गीय कमल पासवान से मिलकर लौट रहा था। मझले भैया उनके यहाँ भी मेरी शिकायत किया करते थे। मैंने कमलजी से अनुरोध किया था कि वह किसी तरह समझौता करा दें। वह भी हम भाइयों की इस बेवजह लड़ाई से अत्यन्त दुखी थे। कार्यालय से वीरचन्द पटेल पथ पर मैं आया ही था। पीछे से फियेट कार चलाते हुए मझले भैया आ रहे थे और कार में आगे उनके साथ रामप्रवेश भी बैठे थे। जैसे ही मझले भैया की नजर मुझ पर पड़ी, वह हिंसा जनित क्रोध से फट पड़े–''वह जा रहा हरामी, आज उसे मार ही डालूँगा।''

''चाचाजी, आप यह क्या कर रहे हैं? आप मुश्किल में पड़ जाएँगे।'' रामप्रवेश ने मझले भैया को किसी तरह मुझे कार से ठोकर मारने से रोका।

इस घटना के बाद रामप्रवेश मुझे मुकदमों के सिलसिले में पटना आने पर रात्रि में मुजफ्फरपुर लौटने के बजाय अपने पटेल नगर आवास पर ही ठहराने लगा और उसका कोई न कोई भाई मुझे दिन में हाजीपुर जाने वाले ऑटो में बिठा दिया करता था। उस आतंकी समय में उन लोगों ने जिस तरह मुझे सहारा दिया, वह याद कर कृतज्ञता के आँसू छलक पड़ते हैं।

कुछ दिनों बाद एक रात पत्नी मनोरमा ने एक ऐसी बात बतलायी कि मैं दहल उठा। यह बात बेटे सृजन ने मुझसे इसलिए नहीं बतलायी कि मैं आवेश में आ जाता क्योंकि मनोरमा और मेरे बच्चे अच्छी तरह जानते हैं कि मैं अन्याय या गलत व्यवहार को कभी बर्दाश्त नहीं करता। हुआ यह कि दिल्ली से सृजन छुट्टी में रिजर्वेशन पटना की ट्रेन में मिलने के कारण वह पटना आकर अपने

मित्र नीलेश के घर बोरिंग रोड चौराहे के पश्चिम-उत्तर में ठहर गया था। एक दिन रहकर मुजफ्फरपुर आने वाला था। शाम को सृजन नीलेश के साथ पैदल उसके घर जाने के क्रम में बोरिंग रोड चौराहे के पास से गुजर रहा था कि एक कार उसकी तरफ तेजी से आकर ठोकर मारने वाली ही थी कि दोनों बच्चे उछलकर सामने रखे स्टोन चिप्स के ढेर पर जा चढ़े। सृजन ने देखा वह कार और कोई नहीं, उसके आदरणीय मझले पापा और मेरे पूज्य भ्राता गौरीशंकर जी चला रहे थे। सृजन ने नीलेश से फुसफुसाकर भयभीत स्वर में कहा-"भागो, घर चलो।" दोनों भागकर (नीलेश के पिता) मेरे मित्र श्री कामेश्वर प्रसाद सिंह के घर किसी तरह पहुँचे। जब सारा किस्सा कामेश्वर बाबू को मालूम हुआ तो वह भी मर्माहत हो उठे। फिर भी मुझे इस घटना पर विश्वास नहीं हुआ तो मैंने सृजन के दोस्त नीलेश से पूछा तो उसने अत्यन्त दुखी स्वर में कहा-"अंकल, यह बिलकुल सच है।" तब मुझे यह अविश्वसनीय आघात लगा कि हम जिस परिवार में और जिन सम्बन्धों के सहारे जी रहे हैं, उनमें अब कहीं कोई मानवीयता नहीं रह गई है। मैं, मनोरमा और मेरे बच्चे मझले भैया या उनके परिवार के आने पर ऐसी गहरी खुशी और उत्साह से भर उठते थे कि लगता था जैसे उत्सव की घड़ी आ गई हो। लेकिन उन्हीं के हाथों मेरे परिवार को ऐसी अकल्पनीय स्थिति से गुजरना पड़ेगा, यह कल्पनातीतता उस दिन जीवन की वास्तविकता बन गई।

मेरे जीवन की दारुण-कथा अधूरी ही रह जायेगी अगर मैं उन पशुओं को याद न करूँ, जो उन काले दिनों में मुझमें संवेदना और साहस का विस्तार करते थे। जब 1973 में माँ, मैं, मनोरमा, मेधा और नवजात सृजन दादर-कोल्हुआ गाँव (ननिहाल) के एक छोटे-से घर में रहने के लिए विवश कर दिये गये तो सप्ताह भी न बीता था कि एक शाम एक मोटा-तगड़ा देशी कुत्ता मेरे दरवाजे के सामने आकर दुम हिलाने लगा। सफेद और काले रंग से बना चितकबरा शरीर। आँखें इतनी चमकदार कि अँधेरे में दूर से ही चमकती थीं। मैं उसे देखकर स्वयं को रोक न सका। मैं उसके पास गया तो वह और तेज गति से दुम हिलाने लगा और मेरी तरफ देखने लगा। कमरे से बाहर आईं मनोरमा को भी यह देखकर अच्छा लगा। उन्होंने अन्दर से एक रोटी लाकर दी तो वह प्रेम से खाने लगा और मैं भी उसे सहलाने लगा। उस दिन के बाद वह सुबह-शाम आने लगा। धीरे-धीरे ऐसा हो गया कि वह दिनभर बाबूजी के द्वारा लगाये गये गुलमोहर के नीचे बैठा रहता था। उसे दिन में तीन से चार बार तक खाना मिलने लगा था और खाने के साथ-साथ प्यार भी। वह अब मेरे परिवार के सदस्य जैसा होता जा रहा था और माँ भी प्रारंभिक घृणा के बाद उसे प्यार करने लगी थीं।

"तुमने मेरे कुत्ते को पकड़ रखा है। यह अच्छी बात नहीं है।" अत्यन्त कठोर आवाज दरवाजे के बाहर यह सुनाई पड़ी तो मैं घर से बाहर आ गया। देखा, साठ-पैंसठ वर्ष के रघुनाथ भगत खड़े हैं, जो रिश्ते में नाना लगते हैं। मैंने झुककर प्रणाम किया लेकिन उनके चेहरे पर गुस्सा ज्यों का त्यों बना रहा। मैंने बरामदे में पड़ी चौकी पर बैठने का अनुरोध किया तो वह फिर उबल पड़े–"मेरा कुत्ता क्यों रख लिया है? कहाँ है?"

"मुझे क्या पता, वह कहाँ है?" मैंने उन्हें कहा, वह अपने को भगत जरूर कहते-कहवाते रहे हों लेकिन मन से कुटिल और कठोर व्यक्ति थे, जिसके विपरीत उदार, परोपकारी और मधुर स्वभाव वाले उनके एकलौते पुत्र रामेश्वर जी से उनकी कभी नहीं पटती थी। सच तो है कि दादर में वही एकमात्र न्यायप्रिय व्यक्ति थे और वह निरन्तर किताबें एवं पत्र-पत्रिकाएँ पढ़ते थे। उनका घर बूढ़ी गंडक के किनारे था, जहाँ इतवारी पेंठ लगती थी। खैर, रघुनाथ नाना के लाख कोशिशों के बावजूद उनका कुत्ता हमारी ओर से बिना किसी प्रयत्न के ही हमारे परिवार का स्थायी सदस्य हो गया। उन दिनों 1973-74 में मझले भैया, भाभी और उनके बच्चे अक्सर आते-जाते थे। मैं टेक्निकल चौक स्थित घर से निकाले जाने के लगभग छह महीने बाद अपना टेलीफोन स्थानान्तरित कराने में काफी दौड़-धूप के बाद सफल हो पाया था। मेधा ने ही शायद कुत्ते को 'खोजुआ' नाम दे दिया था। मैं या मेधा गाँव में जहाँ कहीं जाते, वह पीछे-पीछे आज के वी.आई.पी. के सुरक्षा-प्रहरी के समान साथ लगा रहता था। यहाँ तक कि गाँव के पश्चिम-उत्तर में इमली चौक पर स्थित सरकारी स्कूल में मेधा पढ़ने जाती तो वह उसके पीछे-पीछे जाता था। जब मैं साइकिल से गाँव से सात किलोमीटर दूर कॉलेज जाने के लिए निकलता तो वह मुझे न्यूपुलिस लाइन चौक तक, जहाँ से राष्ट्रीय राजमार्ग गुजरता है छोड़ने जाता था।

"नहीं। तुमने जरूर उसे कुछ खिला-पिला दिया है जो वह अब हमारे घर नहीं रहता।" रघुनाथ भगत फिर आ धमके, "उसे छोड़ दो। वह मेरा कुत्ता है। चार साल से मेरे साथ है।" तभी वह कहीं से आ गया। वह उसे देखते ही आग-बगूला हो उठे। उन्होंने गालियाँ देते हुए उसे एक लात जमा दी–"चल साला।" वह कों-कों करने लगा और मेरी तरफ कातर निगाह से देखता रहा।

"मैंने इसको बाँधकर नहीं रखा है। आपका कुत्ता है तो ले जाइए।" मैं यह कहकर घर के अन्दर दुखी-मन चला गया। वह जबर्दस्ती उसे ले गये। इस घटना से हम सब दुखी हो गये क्योंकि छह-सात दिनों में ही वह घर भर का आत्मीय हो गया था। मालूम हुआ कि रघुनाथ नाना उसे रस्सी से बाँधकर रखने लगे हैं। लेकिन तीन-चार दिनों बाद हमलोगों की खुशी का ठिकाना न

रहा। मैं कॉलेज जाने के लिए साइकिल से घर से निकला ही था कि देखा वह गुलमोहर के नीचे दुम हिलाता हुआ अजीब सी आवाज में बोल रहा है। मैं ठहर गया। मनोरमा को आवाज दी। वह भी उसे देखकर खुश हो गईं। माँ और नन्ही मेधा भी देखकर खुशी से मुस्कुरा उठी। खास बात यह थी कि वह रस्सी का बंधन तोड़कर आया था। खैर, तब से वह मेरे दरवाजे पर रहने लगा।

एक बार तो खोजू ने प्रेम की हद ही कर दी। मझले भैया गौरीशंकर जी का बड़ा लड़का संजय कुमार (घर के–पुकार का नाम बबलू) दादर मेरे यहाँ आया था। खूब प्रेम से वह रहा। दादी, चाची और मेरे प्यार-दुलार के साथ उसे 'खोजुआ' का भी प्रेम मिला। जब मैं दो-तीन दिनों के बाद संजय को पटना के लिए स्टेशन छोड़ने उसे लेकर रिक्शा से चला तो न्यू पुलिस लाइन चौक तक ही नहीं, खोजू लाख रोकने पर भी नहीं रुका, वहाँ से डेढ़ किलोमीटर दूर लक्ष्मी चौक तक आया। बीच-बीच में उसे कई मुहल्लों की अपनी ही बिरादरी के योद्धाओं से भी जूझना पड़ा था। जब वह रिक्शा के पीछे-पीछे वहाँ तक आ गया तो मैंने उतरकर पुचकारा और पीठ सहलाकर प्यार किया–"जा, बेटा जा। मैं शाम को आऊँगा। फिर घूमेंगे-खेलेंगे।" काफी प्यार के बाद समझाने-बुझाने पर वह वहीं रह गया और वहाँ से दादर लौट गया।

खोजुआ नाम उसी तरह छोटा और पुकार से प्यार भरे नाम 'खोजू' में बदल गया था जिस प्रकार हम अपने बच्चों के नामों को छोटा कर बोला करते हैं जैसे मेरे परिवार में ही सृजन सृज से, शेफाली शेफू और शिप्रा, शीपू नाम से प्यार के साथ पुकारे जाते हैं। खोजू के मेरे परिवार के प्रति गहरे लगाव की कई छोटी-मोटी घटनाएँ हैं लेकिन इनमें से कुछ का उल्लेख इसलिए जरूरी है कि जहाँ आज मनुष्य से मनुष्य के सम्बन्धों की गहनता और ऊष्मा खत्म होती जा रही है, उसके स्थान पर स्वार्थपरता आ गई है, जिसे हम पशुता भी कहते हैं, वहाँ ये पशु हम से अधिक अन्तरंग और आत्मीय व्यवहार करते हैं। कई बार तो वह हमारे लिए अपने प्राणों की बाजी तक लगा देते हैं। उन दिनों दादर की सात एकड़ भूमि में दोनों बड़े भाइयों की खेती-बाड़ी मैं ही करवाता था, जिसका उल्लेख पहले कर चुका हूँ। मैं मीनापुर के गंजबाजार से दो बैल खरीदकर ले आया था और वहाँ से पन्द्रह किलोमीटर दूर रामपुरहरि का एक हलवाहा रामदेव खेती-बाड़ी के काम करता था। वह मेरे यहाँ स्थायी नौकरी पर था। वह दो-तीन दिनों के लिए घर गया हुआ था। रात के शायद डेढ़-दो बजे होंगे। अँधेरी रात थी। 'खोजू' जोर-जोर से भूँकने लगा। दोनों बैल सड़क से हटकर गुलमोहर के नीचे खूँटे से बँधे रहते थे और वहीं पर नाद में एक साथ सानी-पानी खाते थे। मुझे गाँव से शहर स्थित कॉलेज साइकिल से आने-जाने में पन्द्रह-सोलह किलोमीटर की दूरी तय करनी पड़ती थी और कम

से कम चार-पाँच घंटे कक्षाओं में पढ़ाकर लौटना पड़ता था। सो मैं बिलकुल थककर गहरी नींद में सोया था। मुझे तो 'खोजू' के भूँकने की भनक भी न पड़ी। मनोरमा ने ही मेरी देह को झकझोर जगाया-"सुनिये! खोजू जोर-जोर से भूँक रहा है। जरूर कोई बात है?" "निकलना ठीक न होगा। क्या जाने कहीं डाकू-वाकू हो तो?" मैंने अलसाये स्वर में कहा। मनोरमा ने हिम्मत का परिचय दिया। उसने सड़क के सामने उत्तर की तरफ खिड़की खोलकर टॉर्च से रोशनी फेंककर देखा। दोनों बैल खूँटे पर नहीं थे। हम दोनों टॉर्च लिए बाहर निकले। खोजू आगे-आगे भूँकता हुआ तेजी से चलने लगा। हम दोनों भी उसके पीछे-पीछे तेज गति से चलने लगे। कुछ दूर चलने के बाद खोजू ने बाँध पर बैलों को ले जाते हुए चोर को देख लिया। वह तेजी से उसकी तरफ झपटा। टॉर्च की रोशनी में हमने भी देख लिया। मैंने 'चोर-चोर' चिल्लाना शुरू किया कि दोनों बैलों की रस्सी छोड़कर चोर लत्ते-पत्ते भाग गया। क्योंकि खोजू उसके पास पहुँचने ही वाला था। एक बैल की रस्सी मैंने अपने हाथ में ली तो दूसरे की रस्सी मनोरमा ने और हम घर की तरफ चल पड़े। पीछे-पीछे 'खोजू' अकड़ता हुआ चल रहा था मानो वह किसी बड़ी लड़ाई का विजयी योद्धा हो।

खोजू सच्चे जीवन-सहचर की भूमिका में शब्दश: समर्पित था। राष्ट्रीय राजमार्ग और दादर पुल के बीच स्थित न्यू पुलिस लाइन चौक से जो बाँध मेरे घर तक जाता है, उसके दोनों तरफ लीची की सघन गाछी (बगीचा) थी। अब तो एक-एक धूर में बड़े-बड़े मकान बन गये हैं और वहाँ शहर पहुँच गया है। मैं आधे किलोमीटर तक कॉलेज जाने के लिए उसी बाँध से गुजरता था। कभी-कभी किसी साहित्यिक-सांस्कृतिक सामाजिक कार्यक्रम में भाग लेने के कारण मुझे लौटते हुए देर रात हो जाती थी। शायद आचार्य जानकीवल्लभ शास्त्री का जन्म-दिन का समारोह था। जैसा कि पहले भी कह चुका हूँ कि जानकीवल्लभ शास्त्री जहाँ भेद-भाव करने वाले कट्टर ब्राह्मण पंडित थे, वहीं आत्मकेन्द्रित आत्म-मुग्ध व्यक्ति भी थे। उन दिनों मैंने स्वयं सरल मन होने के कारण उनके प्रभामण्डल के नीचे छिपे उनके इस रूप को नहीं जाना-समझा था। वह बड़े पैमाने पर भव्य रूप से अपना जन्म-दिन वैदिक रीति से मनाते थे, निराला निकेतन (उनके घर का नाम) की सजावट और चहल-पहल देखते ही बनती थी। मैं भी उसमें बढ़-चढ़कर भाग लेता था। मैं वहाँ से लौटा तो रात के बारह बज गये थे।

मैं बाँध पर साइकिल से पहुँचा तो अँधेरी रात में दोनों तरफ लीची की सघन वृक्षावलियाँ अंधकार से एकाकार हो गई थीं। दूर-दूर तक सर्वत्र स्तब्धता और एक अजीब सी वीरानी। दो-चार दिन पहले गाँव में हुई हिंसक डकैती

की स्मृति उस सन्नाटे को और भयाकुल बनाये दे रही थी। कुछ दूर साइकिल से चला ही था कि मेरी साइकिल का अगला चक्का सियारों के द्वारा किये गये गड्ढे में पड़ा और साइकिल उलट गई, मैं धूल में एक तरफ गिरा था तो साइकिल में आगे लगी डोलची में रखी कुछ किताबें और एक नोटबुक धूल में बिखर गये थे। मेरे रोंगटे खड़े हो रहे थे और मैं भय के मारे इतना छोटा हो गया था मानो मेरा कोई अस्तित्व ही न हो। मैं असहाय हो जैसे तिनके का सहारा ढूँढ़ रहा था कि मुझे किसी जीवित उपस्थिति की आहट मात्र ने और भी भयभीत कर दिया। मैं सिहर उठा। तभी पीछे मेरी दृष्टि 'खोजू' पर पड़ी और मेरा सारा भय दूर हो गया। वह दुम हिलाता मेरी तरफ सहज प्रेमभाव से देख रहा था। उस सघन अन्धकार में उसकी चमकती हुई आँखें दो दीपकों की मानिन्द जल रही थीं। मेरा उससे संवाद शुरू क्या हुआ, मैं अपनी बिखरी किताबें समेटकर तुरत खड़ी की गई साइकिल की डोलची में रखने लगा, मैंने उससे कहा–"क्यों, खोजू घर पर सब ठीक है न। खाना-पीना हो गया?" वह दुम हिलाता हुआ कूँ-कों करता रहा। इस तरह मैं उससे कुछ-कुछ बतियाता बाँध पर धीरे-धीरे साइकिल चलाता घर की तरफ चला तो वह भी मेरे समानान्तर ही चलता रहा। जैसे ही बाँध के पूर्व में हमारा खेत (सात एकड़) शुरू होता, वह खेत-खेत होता हुआ मेरे घर पहुँचकर बंद दरवाजे पर अपने पंजे से दस्तक देने की कोशिश करता मानो अन्दर में परिवार को कह रहा हो–आ गये। इस बीच मैं घूमकर आता और गुलमोहर के पास पहुँचते ही साइकिल की घंटी बजाता तो देखता–मनोरमा दरवाजे खोले हुए खड़ी होती थीं और अपनी मृदुल मुस्कान से स्वागत करती थीं, आँखों में यह प्रश्न भी रहता था कि किस कार्यक्रम में इतनी देर हो गई?

एक बूढ़ी नानी, बाँध के उत्तर में नीचे आने वाली सड़क के पास एक छोटी सी झोपड़ी में रहती थीं, जहाँ कई ताड़ीखाने थे। सहज उद्रेक के रूप में मेरे लिए फूट पड़नेवाली उनकी ममता की याद आज भी अन्दर से मुझे संवेदना-विह्वल कर देती है। जब मैं देर रात लौटता तो वह अपने झोपड़े में ढिबरी जलाये जगी रहती थीं क्योंकि दमा के कारण उन्हें खाँसी के दौरे आते थे। जब उन्हें मेरी साइकिल की घंटी सुनाई पड़ती तो बाँध से नीचे झोपड़े के निकट से मेरे गुजरते ही वह ममतावश कह उठती थीं–"बहुत रात हो गई नाती। निसबद्ध रात में आना ठीक नहीं है। जुग-जमाना बहुत खराब है।" तब मैं उन्हें कहता–"नानी! आपका आशीर्वाद मुझ पर है तो युग-जमाना कितना भी खराब हो, मेरा कोई क्या बिगाड़ेगा?"

"तो भी नाती सम्भल के चलना है।" नानी के यह कहने पर मैं यह कहकर आगे बढ़ जाता था–"आगे ध्यान रखूँगा।"

लेकिन प्रायः रात में देर से मेरे लौटने पर वह मुझे टोके बिना नहीं रहती थीं और मैं था कि उन्हें हर बार विश्वास दिलाता कि अब कभी देर से नहीं लौटूँगा लेकिन दो-चार दिन सबेरे लौटने के बाद फिर किसी न किसी समारोह में भाग लेने के कारण लौटते हुए रात हो ही जाती थी। कहीं कोई नाता-रिश्ता नहीं, न कोई स्वार्थ, फिर भी इतना गहरा प्रेम, इतनी गहरी ममता! आखिर यह क्या था? यह उन लोगों से जानने का वक्त आ गया है जो सत्ता के शीर्ष पद पर पहुँचकर लोगों को बाँटकर दंगे कराते हैं और हजारों निरपराध और निर्दोष लोगों को मारकर शिखर पर पहुँचते हैं। जब मैं दादर छोड़कर बच्चों की पढ़ाई बाधित होने के कारण मुजफ्फरपुर रहने लगा तो एक रात पत्नी ने बतलाया कि पासिन नानी नहीं रहीं तो मैं शोकाकुल हो उठा। रात में ढिबरी जलाकर वह सोना चाहती थीं लेकिन खाँसी थी कि रुकने का नाम नहीं ले रही थी। तभी तेज हवा के कारण ढिबरी से झोपड़ी में आग लग गई और बूढ़ी बेबस नानी उसी में जल गईं।

खोजू की वफापरस्ती की अनेक कहानियों में एक यह है कि बरसात के दिन थे। खेती-बाड़ी करनेवाला रामदेव अपने गाँव रामनगर गया हुआ था। बैलों और गाय को सानी-पानी देने से लेकर सारा काम मनोरमा ही कर रही थीं। वह गाय भी दुहती थीं और गोबर के उपले भी पाथती थीं। रामदेव तो कहकर गया था कि वह दो-तीन दिनों में आ जायेगा लेकिन उसे आने में देर पर देर होने लगी तो खबर आई कि उसकी पत्नी बहुत बीमार है। इस कारण खाना बनाने से लेकर बच्चों को स्कूल के लिए तैयार करना, बैलों एवं गाय को समय पर सानी-पानी देना और खेती की भी देख-भाल करना, मनोरमा काम के बोझ से बिलकुल दबी हुई थीं। उस अँधेरी रात में खोजू लगातार भूँक रहा था। मैं कॉलेज से आने-जाने-पढ़ाने के कारण थका-माँदा होता था, इसलिए बिस्तर पर जाते ही ऐसी गहरी नींद आती थी कि फिर किसी के उठाने पर भी नहीं उठता था। मनोरमा की स्थिति तो मुझसे कहीं अधिक कठिन थी—पौ फटने के साथ ही चलती रहती थीं। इसलिए खोजू के लगातार भूँकने का हम दोनों पर कोई असर नहीं हुआ था। उसी समय नन्हा सृजन कुनमुनाया तो मनोरमा जग गईं—वैसे भी माँ का जगना-सोना बच्चे के सोने-जगने पर ही निर्भर है।

"खोजू क्यों भूँक रहा है? जरा देखिये तो।" मनोरमा ने मुझे जगाते हुए कहा। मैंने किसी तरह उठकर खिड़की खोली और टार्च लेकर निकला तो खोजू मेरे पास आया और आकर सामने खेतों में लगी मक्का की हरी-भरी फसल की तरफ देखकर भूँकने लगा। देखा-खूँटे पर एक बैल नहीं था। आस-पास रोशनी फेंककर देख ही रहा था कि खोजू मक्के की फसल में घुस गया, मैं

भी उसके पीछे-पीछे गया। फसल के अन्दर जाते ही मक्का के बड़े-बड़े पौधों को खाने की आवाज सुनाई पड़ी। बैल के गले की रस्सी मिट्‌टी-पानी के लगातार प्रभाव से कमजोर हो गई होगी, इसलिए भूखे बैल ने झटके से उसे तोड़ दिया होगा। मैं टूटी रस्सी पकड़ के बैल को ले आया। बाहर मनोरमा दूसरी रस्सी लिए खड़ी थीं। खोजू महाशय बैल की तरफ देख-देखकर अब भी भूँक रहे थे मानो बैल को डाँट रहे हों।

जहाँ खोजू जैसा पशु हमारी मुश्किलें कम कर रहा था, हमें अपने सहज प्रेम भरे कोतुकों से उन तकलीफों और कठिनाइयों में हमें तनाव और चिन्ता से मुक्त क्षणों के रूप में खुशी की सौगात दिया करता था, वहीं रिश्ते में मामा रामवृक्षराय ने दादर में मेरा जीना कठिनतर और असह्य बना दिया था। वह अहीर टोले का अन्दर से ऐसा शातिर दिमाग था कि बाहर से एकदम से मिठबोलू मगर अन्दर हलाहल से पूर्ण। वह कभी सुबह तो कभी शाम में गुलमोहर के नीचे बैठकर मेरी माँ (उसकी बहन) को मनोरमा के विरुद्ध ऐसी पट्‌टी पढ़ा दिया करता था कि बूढ़ी माँ की बुद्धि उसकी मोहनी माया के पीछे छिपी दुष्टता को समझ नहीं पाती थी। इसलिए माँ अनजाने ही मनोरमा से उलझ जाती थीं, जिससे उन दोनों के बीच का दु:संवाद कलह में बदल जाता था। लंगट सिंह कॉलेज के स्नातकोत्तर हिन्दी विभाग के डॉ. शकुनि सिंह और उसके साथियों के कमीनेपन से दुखी और क्षुब्ध होकर घर लौटता तो माँ और पुतोहू के बीच का कलह मुझे अन्दर से तोड़ देता था। ऐसे समय मैं पागल हो जाता था—कहाँ डूब-धँस जाऊँ, कहाँ जाऊँ, आखिर क्या करूँ? कई बार बाँध पर पहुँचता तो उस कलह की आशंका से मेरे कानों में सास-पुतोहू की लड़ाई गूँजने लगती थी। मुझे लेने के लिए खोजू दिखाई पड़ जाता और मैं उससे पूछने लगता—घर में सब ठीक है न? इस तरह यौवन के वे वर्ष चतुर्दिक चिन्ता, तनाव और यंत्रणा में ऐसे गुजरे कि मैं कभी ठीक से अपनी माँ, पत्नी, बच्चों, मित्रों और प्रिय प्रकृति के साथ एकरव होकर जी न सका। घर-बाहर मैं ऐसे स्वार्थियों से घिरा रहा, जिनके बारे में महान उपन्यासकार इवान तुर्गनेव के 'रुदिन' उपन्यास का प्रमुख पात्र पिगासोव कहता है—"दुनिया में तीन तरह के स्वार्थी हैं : एक वे, जो खुद जीते हैं और दूसरों को जीने देते हैं; दूसरे वे, जो खुद जीते हैं मगर दूसरों की नाक में दम किये रहते हैं; तीसरे वे, जो न खुद जीते हैं और न औरों को जीने देते हैं।" मेरा दुर्भाग्य कि मैं दूसरे-तीसरे प्रकार के स्वार्थियों से ही घिरा रहा; उन्हीं में ये लोग आते हैं।

उस दिन खोजू के प्रेम की इन्तहा हो गई। जब मैं कॉलेज के लिए तैयार होकर घर से निकला और साइकिल पर चढ़ा, वह भी हर दिन की तरह मेरे साथ-साथ गाँव के सिवान की समाप्ति पर शुरू होने वाले राष्ट्रीय राजमार्ग

तक मुझे छोड़ने के लिए चल पड़ा। उसका साथ मुझे किसी आत्मीय व्यक्ति की उपस्थिति से कभी कमतर महसूस नहीं हुई। जब हम दोनों नई पुलिस लाइन के चौक पर पहुँचे तो मैंने साइकिल से उतरकर उसकी पीठ सहलायी, पुचकारा और प्यार-दुलार किया और कहा-"लौट जा बेटे। लौट जा।" जब मैं साइकिल से राष्ट्रीय राज पथ पार कर मुजफ्फरपुर प्रौद्योगिक संस्थान (इंजीनियरिंग कॉलेज) से होकर लक्ष्मी चौक होते हुए लंगट सिंह कॉलेज से आगे जानेवाली सड़क पर पहुँचा तो देखा वह अब भी सड़क के किनारे खड़ा मुझे स्नेहिल आँखों से जाते हुए देख रहा है।

मैं शाम को घर लौटा तो देखा। खोजू टाँगें फैलाकर लेटा हुआ कराह रहा है और मनोरमा उसके लहूलुहान पैर को डिटॉल मिले गर्म पानी से धो रही हैं। साइकिल से मेरे उतरते ही खोजू ने मुझे असहाय और कातर दृष्टि से देखा तो मैं अन्दर से छलक उठा। "यह कैसे हुआ?" मेरे मुँह से स्वत: निकल गया। "खोजू तो आपको विदा करने के बाद सड़क के किनारे खड़ा था कि एक ऑटोरिक्शा से उसे ठोकर लग गई।" मनोरमा ने बतलाया-"उसी समय लँगड़ाता और रोता हुआ आया था। उसके जख्मी पैर से खून टपक रहा था। उसी समय मैंने मलहम-पट्टी कर दी थी। अब फिर से उसे...।"

मैं खोजू के निकट बैठकर पुचकारने और उसके सिर को हाथ से सहलाने लगा तो वह अजीब तरह से कों-कों करके रोने लगा। उसके रोदन में जहाँ उसकी गहरी वेदना द्रवित हो रही थी, वहीं हमारे साथ उसके सम्बन्धों की प्रगाढ़ता भी प्रकट हो रही थी। आखिरकार मनोरमा और मेधा की अनवरत् मरहम-पट्टी और सेवा के बाद फिर से खोजू पहले की तरह स्वस्थ और सक्रिय होकर अपनी ड्यूटी बजाने लगा।

जब हम अपने बच्चों की बेहतर पढ़ाई के उद्देश्य से किसी तरह एक कमरा और पश्चिम का छोटा-सा बरामदा ढालकर (छत) मुजफ्फरपुर शहर के नयाटोले मुहल्ले में आ गये तब भी हम खोजू को नहीं भूले। कई बार सोचा कि उसे यहाँ ले आऊँ और एक-दो बार उसे यहाँ लाने की कोशिश भी की लेकिन वह कभी पुलिस-लाइन चौक से दादर लौट गया तो कभी बाँध तक ही आकर रह गया। हफ्ता-दस दिन पर मैं जब भी दादर जाता तो मैं उसे खोजता। कई बार तो वह जाने कहाँ से मेरे आने की आहट पा लेता और आता तो मेरे पैरों से लिपटकर खूब प्यार करता; मैं भी उसे बिस्कुट खिलाता-पुचकारता था। लेकिन ऐसे अवसर अपनी संघर्ष और तनावों वाली जिन्दगी में अधिक नहीं आए। और एक दिन वही हुआ, जो दिन-व-दिन निर्मम होते जा रहे भारतीय समाज में चाहे वह शहरी हो या ग्रामीण, होता है। गाँव में रहते समय मैं जिन लोगों के लिए असुविधा का कारण बना था, उन्हीं में से एक ने एक

रात उसके जोर-जोर से भूँकने पर भाले से मार दिया। आज यह लिखते समय मेरी आँखें नम हैं तो इसलिए कि उसने मेरे कई अपनों से अधिक प्रेम दिया था जिसमें न कोई कृत्रिमता थी न कोई स्वार्थ, बस सहज प्रेम। उसकी मृत्यु ने मुझे ही नहीं, मेरी पत्नी रमा, और सारे परिवार को विचलित कर दिया था। वह मेरी जिन्दगी का एक दुखद अध्याय है।

हमारे शहरी घर के परिसर में आगे छोटा-सा झोपड़ीनुमा एक कमरा था, जहाँ कुछ फालतू सामान एकत्र थे। उसी में कहीं से आकर एक कुतिया ने पाँच पिल्लों को जन्म दे दिया था। दस-बारह दिनों तक वे बच्चे रात में कों-कों करते रहे। किसी तरह रमा ने कुतिया और उसके बच्चों को वहाँ से भगा दिया लेकिन एक पिल्ला था कि भगा दिये जाने के बाद भी उसी झोपड़े में आ जाता था और रात-रात-भर कों-कों किया करता था। रमा को उस पर दया आ गई और उसने उसे दूध पिलाना शुरू कर दिया। वह देखने में इतना प्यारा था कि बच्चे उसे पालतू बनाने की जिद करने लगे। रमा उसे पालने के विरुद्ध इसलिए थी कि आखिरकार हमारे यहाँ आने के बाद दादर के आततताईयों में से किसी के भाले से हुई खोजू की मृत्यु ने हमें अन्दर से हिलाकर रख दिया था। वह नहीं चाहती थीं कि इस आघात की पुनरावृत्ति हो। इसके बावजूद वह पिल्ला भी अन्ततः हमारे परिवार का सदस्य बन गया। अब सुबह उठते ही रमा और बच्चे उस झोपड़े में पुआल के बीच कपड़ों से झाँपे-तोपे गये पिल्ले को देखने जाते कि वह ठीक तो है। इसी बीच मेधा, सृजन, स्निग्धा और शेफाली में से कोई कटोरे में दूध ले आता और उसे दूध पिलाता था। शुरुआती दिनों में तो वह स्वयं कटोरे से दूध नहीं पी पाता था तो कलम में स्याही भरने वाले ड्रापर से रमा उसे दूध पिलाया करती थी। इस तरह वह दूध और दुलार से मुटाने लगा, धीरे-धीरे गबदू और अधिक प्यारा हो गया। सारे घर के आकर्षण का केन्द्र। बाहर से आनेवालों में भी कोई-कोई उसे देखकर खुश होते और कहते-"है तो देसी पर है बड़ा प्यारा।" जब वह धीरे-धीरे कुछ बड़ा हुआ तो वह मेरे और बच्चों के साथ गली के बाहर जाने लगा। जैसे-जैसे वह बड़ा होता गया, मेरे परिवार के साथ ही हरीतिमा परिसर के प्रति भी उसका अपनापन और लगाव बढ़ता चला गया। वह एक सुरक्षा प्रहरी (बॉडी-गार्ड) की वही भूमिका निभाने लगा जो दादर गाँव में खोजू निभाया करता था। जब वह एक साल का हो गया तो बच्चों ने उसे भी पुकारने के लिए कोई नाम देना चाहा। घर में बैठकर मेधा, सृजन, स्निग्धा, शेफाली और शिप्रा सबने उसके नामकरण को लेकर गहन विमर्श किया, जिसके हम दोनों साक्षी मात्र थे। वह भूरे रंग का तो था ही, उसका चेहरा दूर से तेन्दुआ (बाघ) की झलक देता था और वह कभी-कभी छलाँग लगाकर दीवार पर चढ़ जाता और उस पर

तेन्दुआ वाली ठसक से चलता भी था। इसलिए बच्चों ने बहुत सोच-विचारकर उसे 'तेन्दुआ' नाम दे दिया। जाने कैसे उसने 'यथा नाम तथा गुण' को चरितार्थ कर दिया। चौधराइन मंदिर की गली के कतिपय संभ्रान्त लोग उसे देखकर कभी-कभी गलियाने-फटकारने के साथ कंकड़ उठाकर मार दिया करते थे, जिसके प्रतिकार में वह भागने के बजाय पलटकर रुक जाता और जोर-जोर से भूँककर अपना प्रतिरोध प्रकट करता था। लोग अब मुझसे या रमा से शिकायत करने लगे कि आपका कुत्ता 'कटाह' (काट खाने वाला) है, बाँधकर रखिये। पशुओं की शिकायत करनेवाले अक्सर अपने गिरेबाँ में झाँकने के बजाय उस पशु पर ही दोषारोपण किया करते हैं। मैं आज भी यह देखकर मर्माहत हो उठता हूँ, कि सड़क से जा रहे कुत्ते पर बच्चे तो बच्चे सयाने भी अकारण पत्थर चलाकर उसे चोटिल करके आनन्द लेते हैं। ऐसे समय मुझे बचपन का 'डहरा' याद आ जाता है।

पाठकों ने पहले ही पढ़ा होगा कि मेरे निर्धन परिवार की जीविका का एक साधन गो-पालन था। यह गो-पालन दादाजी स्वर्गीय द्वारिका राय के समय से ही चला आ रहा था। बाबूजी और माँ दोनों के लिए भी गो-पालन के द्वारा दूध-दही-मलाई-राबड़ी बेचकर घर चलाने की विवशता थी। इसलिए दरवाजे पर आखिरी वर्षों में भी चार-पाँच गाएँ होती ही होती थीं। दिवाली के एक दिन बाद गायों को विशेष रूप से तैयार किया जाता था। इसके लिए महीना-बीस दिन पहले से उनके लिए नई रस्सी तैयार की जाती थी। मुझे अब भी याद है, कभी-कभी गायों के लिए न तो अकेले हनुमान चाचा के लिए रस्सियाँ बाँटना सम्भव था न बालदेव के लिए, इसलिए रातों में बाबूजी भी रस्सियाँ बाँटा करते थे। ऐसा नहीं था कि केवल बड़ी गायों के लिए गरदानी, मोहरी और खूँटे से बाँधनेवाली 'डहरा' का अर्थ मार्ग या डगर है लेकिन क्रिया के रूप में चलाना और दौड़ाना है। 'डहरा' में दिवाली के बाद अपने पशु-पर्व के रूप में एक मैदान में गाएँ सींग से सुअर या सुअर के बच्चे को मार-मारकर दौड़ाती हैं तो गो-पालक उसमें आनन्द लेते हैं।

रस्सियाँ बाँटी जाती थीं, उनके बच्चों—बाछी और बछड़ा सबके लिए बिना किसी भेद के रस्सियाँ बाँटी जाती थीं, बल्कि बाछी और बछड़े के लिए फुदना और लटकन भी बनाया जाता था ताकि वे रँगे जाने पर और भी सुन्दर लगें, यही नहीं उस अवसर पर उनके गले में घंटी भी बाँधी जाती थी। जब कभी वह बछड़ा या बाछी रात में सोते-से जगकर खड़ी होती तो उसकी वह घंटी टुनटुन बज उठती और सारा परिसर घंटी के संगीत से निनादित हो उठता था। यह भी कि वह हमें उनके स्वस्थ होने की सूचना भी देती थी।

उस पशु-पर्व के तीन-चार दिन पहले तक अनिवार्य रूप से मोहरी,

गरदानी, फुँदना, लटकन आदि तैयार हो जाते तो उन्हें गुलाबी और हरे रंग में रँगकर धूप में सूखने के लिए रख दिया जाता था। इस कार्य में बाबूजी, हनुमान चाचा और बालदेव अपनी आत्मा के साथ ऐसे संलग्न होते थे जैसे किसी उत्सव की तैयारी में लगे हों। रात में जगकर उन्हें रस्सियाँ बुनते हुए तन्मय देखता तो लगता जैसे घर की कोई गृहिणी अपने बच्चे के लिए स्वेटर बुन रही हो। मैं तब बमुश्किल सात-आठ साल का बच्चा था। पशु-पर्व के उस दिन धूप निकलते ही हनुमान चाचा और बालदेव सभी गायों को 501 साबुन से भली-भाँति ऐसे नहाते कि उनके शरीर की धूल-मिट्टी गोबर सब साफ होकर वे और सुन्दर दिखने लगती। जब उनके शरीर सूख जाते तो माँ लाल-हरे रंग से उन पर गोल छापे लगातीं, जिससे वे और सुन्दर लगने लगतीं। उस दिन उन्हें विशेष रूप से खिलाया ही नहीं जाता था बल्कि बल और नशा बढ़ाने वाला 'सोन्हाना' पिलाया जाता था ताकि मध्याह्न में चक्कर मैदान में होने वाले 'डहरा' के लिए उन्हें तैयार किया जा सके। यह 'सोन्हाना' दूध, हल्दी-गुड़-अजमाइन और भाँग मिलाकर तरल रूप में बनाया जाता था जिससे गाय-बैलों को अतिरिक्त शक्ति-स्फूर्ति के साथ थोड़ा नशा भी हो और वह अपने बल से 'डहरा' में शत्रु को भू-लुण्ठित कर दें।

मुझे 1950-52 का वह चक्कर मैदान आज भी याद है, जिसके बीचो-बीच दो बड़े-बड़े हैंगर थे, जिनमें दो छोटे प्लेन खड़े होते थे। उन दिनों कई बार हम बच्चे चक्कर पर हवाई जहाज देखने जाया करते थे। जाहिए है वे प्लेन हमारे लिए कौतूहल का विषय होते थे। वहाँ से काफी हटकर बल्कि रन-वे से काफी दूर दक्षिण में, जहाँ प्रभात तारा कन्या हाई स्कूल है, सड़क से सटे मैदान में 'डहरा' होता था। कई जगहों से गो-पालक अपनी गायों को लेकर उनकी शक्ति प्रदर्शित करने आते थे। दो-तीन साल तो इतनी अधिक भीड़ थी कि मैं स्वयं छोटा होने के कारण यह देख नहीं पाया कि आखिर वहाँ हो क्या रहा है? लेकिन उसके बाद वाले एक 'डहरा' में हनुमान चाचा ने मुझे कंधे पर उठा लिया और कहा-"देखो। देखो। अपनी गाय कैसे अपने सींग से सुअर को मार रही है।" मैंने देखा। बालदेव ने गाय की लम्बी रस्सी को ढील दे रखी है और वह गाय सुअर को अपने सींग से बार-बार मार रही है और सुअर कें-कें करता भाग रहा है। लोग हैं कि तालियाँ बजा-बजाकर खुशी व्यक्त कर रहे हैं। भाग रहे सुअर पर जब भी गाय अपने सींग से प्रहार करती और सुअर चीखता तो जहाँ हनुमान चाचा और बालदेव को भी गर्वभरी खुशी होती, वहीं दूसरे पशु-पालक उन्हें शाबाशी दे रहे होते थे। यह दृश्य बाल-बोध में भी मुझे अप्रिय ही नहीं लगा था, वह मुझे उदास भी कर गया था। अहिंसक गाय द्वारा खदेड़कर एक छोटे से सुअर के बच्चे को बार-बार मारा जाना और उसके

दर्द से चीखने पर खुशी जाहिर करना यह क्रूर प्रथा मुझे आज भी जब-तब याद आ जाती है क्योंकि मैं जब किसी सयाने या बच्चे को सड़क चलते किसी कुत्ते या गाय या बकरी को अकारण पत्थर चलाकर मारते हुए देखता हूँ तो मुझे गहरी चोट लगती है।

साढ़े तेरह वर्षों तक तेन्दु ने मेरे परिवार के एक-एक सदस्य को जिस गहराई और ईमानदारी के साथ प्यार किया, वह मेरे जीवन का उल्लेखनीय हिस्सा है। यह भी मेरे लिए पीड़ादायी अनुभव है कि अपनी बढ़ती उम्र के साथ हमारे प्रति तेन्दु का अपनापा बढ़ रहा था तो उसके प्रति चौधराइन मंदिर गली के कुछ लोगों की घृणा भी बढ़ रही थी। जब कभी तेन्दु गली में अकेला पड़ जाता तो गली का कोई लड़का या सयाना उस पर पत्थर चला देता था, जिससे उसके स्वभाव में आक्रामकता आने लगी। आमतौर पर वह हमारे परिवार में गलत प्रवृत्ति के व्यक्ति के आने पर ही भूँकता था लेकिन उसके प्रति लोगों की बढ़ती घृणा का फल यह हुआ कि गेट पर जहाँ किसी के आने की आहट होती, वह भूँकने लगता था। उसके रहते हुए 'हरीतिमा' परिसर से कोई एक फूल तक नहीं तोड़ सकता था, सामान उठाकर ले जाना तो दूर की बात है। मेरी बड़ी नातिन रम्या सालभर की थी, सरसों तेल से उसकी अच्छी तरह मालिश करके नानी रमा ने बरामदे के सामने धूप में सुला दिया था और वह स्वयं अन्दर किसी काम से चली गईं। तेन्दु ऊपर छत पर बैठा था। अचानक रम्या जोर-जोर से रोने लगी तो उसकी रुलाई सुनते ही तेन्दु छत से नीचे त्वरित गति से आकर जोर-जोर से भूँकने लगा। तेन्दु की आवाज सुनकर रमा दौड़ी हुई आईं। देखा-रम्या बिलख-बिलख रो रही है। उन्होंने जैसे ही उसे अपने कलेजे से लगाया, वह चुप हो गई। तेन्दु भी बच्ची को नानी की गोद में देखकर आश्वस्त हो गया था।

मझले भइया गौरीशंकर जी मुहल्ले में आते तो मुहल्ले के उन्हीं लोगों के दरवाजे पर जाते और मेरी किस्सा-कहानी सुनाते, जिन्हें मैं फूटी आँखों नहीं सुहाता था। मैं बार-बार आत्म-समीक्षा करता कि मुझमें ऐसा कौन-सा दुर्गुण है कि गली के ज्यादातर लोग मुझसे बचते ही नहीं, मेरे साथ दुश्मन सरीखा व्यवहार करते हैं। यहाँ तक कि वे इस कारण मेरे कुत्ते तेन्दु तक को तकलीफ पहुँचाये बगैर नहीं रहते हैं। एक बार मझले भैया दो-तीन गलत किस्म के लोगों को लेकर गेट पर आ गये और जोर-जोर से दरवाजा खोलने के लिए आवाज लगाने लगे। तेन्दु ने गेट के अन्दर से ही इतने जोर से भूँकना शुरू कर दिया कि वे लोग अन्ततः वहाँ से डरकर चले गये। दरअसल मेरे दोनों भाइयों ने समूचे नयाटोला में मेरे और परिवार के बारे में ऐसा प्रतिकूल वातावरण बना रखा था कि हमलोग आज भी घर से चुपचाप ऐसे निकलते हैं जैसे किसी से कोई परिचय ही न हो। जहाँ आपकी अपेक्षया निष्कलुष

जीवन-शैली के बावजूद स्वयं दागदार लोग आप में बहत्तर छिद्र निकालते हों, वहाँ तो आपको ऐसे ही जीना होगा कि आप उनके लिए अस्तित्वहीन (Non-existent) हों। यह और बात है कि वे मेरी ही नहीं, मेरे बच्चों और यहाँ तक कि मेरे यहाँ हर आने-जाने वाले की गति-विधि पर भी निगाह रखते हैं। यदि मैं कुछ दिनों के लिए बाहर चला जाऊँ तो वे यह भी चर्चा करते हैं कि इन दिनों वह दिखलाई नहीं देता, कहाँ गया है? पड़ोसियों के द्वारा चलाये जा रहे इस शीत-युद्ध के बावजूद जब मैं यह सुनता कि उन्हीं में से कोई बीमार हुआ या कोई खुदानखाश्ते दुर्घटना का शिकार हो गया तो मैं तत्काल हाल-चाल लेने ही नहीं जाता अपितु मैं उनकी यथासम्भव मदद की भी पहल करता रहा हूँ। लेकिन मैं घर में हफ्तों बीमार रहूँ तो कोई यह जानने की भी चेष्टा नहीं करता कि मैं कैसे हूँ, किस हाल में हूँ। एक बार मुझे भयंकर रूप से टाइफायड हो गया और मैं बिस्तर पर सप्ताहों से पड़ा था। बनारस में आयोजित महादेवी जी के अभिनन्दन-समारोह से आचार्य जानकीवल्लभ शास्त्री लौटे तो दूसरे ही दिन दस बजे मुझे खोजते-ढूँढ़ते चौधराइन मंदिर गली में आ पहुँचे। हाईस्कूल के उन्हीं शिक्षक महोदय ने मेरा पता बतलाया, जो गली के लड़कों को उकसाकर मुझे और परिवार के लोगों को निम्नस्तर पर अपमानित-प्रताड़ित किया करते थे। उन्हें जब मालूम हुआ कि आचार्यजी टाइफायड से ग्रसित मुझको ही देखने आए हैं तो मौन साध गए। ऐसे ही वातावरण में एक दिन तेन्दु खून से लथ-पथ लँगड़ाता और कों-कों के स्वर में रोता हुआ आया तो हम मर्माहत हो उठे। रमा और बच्चे सब उसकी असह्य पीड़ा और छटपटाहट देखकर तड़प उठे। रमा और बच्चे उसका खून साफ करने, डिटॉल और गर्म पानी से उसे धोने में जुट गए और मैंने तत्काल पशु-चिकित्सक को फोन करके बुला लिया। सुबह-शाम उसकी मरहम-पट्टी पूरी संलग्नता और तत्परता से होने लगी जैसे हम अपने सगे-सम्बन्धी की मरहम-पट्टी और उपचार करते हैं। उस भाषाहीन पशु-तेन्दु को किसी और ने नहीं, मेरे निकटतम पड़ोसी ठाकुर साहब के नौकर ने इस बुरी तरह मारा था, जो पति-पत्नी अब भी सामन्ती अकड़ के बावजूद नियमपूर्वक पूजा-पाठ और यज्ञ-व्रत-तीर्थ आदि करते हैं। यदि इस कर्मकाण्डी और कठोर समाज में तेन्दु जैसे पशु में प्रतिरोध हेतु किंचित् हिंसकता आ गई है तो उसे पढ़े-लिखे उन बहुतेरे लोगों से अधिक विवेकवान समझता हूँ, जो अपने ऊपर होनेवाला हर अत्याचार चुपचाप सहते चले जाते हैं। इसके बाद तो यह प्रचार हो गया कि नन्दनजी का कुत्ता 'कटाह' है जबकि अब तक उसने किसी को कभी नहीं काट खाया था। क्या जाने, वे लोग यह भी कहते रहे हों उनका कुत्ता नन्दनजी की तरह भी...?

माँ भी नयाटोला के इस अधबने मकान में मेरे ही साथ रहती थीं। गाँव में दूध की कठिनाई नहीं थी। आर्थिक कश्मकश के बीच यह निर्णय लिया गया कि एक गाय खरीदी जाय ताकि माँ और बच्चों को शुद्ध दूध मिले। सालभर दो सौ रुपयों की बचत के बाद घर में दो नये मेहमानों—एक गाय और उसकी बाछी का आगमन होते ही तेन्दु के आने से आई खुशी और भी बढ़ गई। बच्चे सुबह-शाम उसकी प्यारी-सी बाछी से खेलने लगे और उनका ध्यान तेन्दु की तरफ से हटना स्वाभाविक था। इसकी प्रतिक्रिया मनुष्य के समान ही तेन्दु में भी दिखलाई पड़ी। वह जब बच्चे बाछी से खेल रहे होते तो वह भूँकने लगता मानो उसे यह अच्छा न लग रहा हो। लेकिन उसकी यह प्रारम्भिक नाराजगी धीरे-धीरे खत्म हो गई और वह भी उनके खेल-कूद में शामिल होने लगा। जैसे तेन्दु का नामकरण हुआ था, वैसे ही उन दो नये सदस्यों का भी हमलोगों ने सोच-विचार कर नामकरण किया। गाय हुई 'लक्ष्मी' तो उसकी बिटिया 'श्यामा'। लक्ष्मी के आने से घर में धन-सम्पदा की आवक भले न हुई हो लेकिन घर में जीवनेच्छा से भरपूर खुशी जरूर आ गई। तमाम मुसीबतों के बीच जीवन-तरु में हरापन आने लगा। दादर से यहाँ आने के बावजूद रमा खेती-बाड़ी का काम देखने सप्ताह में एक-दो बार वहाँ जाने लगीं। जब वह घर से आगे गली में रुके रिक्शे पर बैठकर दादर के लिए निकलतीं तो लक्ष्मी और श्यामा दोनों बोलने लगतीं, पहले लक्ष्मी रम्भाती तो श्यामा भी अपनी माँ का अनुसरण कर बोलने लगती। वैसे ही गली और सड़क के मिलन बिन्दु पर लौटते हुए शाम को उनका रिक्शा पहुँचता कि लक्ष्मी-श्यामा ही नहीं, तेन्दु भी बोल-बोलकर खुशी जाहिर करते कि माँ आ गईं, माँ आ गईं। बच्चे भी समझ जाते कि माँ आ गईं। वे गेट पर उनका स्वागत करने, उन्हें लेने जाते तो पीछे तेन्दु भी खुशी से दुम हिला रहा होता था। ऐसे समय रमा तेन्दु को सहलाकर उसे शान्त करने के बाद लक्ष्मी और श्यामा के निकट गये बिना नहीं रह पाती थीं। वह उन दोनों के पास जातीं और उनकी पीठ को बड़े प्यार से अपनी कोमल हथेली से सहलातीं और उसे पुचकारती थीं। उस वक्त मौन लक्ष्मी की आँखों से छलकने वाली उस प्रेमानुभूति को व्यक्त करने की सामर्थ्य शायद ही कभी इन शब्दों में आए।

इन पशुओं के साथ मेरे होने से बाहरी दुनिया के कलुषित तत्त्वों से न चाहते हुए भी यदा-कदा हो जानेवाली मुठभेड़ें और उससे स्वाभाविक रूप से होने वाले ताप-सन्ताप में कमी आती थी और मेरी ऊर्जा अन्यथा रूप से चिन्तित और तनावग्रस्त होने में खर्च होने से बच जाती थी। मैंने कई बार यह अनुभव किया है कि नकली और अवांछित व्यक्तियों की उपस्थिति के बरक्स इन पशुओं की उपस्थिति सदैव अधिक आत्मीय ऊष्मा से भर देती है।

कदाचित यही कारण है कि घर के छोटे बच्चों के समान ही लक्ष्मी, श्यामा और तेन्दु हमारी ममता के सहज अधिकारी थे। जब कभी मैं अपने विभाग में अपने सहयोगी डॉ. शकुनि सिंह या अन्य के द्वारा या उनके इशारे पर कथित छात्रों द्वारा प्रताड़ित किये जाने पर उदास लौटता तो घर में इन पशुओं के साथ होते ही मेरी उदासी खत्म हो जाती और मैं फिर से कड़वी स्मृति को पीछे ढकेलकर लिखने-पढ़ने में जुट जाता था। इसलिए मैं पढ़ने-लिखने के साथ-साथ मनुष्य बनने की इस यात्रा में जहाँ भी हूँ, वहाँ तक आने में बुद्ध, कबीर और मार्क्स सरीखे मनीषियों की प्रेरणा के साथ ही इन पशुओं की भी भूमिका है।

समय की प्रवहमान धारा में बहती हुई जीवन-नौका को न जाने कहाँ-कहाँ किन-किन तरंगों और थपेड़ों से गुजरना पड़ता है! मैं एक निम्नमध्यवर्गीय वैष्णव परिवार में जन्म लेने और स्कूली दिनों में घर पर होनेवाले हर मंगलवारी कीर्तन में पूरी तन्मयता के साथ भाग लेता था और भजन गाया करता था, उसी का फल है कि मेरा संगीत की ओर झुकाव हुआ और थोड़ा-बहुत ढोलक बजाना भी सीख गया। तब मैं मैट्रिक में पढ़ रहा था। साहित्य की ओर झुकाव तो पहले से ही था, यह मैं लिख चुका हूँ, अब उसमें संगीत भी जुड़ गया था लेकिन जब मैं लोहिया के लेखों से गुजरने लगा तो स्वाभाविक रूप से मेरे अन्दर समाज में व्याप्त आर्थिक विषमता और वर्णवादी भेद-भाव के विरुद्ध भावनाएँ उबलने लगीं। क्योंकि मेरा परिवार आर्थिक विपन्नता से उत्पन्न वेदना की भट्ठी में निरन्तर जलता हुआ जातिवादी घृणा का भी शिकार था। स्वभावत: आर्थिक विषमता की कोख से जन्मी सारी बुराइयों के विरोध की भावना बलवती होती चली गई। एम.ए. की कक्षा तक जाते-जाते मैं धर्म, पूजा-पाठ और शास्त्र-पुराण का विरोधी हो गया। पाँचवीं-छठी जमात में भूमिहार ब्राह्मण कालेजियेट स्कूल के संस्कृत शिक्षक स्वर्गीय देवीदत्त शर्मा ने स्वयं बुलाकर मुझे संस्कृत पढ़ाने की जगह मेरे सहपाठियों के बीच यह कहकर मुझे अपमानित किया कि संस्कृत देववाणी है, उसे पढ़ने के लिए देवयोनि में जन्म लेना पड़ता है, तुम संस्कृत पढ़ने के योग्य नहीं हो। इससे मैं संस्कृत और उसमें लिखे शास्त्र-पुराण के प्रति विरक्त हो गया था। जब मैं एम.ए. पास करने के बाद मार्क्सवाद के सम्पर्क में आया तो मैंने ईश्वर, भाग्यवाद आदि को अस्वीकार कर दिया। ऐसा होने लगा कि रमा (पत्नी) बाजार निकलतीं तो देवी मंदिर अथवा गरीब स्थान जाने की जिद करतीं। मैं रिक्शे पर बैठा रहता था, और वह अकेली मंदिर से पूजा करके लौटती थीं।

किसी बात को लेकर रमा ने मनौती कर रखी थी कि ऐसा होगा तो मैं सत्यनारायण की पूजा करवाऊँगी। संयोग से वह मनौती पूरी हो गई। अब पूजा दिन निश्चित हो गया। प्रश्न उठा–पूजा पर कौन बैठेगा? मैंने स्पष्ट मना कर

दिया कि मैं हर्गिज नहीं बैठूँगा। मैं नहीं बैठा तो मेरा पुत्र सृजन, जिसकी उम्र तब मुश्किल से दस–बारह वर्ष की रही होगी, पूजा पर बैठा। मेधा बड़ी थी, लड़की नहीं बैठ सकती थी–ऐसा पंडितों का कहना था। यहाँ भी लैंगिक भेद और शुद्धता-अशुद्धता की दीवार खड़ी थी। तेन्दु के प्रति इतने प्रेम के बावजूद अगर वह कभी धोखे से बरामदे में आ गया तो उसे फटकार लगती थी। उसने बरामदे को गन्दा-अपवित्र कर दिया। यहीं कबीर याद आते हैं। बकरी चौके में चली जाए तो चौका अपवित्र हो गया और उसे मारकर उसका मांस उसी चौके में पकाकर खाते हैं तो चौका अपवित्र नहीं होता। ऐसे ढोंग, ऐसे पाखण्ड पर खड़ी कोई भी जाति मनुष्यता की दिशा में विकास नहीं कर सकती, वह संकीर्ण, दकियानूस और दुर्दान्त ही बनी रहेगी।

तो मैं तेन्दु के उस सहज प्रेम का उल्लेख कर रहा था कि तेन्दु का प्रेम उसकी बढ़ती हुई उम्र के साथ और गहरे रूप में प्रकट हो रहा था लेकिन मैंने यह कल्पना कभी नहीं की थी कि वह इस गहनतर रूप में भी प्रकट हो सकता है।

मेरे बड़े जामाता पंकज पुष्कर (सम्प्रति तिमारपुर दिल्ली के विधायक) उत्तराखण्ड के जैती के डिग्री कॉलेज में लेक्चरर थे। मुझे और सृजन (पुत्र) को छोड़कर रमा स्निग्धा, शेफाली और शिप्रा सब वहीं घूमने गये थे। प्रकृति की रम्य गोद में दस दिन रहने के बाद ये लोग 3020 डाउन काठगोदाम एक्सप्रेस रात्रि के नौ बजे आनेवाले थे। मैं उन लोगों को स्टेशन से लाने के लिए गया और प्लेटफार्म नं.–1 पर स्टेशन अधीक्षक के कार्यालय में गया ताकि पता कर सकूँ कि ट्रेन किस प्लेटफार्म पर और कितनी देर में आ रही है। स्टेशन अधीक्षक ने मुझे बिठा लिया था और बतलाने ही वाले थे कि जोर से बोलने लगे–‘‘अरे भगाओ, भगाओ। कहाँ से अन्दर कुत्ता आ गया?’’

मैंने पीछे मुड़के देखा तो तेन्दुआ मेरे पीछे खड़ा दुम हिला रहा था। मुझे पता ही न चला कि वह कब कैसे यहाँ आ गया। ‘‘यह मेरा कुत्ता है। मेरे साथ ही आया है। मेरी पत्नी और बच्चियों को रिसीव करने।’’ ‘‘ओहो! आपका कुत्ता है न? तभी तो...।’’ कहकर स्टेशन अधीक्षक ने बतलाया कि प्लेटफार्म नं.–4 पर काठगोदाम एक्सप्रेस आने वाली है। मैं तो पुल से होकर चार नम्बर प्लेटफार्म पर गया लेकिन तेन्दु लाइन पार करके चार नम्बर प्लेटफार्म पहुँच गया। वह मेरे साथ खड़ा गाड़ी आने की प्रतीक्षा करता रहा। मैंने कुली बुला रखा था। जैसे ही वह बोगी सामने लगी और पहले स्निग्धा, शेफाली और शिप्रा उतरे, तेन्दु खुशी से ऐसे पागल हो उठा कि उछल–उछल कर कभी स्निग्धा तो कभी शेफाली और कभी शिप्रा को प्यार करने लगा। तीनों बहनें भी उसे पुचकारने और प्यार करने लगीं। प्रेम का यह पारस्परिक आदान–प्रदान चल ही

रहा था कि मनोरमा के बोगी से नीचे आते ही तेन्दु की खुशी जैसे सारी सीमाएँ लाँघ गईं। वह मनोरमा को लगातार उछल-उछलकर चूमने और प्यार करने लगा। आस-पास खड़े यात्री विस्मय-विमुग्ध होकर देखते रह गये। तीन-चार मिनट तक पुचकारने और सहलाने के बाद ही उसके हर्षातिरेक का ज्वार थमा। कुली सामान लेकर घर तक पहुँचाने के लिए तैयार हो गया था। फिर हम पैदल ही घर आए क्योंकि स्टेशन से मेरे घर 'हरीतिमा' की दूरी बमुश्किल सात-आठ मिनटों की ही है। तेन्दु पहले की तरह ही हम लोगों को अपनी सतर्क और चुस्त पहरेदारी में घर ले आया।

तेन्दु मांसाहारी प्रजाति का पशु होने के बावजूद हमारे घर में दाल-भात, रोटी-दाल या कभी-कभार खीर आदि बनने पर खीर और रोटी भी खाया करता था। उसके लिए साफ-सुथरे बर्तन में हर दिन स्वच्छ पानी रखा जाता था। यदि बाहर निकलने पर कभी उसे मांस या मछली फेंकी हुई मिल जाती और खा लेता तो दो-तीन दिनों तक उल्टी करता और सुस्त पड़ा रहता था। लेकिन ऐसी स्थिति कम ही आती थी। इस बीच एक दिन सृजन अपने दोस्त के यहाँ से एक पामेरियन नस्ल का सफेद पिल्ला उठा लाया। पहले तो उसे भी दूध दिया जाता रहा क्योंकि वह बहुत छोटा था। जब वह बड़ा हुआ तो उसे दूध-भात दिया जाने लगा। अब तेन्दु महाशय भी दूध-भात या दूध-रोटी चाहने लगे। जब भी उनके सामने भात-दाल या रोटी-दाल परोसी जाती तो वह सूँघकर छोड़ देता था। मनोरमा उसे भी दूध-भात या दूध-रोटी देने लगीं। वह समझ गईं कि मनुष्य की तरह पशुओं में भी हिस्सेदारी की प्रवृत्ति होती है। लेकिन विस्मयकारी है कि तेन्दु उसे देखकर न तो उस पर कभी झपटा और न कभी गुर्राया जबकि यह श्वान स्वभाव है कि एक कुत्ता दूसरे को देखकर गुर्राता और भूँकता ही है। मुझे तो कभी-कभी लगता है, यह प्रवृत्ति मनुष्य में भी कम नहीं।

मेरे बच्चों ने 'हरीतिमा' परिवार के उस नये पामेरियन सदस्य को गूफी के नाम से पुकारना शुरू कर दिया। जब सृजन या स्निग्धा या शेफाली गूफी के साथ उछल-कूद करती या गेंद लेकर उसके साथ खेलती तो तेन्दु बैठा-बैठा उस खेल-कूद का मजा लेता था। कभी-कभी तो वह भी मौज में आ जाता और गेंद के दूर जाने पर वह उसकी तरफ दौड़ पड़ता था। गूफी इतना शुभ्र और धवल था कि नहलाने के बाद और भी प्यारा लगता था। बहुत पहले 1969 में मैं अपने शोध के सिलसिले में वाराणसी गया था, वहीं काशी हिन्दू विश्वविद्यालय के तत्कालीन रेकटर एवं हिन्दी के महान आलोचक, ललित निबंधकार और उपन्यासकार आचार्य हजारी प्रसाद द्विवेदी की गोद में मैंने ऐसा ही छोटा-सा एक उजला पामेरियन कुत्ता देखा था। गूफी भी हू-ब-हू वैसा ही

लगता था। वैसे भी अधिकांश पामेरियन कुत्ते को सफेद ही देखा है। खेलने के क्रम में गूफी अकसर गोल-गोल चक्कर भी लगाता था। पामेरियन गूफी देखने में जितना ही सुन्दर था, वह अपनी शारीरिक संरचना में उतना ही निर्बल भी था। कदाचित् यह पामेरियन प्रजाति की विशेषता है। वह चार-पाँच वर्षों तक हमारे लिए शॉक-आब्जर्वर की भूमिका निभाने के बाद एक दिन हमलोगों को शोकाकुल कर चला गया। उसकी मृत्यु से हम सब जितने विचलित थे, उससे कम विचलित तेन्दु नहीं था। दो-दिनों तक वह मन मारे बैठा रहा, यहाँ तक कि खाने को सूँघा तक नहीं। तब मैंने जाना कि पशु भी अपने साथ रहने वाले की मृत्यु से कितना विचलित और शोकाकुल होते हैं।

कॉलेज में पढ़ाने-लिखाने की गम्भीर व्यस्तता के साथ दिनोंदिन मझले भैया के द्वारा लादे जा रहे मुजफ्फरपुर, हाजीपुर और पटना में मुकदमों की पैरवी में भाग-दौड़ और तनाव में अपने बच्चों के बीच और तेन्दु के साथ गुजरे क्षण ही मुझे जीवन में किंचित् खुशी एवं ताजगी का अहसास करा जाते थे। लेकिन इनके बीच मुहल्ले के कतिपय उन ओछे और कुटिल लोगों का व्यवहार अन्दर से दग्ध ही नहीं करता था, तोड़ भी देता था। होली से दो दिन पहले ऐसी एक अत्यन्त दुखद घटना हो गई।

तेन्दु की यह आदत थी कि वह सुबह उठते ही 'हरीतिमा' से बाहर कहीं दूर जाकर दिशा-मैदान से मुक्त होकर लौटता था। मुझे पता नहीं कि उसे भी यह बोध हो गया था कि 'हरीतिमा' में फूलों के पौधे और वृक्ष ही नहीं हैं, पूरा परिसर स्वच्छ रहता है, इसलिए उसे गन्दा करना ठीक नहीं होगा। वह सुबह नित्यकर्म से आया तो पता नहीं, किस मुहल्लेवासी सज्जन ने मुँह से लेकर पीठ-पैर प्रायः सभी अंगों में अलकतरा लपेट दिया था। वह आया तो वह कों-कों करके रोने लगा। उसकी तड़प देखकर हमलोग भी व्यथित हो उठे। पशुचिकित्सक महोदय को फोन किया तो वह भी दुखी हो उठे। उन्होंने कुछ उपाय बतलाए और एक-दो दवाएँ लिखवा दीं और कहा-अलकतरे की वजह से उसके बाल उड़ सकते हैं। बहरहाल, काफी दिनों के बाद वह अपने पूर्व रूप में आ पाया। कहते हैं, कुत्ते बारह वर्ष तक ही जीते हैं। लेकिन हमारा तेन्दु साढ़े तेरह साल तक जीवित रहा। शायद वह दो-ढाई साल और जी सकता था लेकिन उसे भी तो चौधराइन मंदिर गली के कतिपय भद्र जनों से जूझना पड़ता था। उदाहरण के लिए मेरे मित्र समीर कुमार राय का देशी कुत्ता चौदहवें साल में प्रवेश करने के बावजूद अब भी वैसा ही स्वस्थ और चुस्त है। मृत्यु से दो साल पहले तेन्दु के व्यवहार में एक विलक्षण बल्कि अद्भुत परिवर्तन परिलक्षित हुआ, जिसे मेरे यहाँ आनेवाले कई सहृदय मित्रों ने भी रेखांकित किया था। पास की मस्जिद में (सराय सैयद अली गली स्थित मस्जिद)

जब-जब अजान का वक्त होता और अजान शुरू होनेवाली होती, तेन्दु छत पर चला जाता और अजान (नमाज की सूचना के शब्द जो जोर-जोर से पुकारे जाते हैं पहले चार बार-"अल्लाह होऽ अकबर/अल्लाह सबसे श्रेष्ठ है/फिर यह पढ़ा जाता है-"अशहदोअनल्लाह ईलाहईल्लाह" अर्थात् अल्ला केवल एक है।) शुरू होने के साथ ही पश्चिम की ओर मुँह करके लयात्मक सुर में बोलने लगता था, जिस पर शुरू-शुरू में नीचे से हमलोग उसे डाँटते थे ताकि वह रोना बन्द कर दे क्योंकि यह आम धारणा है कि कुत्ते का रोना अशुभ होता है। लेकिन हमने गौर किया कि वह भोर में चार बजे ही नहीं, दोपहर के बाद चार बजे भी जब अजान दी जाती तो उस वक्त भी छत पर अजान के सुर में अपना भी सुर मिला देता था। उसका यह विस्मयकारी व्यवहार हमारे यहाँ कई लोगों के लिए कौतुक का, विनोद का विषय बना लेकिन मैंने ही नहीं मेरी पत्नी रमा और बच्चों ने भी समझने की चेष्टा की तो पाया अब तेन्दु में पहले जैसी सक्रियता के स्थान पर आराम से रहने की प्रवृत्ति बढ़ रही थी। लेकिन अजान के वक्त विलानागा छत पर जाकर उसका पश्चिम की तरफ मुख करके अजान के साथ अपना सुर मिलाना जारी रहा। जब मैंने अपने शायर मित्र असद रिजवी से इसकी चर्चा की तो पाक कुरानशरीफ से यह सुनाकर तेन्दु के द्वारा खुदा की इबादत किये जाने को स्पष्ट किया-"केवल तुम्हीं अल्ला की इबादत नहीं करते हो, जमीन और आसमान के बीच ये जितने जीव-जन्तु, पेड़-पौधे, पहाड़, नदी आदि हैं, सब उस सर्वशक्तिमान अल्ला की इबादत करते हैं।" कदाचित् इसीलिए जीव-जन्तुओं को आनेवाली प्राकृतिक आपदा की सूचना हमसे पहले ही हो जाती है।

कुछ दिनों बाद तेन्दु की पूँछ में घाव हो गया और घाव भी ऐसा कि उसमें कीड़े भी आ गये। पशुचिकित्सक को फोन करके बुलाया तो वह एक कम्पाउण्डर को साथ लेकर आ गये। उसे इंक्जेशन देने के बाद कम्पाउण्डर ने उसका घाव धोकर उसकी मरहम-पट्टी कर ही लेकिन सुबह-शाम उसका घाव साफ करना और चिमटे से कीड़ा निकालकर मरहम-पट्टी के काम में ऐसी संलग्नता और तत्परता से माँ-बेटी (रमा और शेफाली) जुड़ीं कि पन्द्रह-बीस दिनों में ही वह स्वस्थ हो गया। लेकिन वह पहले की अपेक्षा जरूर कमजोर हो गया था।

शेफाली (तृतीय पुत्री) जवाहरलाल नेहरू विश्वविद्यालय, नई दिल्ली में ('आर्ट एण्ड एस्थेटिक्स') से एम.फिल.कर रही थी। संगीत नृत्य और साहित्य में गहरी अभिरुचि रखनेवाली एवं सदैव प्रसन्नमना शेफाली की सहपाठी आस्था की माँ ने 16 मई 2007 को रात्रि के खाने पर बुलाया था। खाने के बाद आस्था और शेफाली को गाड़ी से जे.एन.यू. के कैम्पस में आस्था की

कार छोड़कर चली गई तो मूसलाधार बारिश शुरू हो गई। दोनों बच्चियों ने वर्षा का आनन्द लेना शुरू कर दिया, वे नाचने-गाने, उछलने लगीं। दोनों ने भरपूर मस्ती के साथ कैम्पस के मनोरम नैसर्गिक परिदृश्य में वर्षा की आनंददायी झड़ी को जी भर जिया। जब शेफाली ताप्ती छात्रावास के स्नानघर में नहाने के बाद गुनगुनाते हुए कपड़े साफ कर रही थी, वह मस्ती में यह भूल गई कि ऊपर लोहे का नल भी है, इसलिए वह जैसे ही खड़ी हुई, लोहे के नल से खटाक से सिर में जोरदार चोट लगी और वह तड़प उठी। रात भर दर्द में रहने के बाद जब सुबह उल्टी जैसा मन होने लगा तो उस समय दिल्ली में रह रहे भाई सृजन को फोन किया क्योंकि उसे मालूम था कि सिर में चोट लगने के बाद उल्टी होना गम्भीर बात है फिर तो साल भर इस अस्पताल से उस अस्पताल तक उसका इलाज होता रहा। वह हाथ उठाने तक की स्थिति में भी नहीं थी। अन्ततः 2008 में दिल्ली के कोकरडमा स्थित आर्य वैद्यशाला में शेफाली भर्ती हुई तो उसे पूर्ण विश्राम का परामर्श दिया गया। किसी-किसी तरह से आरक्षण कराकर मनोरमा जी को वहाँ भेजा गया। ऐसे संकट में मुजफ्फरपुर में मेरे जैसे लापरवाह और फक्कड़ व्यक्ति की देख-भाल करने मेरे पुराने कामरेड रामकेसी राम जी आ जाया करते हैं, सो वह इस बार भी आ गये। वह खाना बनाने से लेकर घर की सारी जिम्मेवारियाँ सम्भालने के साथ विचारधारा पर अपने गहन विमर्श से मुझे शेफली की चिन्ता से बोझिल मनोदशा से मुक्त करने का प्रयास करने लगे।

कॉमरेड रामकेसी राम एक जुझारू मार्क्सवादी एक्टिविस्ट हैं, जो कभी मुशहरी आन्दोलन के क्रान्तिकारी शहीद राजकिशोर के साथ थे। कैमूर जिले के निवासी रामकेसी राम के सम्पर्क ने मुझे अनेक बुर्जुआ कमजोरियों से मुक्त किया है। मेरी उम्र और रचनात्मकता का लिहाज करने के बावजूद मेरी और खुद अपनी कमियों पर भी बेबाक ढंग से चोट करने की ईमानदारी के कारण मुझमें उनमें 'फ्रेण्ड, फिलासफर और गाइड के दर्शन होते हैं। मैंने उन्हीं के साथी सुरेन्द्र सिंह, डॉ. रामललित सिंह और हिन्दी के व्याख्याता एवं बौद्धिक डॉ. वीरेन्द्र कुमार सिंह ने कभी मिलकर एक मार्क्सवादी स्टडी सर्किल चलाने के लिए दौड़-धूप और खोज के बाद गन्नीपुर में बाथरूम सहित कमरा लिया। अग्रिम किराया देकर अपना ताला लगा दिया। उद्घाटन के बतौर एक दिन वहाँ कुछ मार्क्सवादी साहित्य भी रखा और वहीं बैठकर हमलोग भूँजा खाकर चाय पी रहे थे कि उधर से एक वरिष्ठ प्रोफेसर जा रहे थे। मैंने हुलसकर आमंत्रित किया कि वह भी इस स्टडी सर्किल में शामिल हों। वह अन्यमनस्क भाव से बैठे भी और साथ चाय भी पी लेकिन स्टडी सर्किल की जरूरत का समर्थन करने के बाद भी, जितनी देर रहे, असहज रहे। दो-तीन दिनों के बाद

अतिक्रान्तिकारी साथी डॉ. सुरेन्द्र सिंह मेरे घर आए और दुखी स्वर में बोले–''स्टडी सर्किल गलत जगह पर खुला है, वह तो बदनाम जगह है। उसका मालिक नकली नोट छापने का धंधा करता था।'' खैर, स्टडी सर्किल का प्रारम्भ ही उसका अन्त साबित हुआ।

जब रमा दिल्ली में आर्य वैद्यशाला में शेफाली की तीमारदारी में लगी थीं, कामरेड रामकेसी राम खाना बनाते तो जिस प्रेम से मुझे खिलाते थे, उसी प्रेम से तेन्दु को भी खिलाते थे। तेन्दु अब कहीं आता-जाता न था। खाने के बाद छत पर धूप में पड़ा रहता फिर भी हरीतिमा के परिसर में कहीं भी तनिक आवाज होती, वह भूँककर अपनी उपस्थिति दर्ज कर देता था। उसकी मनुष्य को पहचानने की शक्ति भी गजब की थी। कौन किस तरह-तरह का है, संवेदनशील है या कठोर उसमें प्रेम है या घृणा यह वह जान गया था। तभी तो एक बार मुहल्ले में चिट्ठी बाँटने वाले उस डाकिये को काट खाया था, जो मुहल्ले में उच्चवर्गीय लोगों के हाथों में ही चिट्ठी देता था लेकिन मेरे यहाँ चिट्ठी फेंककर चला जाता था एक-दो बार उसने जरूरी चिट्ठी इतने विलम्ब से दी कि काम ही बिगड़ गया। मैं शिकायत ही करने की सोच रहा था कि एक दिन वह डाकिया मेरी पत्नी से उलझ गया। दो-चार दिनों के बाद चिट्ठी फेंककर जा रहा था कि तेन्दु ने उसके पैर में काट लिया। मैं तब कहीं गया था। बाद में आने पर जहाँ तेन्दु को रैबिट का इंजेक्शन दिलवाने लगा, वहीं गेट पर 'कुत्ते से सावधान' लिखवा दिया। अब मुझे लगता है, वहाँ 'कुत्ते से सावधान' की जगह 'गलत लोगों से सावधान।' लिखवाना चाहिए था।

जैसे देश में हर महापुरुष का जन्मदिन रस्मी तौर पर मनाया जाता है, मंत्रों से उसकी महानता का बखान होता है लेकिन बाकी दिन हम उनके जीवन और आदर्शों के विरुद्ध आचरण करते हैं, वैसे ही 14 सितम्बर को हिन्दी दिवस समूचे देश में सरकारी स्तर पर मनाया जाता है। हमारे शहर में भी दफ्तरों में यह कर्म-काण्ड होता रहा है, जहाँ हिन्दी के उन अध्यापकों को ही सम्मानित किया जाता है जिन्होंने कभी भी हिन्दी के लिए कोई काम नहीं किया, त्याग तो बड़ी बात है। यहाँ तक कि विश्वविद्यालय और कॉलेज की कक्षाओं में भी उन्होंने गम्भीरता से अध्ययन कर पाठ्य विषय को पढ़ाने का अपना अनिवार्य दायित्व भी ठीक से नहीं निभाया। 2008 के 14 सितम्बर के लिए जाने कहाँ से भारतीय स्टेट बैंक के क्षेत्रीय कार्यालय में हिन्दी अधिकारी को मुख्य अतिथि के रूप में मुझे बुलाने की बात सूझ गई। मैंने अनिच्छा के बावजूद सहमति दे दी। कहीं से मन में वह भी था ही कि जिस हिन्दी विभाग में साढ़े तैंतीस वर्षों तक निष्ठापूर्वक हिन्दी साहित्य पढ़ाने और अपने ढंग से विभाग को सही दिशा में ले जाने का प्रयास किया, वहाँ कोई पूछने वाला नहीं हो, वहाँ हिन्दी दिवस

के अवसर पर हिन्दी के सम्बन्ध में अपने अनुभव तो बाँट सकूँगा। सो मैं सुबह उठकर तैयारी कर रहा था कि सभा में क्या बोलूँगा। तभी छत पर फूलों के गमलों में पानी देकर कामरेड रामकेसी राम नीचे आए तो वह उदास-से दिखे। पूछने पर कहा–"तेन्दु शायद नहीं रहा।" सुनते ही मैं स्तब्ध रह गया। मैं उनके साथ ऊपर गया। देखा–वह अन्तिम साँसें ले रहा था। मैं अवसन्न मन उसे निहारता-रोता रह गया। एक-दो साल नहीं, साढ़े तेरह वर्षों तक सुख-दुख में सहचर की भूमिका निष्ठा और तत्परता से निभानेवाला भाषाहीन तेन्दु मुझे छोड़कर चला गया था। उसकी प्रेम-विह्वल करनेवाली अनेक स्मृतियाँ आँसू की बूँदों के रूप में प्रकट हो रही थीं। कामरेड ने मुझे भरोसा दिया–इनकी उमर तो दस-बारह साल ही होती है, तेन्दु ने तेरह साल आपका साथ दिया। तेन्दु के गुजरने की खबर पहुँचते ही मुहल्लेवासियों में खुशी की लहर फैल गई। जो उसके होने पर हरीतिमा की तरफ आँख उठाकर देखने का साहस तक नहीं करते थे वे अब राहत की साँस ले रहे थे–अच्छा हुआ साला मर गया।

कामरेड ने एक कपड़े से तेन्दु के शव को ढँक दिया ताकि उस पर मक्खियाँ न लगे। मेरी शोकाकुलता देखकर वह चाहते थे कि तेन्दु को जल्दी से जल्दी सद्‌गति मिले। मैं चाहता था कि तेन्दु ने जिस तरह हम सबको–मुझे, रमा और बच्चों के साथ–हरीतिमा के एक-एक पेड़-पौधे और फूल को अपने घर की तरह अजहद प्यार किया था, उसका अन्तिम संस्कार उसी सम्मान और गरिमा के साथ हो। कामरेड ने कहा–"यही उचित होगा। हम मार्क्सवादी तो हैं ही, कबीर के अनुयायी भी हैं। कबीर-पंथियों के ही समान ही तेन्दु का संस्कार किया जाय।" मैं बाजार गया। वहाँ से मैं दो मीटर सुन्दर लाल कपड़ा, माला और अगरबत्ती ले आया। इस बीच कामरेड रामेसी राम तेन्दु को छत से उतारकर ले आये थे और उसको नहाने की तैयारी कर रहे थे। उन्होंने परम्परागत रूप से मुझ से गंगाजल माँगा। रमा अपने पूजाघर के लिए अपने भाई विनय से (पटना से) मँगवाया करती थी। मैंने उन्हें गंगाजल दिया तो उन्होंने पहले उसे डिटौल देकर पानी से नहलाया। फिर पानी में गंगाजल डालकर नहलाया। फिर उसे बड़े प्रेम से उस लाल कपड़े में लपेटा और हम दोनों ने तेन्दु के गले में एक-एक माला पहनायी। अगरबत्ती दिखाकर हम दोनों ने उसे प्रणाम किया तो हमारी आँखें ऐसे छलक पड़ीं जैसे हम किसी निकटतम सगे को अन्तिम विदा दे रहे हों। रिक्शा को साफ करके नीचे एक कपड़ा रखकर उस पर तेन्दु के शव को रखा गया। पहले तो कोई रिक्शा वाला तैयार नहीं हुआ लेकिन एक रिक्शावाला यह जानकर प्रसन्न हुआ कि हम एक श्वान को सम्मानपूर्वक बूढ़ी गण्डक में प्रवाहित करने जा रहे हैं। वह भी तेन्दु की कथा

जानकर उसके प्रति सम्मान से भर गया। इस तरह हम चार लोग उसकी शव-यात्रा में शामिल हो गये। रिक्शा चालक, मैं, कामरेड और पीछे स्कूटर पर एक मित्र तेन्दु को बूढ़ी गण्डक की धारा में प्रवाहित करने ले जाते समय हम दोनों निःशब्द रहे। बार-बार मन में यही सवाल उठता रहा कि तेन्दु और मेरे जीवन में कहीं कोई समानता है? उत्तर में यही हर बार उभरकर आता, जैसा निर्मम व्यवहार चौधराइन मंदिर गली के लोगों ने तेन्दु के साथ किया, वही व्यवहार तो घर-बाहर मेरे साथ लोगों ने किया जैसे सभी ब्राह्मण में अछूत। खैर, बूढ़ी गण्डक पर बने अखाड़ाघाट पुल पर तेन्दु को लेकर पहुँचे और उसे प्रणाम कर हम दोनों ने गण्डक के प्रवाह को उसे अश्रुपूरित नयनों से सौंप दिया। तेन्दु लाल कपड़ों में लिपटा अनंत यात्रा पर निकल गया। मैं तेज प्रवाह में लाल कपड़े में लिपटे तेन्दु को पूरब की दिशा में लहरों पर जाता हुआ तब तक देखता, रोता-बिलखता रहा जब तक कि वह अदृश्य नहीं हो गया। पटना की गंगा की धारों में कभी मैंने अपने संघर्ष की आँच में झुलसकर असमय काल का ग्रास बन जाने वाली परी समान ढाई वर्ष की पुत्री को भी ऐसे ही रो-रोकर विसर्जित किया था।

जब हम घर लौटे तो लगा जैसे हम किसी निकट और आत्मीय संगी का अन्तिम संस्कार करके लौटे हों। हरीतिमा सूनी-सूनी, एकदम वीरान। उस दिन तो सारे पेड़-पौधे-फूलों ने भी हिलना बन्द कर दिया, चुप्पी साध ली थी मानो तेन्दु से बिछड़ने की वेदना ने उन्हें भी शोक-सन्तप्त कर दिया हो।

मैंने दिल्ली की आर्य वैद्यशाला में शेफाली का इलाज करा रही रमा को यह कहते हुए तेन्दु के नहीं रहने की सूचना दी कि वह शेफाली को यह कदापि नहीं बतलाएँ। रमा शेफाली के कमरे से बाहर आकर बात करने लगीं तो उनका मर्माहत स्वर सुनकर मैं फिर से दुखी हो उठा था। बाद में मेधा, सृजन, स्निग्धा और शिप्रा सभी इस सूचना से बहुत अधिक मर्माहत हो उठे।

खैर, हम इस शोक से उबरे तो स्टडी सर्किल का विचार छोड़कर एक संस्था के माध्यम से अपने आस-पास के वंचित समाज को वैचारिक दृष्टि से समृद्ध करने के लिए सुदूर गाँवों में जाने का निर्णय लिया। मेरे ही सुझाये गये 'लोक-मुक्ति मंच' नाम को डॉ. रामललित सिंह एवं कामरेड रामकेसी राम ने स्वीकार कर लिया गया। पैड छपा, सदस्यता और सहायता राशि हेतु रशीद भी छप गई। हमारी संस्था का लक्ष्य वाक्य (Motto)–'शोषण-उत्पीड़न-दमन के विरुद्ध न्याय की आवाज' सुनिश्चित किया गया और वही लोक-मुक्ति मंच के नीचे छपा। हमलोगों ने लोक-मुक्ति मंच के लिए सदस्यता अभियान की शुरुआत की तभी समर्पित एक्टिविस्ट साथी डॉ. सुरेन्द्र सिंह ऐसे गायब हो हुए कि आज तक उनका पता न चला। वैचारिक परिपक्वता और दृढ़ता के साथ

ही शोषण-उत्पीड़न-दमन के विरुद्ध उनकी बेचैनी और तड़प के सामने हम खुद को बार-बार छोटा अनुभव करते थे। उनकी अनुपस्थिति से हमारी इस मुहिम को निस्सन्देह एक बड़ा झटका लगा। लेकिन हम फिर से इस आघात को झेलने के बाद सक्रिय हो उठे। हमारी योजना है कि हम सुदूर देहातों में लोगों के बीच जाएँगे और रूढ़िवाद, अन्धविश्वास, कर्मकाण्ड आदि की निस्सारता सिद्ध करते हुए सदियों से चले आ रहे विविध प्रकार के शोषण और उत्पीड़न के वास्तविक कारणों से उन्हें अवगत कराएँगे और उनमें हर प्रकार के अन्याय के प्रतिरोध की चेतना का संचार करेंगे। उल्लेखनीय है कि यह कार्य हम लोग 'हरीतिमा' (मेरे निवास का नाम) में होने वाली गोष्ठियों के माध्यम से पहले से ही करते आ रहे थे। अब यही कार्य गाँवों-कस्बों में बड़े स्तर पर करने की योजना बनायी थी। तभी बथानी टोला नर-संहार के दोषियों को मिली सजा को निरस्त कर सभी आरोपियों को पटना हाईकोर्ट ने दोषमुक्त कर दिया। इस घटना ने देश के न्यायप्रिय लोगों को हिलाकर रख दिया।

लोक-मुक्ति मंच के सदस्य-साथियों ने नगर के बुद्धिजीवी, रंगकर्मी, साहित्यकार और कांग्रेस-भाजपा, जद-यू राजद को छोड़कर सभी कम्युनिस्ट पार्टियों के प्रतिनिधियों की एक सभा पटना हाईकोर्ट के फैसले के सन्दर्भ में आहूत की। सबने एक स्वर से राज्य-सरकार की सामन्तवादी नीति के साथ ही पटना हाईकोर्ट के फैसले पर क्षोभ प्रकट किया और 5 मई, 2012 को दोपहर में क्रान्तिकारी शहीद खुदीराम बोस के स्मारक स्थल पर विरोध दिवस के रूप में सभा करने का निश्चय किया। हम लोग बैनर लेकर सभा स्थल पर दस बजे पहुँचे तो देखा गाँवों से गरीब स्त्रियाँ, नौजवान और बूढ़े लोग पहुँचने लगे हैं। देखते-देखते सैकड़ों लोग एकत्र हो गये और फैसले और नर-संहार के विरोध में नारों और 'इन्कलाब जिन्दाबाद' का स्वर बुलन्द होने लगा। विस्मयकारी तो यह था कि गाँव की दो-तीन महिलाओं ने अपनी टूटी-फूटी भाषा में बथानी टोला नर-संहार का ऐसा हृदय द्रावक चित्र पेश किया कि दुख और क्षोभ एकीकृत हो विद्रोह की ज्वाला बन गये। सर्वोच्च न्यायालय के प्रधान न्यायाधीश को पटना हाईकोर्ट के फैसले की पुनर्समीक्षा हेतु भेजे जाने वाले प्रतिवेदन पर लोगों से हस्ताक्षर भी लिया गया। इस विरोध-सभा ने यह भी साबित कर दिया कि अन्याय के शिकार दलित हों या मुस्लिम या कोई और वर्ग, उसका प्रतिकार करने के लिए सभी भारतीय एकजुट हो सकते हैं। वहाँ न सम्प्रदाय दीवार बनता है न जाति। इससे लोक-मुक्ति मंच के साथियों विशेषकर-डॉ. रामललित सिंह, रामकेसी राम और अखिलेश्वर प्रसाद सिंह का उत्साह दुगना हो गया। पटना हाईकोर्ट के फैसले की पुनर्समीक्षा हेतु सर्वोच्च न्यायालय के प्रधान न्यायाधीश महोदय को सभी वर्गों के लोगों

के हस्ताक्षर वाला प्रतिवेदन हमने तब भेजा था, जब देश में इस फैसले की प्रतिक्रिया आरम्भ हो रही थी। अब हमलोगों ने अगले कार्यक्रमों के लिए बैठक की। हर वर्ष 28 फरवरी को 'रचना-दिवस' के रूप में होनेवाले आयोजन की रूप-रेखा तय की गई और डॉ. रामललित सिंह ने बतलाया कि इस बार उनके गाँव (केशोपुर) के लोग 'रचना-दिवस' आयोजित करना चाहते हैं। साथियों ने इस योजना की स्वीकृति दी तो डॉ. रामललित सिंह और उनके साथी ग्रामीणों ने आयोजन का सारा जिम्मा स्वयं ले लिया। लेकिन एक साथी की असहमति के कारण लोक-मुक्ति मंच के बैनर का इस्तेमाल नहीं किया गया। बैनर बना–'कबीर चेतना दिवस'।

28 फरवरी, 2013 की संध्या में मुजफ्फरपुर से 35 किलोमीटर सुदूर ग्रामीण क्षेत्र में होने वाले उस आयोजन में भाग लेने दिल्ली से मेरी बड़ी पुत्री लेखिका मेधा अपनी पुत्री रम्या के साथ एक दिन पहले ही आ गई थी। जब हम दो गाड़ियों में कवियों-शायरों और रंगकर्मियों के साथ पहुँचे तो स्वागत-सत्कार आरम्भ हो गया। आस-पास के गाँवों से बड़ी संख्या में स्त्री-पुरुष बच्चे-बूढ़े नौजवान आने लगे, देखते-देखते शामियाना भर गया तो लोग बाहर खड़े होकर तेज हवा और ठंड के बीच भी संध्या छह बजे से रात्रि 12 बजे तक नाटक-कविता और गजलों का आनन्द लेते रहे। युवा रंगकर्मी प्रभात कुमार के निदेशन में 'बोल जमूरे' नाटक ने भारतीय लोकतंत्र में जाति-धर्म, बाहुबल और पूँजी के घिनौने खेल का पर्दाफाश ऐसे तीक्ष्ण व्यंग्य के साथ किया कि सारे दर्शक राजनीति की वर्तमान विद्रूपता के प्रति आक्रोश से भर उठे। ग्रामीणों ने धार्मिक-पाखण्ड और जातिवाद पर चोट करनेवाली प्रेम की मानवीय कविताओं और गजलों का पूरी संलग्नता के साथ आनन्द ही नहीं लिया वरन् वह रात उनकी स्मृति का अभिन्न अंग ही बन गई। कवियों-शायरों और रंगकर्मियों के प्रति उनके स्वाभाविक स्नेह-सम्मान का सहज उद्रेक इस रूप में प्रस्फुटित हुआ कि उन्होंने सबको एक शॉल, एक डायरी, एक कलम और माला से सम्मानित किया। इस आयोजन ने उस ग्रामीण क्षेत्र के लोगों में शोषण करनेवाली कथित लोकतांत्रिक राजनीति के विरुद्ध जिस विद्रोही चेतना का बीज-वपन किया, वह एक नई और सार्थक पहल थी। 10 जुलाई, 2013 को लोक-मुक्ति मंच ने 'बाजारवाद और कबीर' विषय पर एस.यू.सी. आई. के सभागार में प्रगतिशील आलोचक एवं विचारक डॉ. चौथीराम यादव का व्याख्यान आयोजित किया जिसे सुनने सत्तासी वर्षीय प्रसिद्ध वैज्ञानिक डॉ. रामकिशोर प्रसाद घुटनों में दर्द के बावजूद सीढ़ियाँ चढ़कर पहुँचे और सुनकर इतना ही कह पाए कि कबीर को घर-घर, जन-जन के हृदय में उतारने की जरूरत है। प्रश्न स्वाभाविक है, आखिरकार इतनी-इतनी राजनीतिक पार्टियों

और उनकी सांस्कृतिक और साहित्यिक संस्थाओं के बावजूद हमें एक और नयी संस्था की क्या जरूरत थी?

मैंने और मेरे कई साथियों ने पिछड़ी एवं दलित जातियों से आने के कारण सवर्ण वर्चस्ववाली इस समाज-व्यवस्था में कदम-कदम पर अपमान और उत्पीड़न के जिस कुम्भीपाक का सामना किया और उसके कारण हमें जहाँ किसी संगठन और संस्था में, वह जनवादी न भी हो तो व्यापक मानवीय चेतना की झलक दिखाई देती थी, हम ललक कर उत्साह के साथ उससे जुड़ जाते थे। लेकिन कुछ वर्षों में ही यह अनुभव होने लगता था कि कमोबेश यहाँ भी वही भेद-भाव है, समस्त प्रगतिशीलता के बावजूद किसी न किसी रूप में सामन्तवादी वर्णाश्रमी सोच अपनी झलक दे ही जाता है। हम तो सदैव समता पर आधारित एक ऐसे लोकतांत्रिक संगठन या संस्था की खोज में थे जहाँ सिद्धान्त और व्यवहार में अधिक-से-अधिक एकता हो। इसलिए जब 1982 में जनवादी लेखक संघ की स्थापना की घोषणा हुई तो मैं और मेरे कई लेखक-कवि-सह-सामाजिक कार्यकर्ता बड़ी उम्मीद और उत्साह के साथ दिल्ली के स्थापना-सम्मेलन में भाग लेने पहुँचे और वहाँ से लौटे तो अपने-अपने जिलों में जिला इकाई को स्थापित करने और उसके कार्यक्रमों के माध्यम से जनवादी संस्कृति के प्रचार-प्रसार में सोत्साह जुट गये। दशकों तक हम पूर्ण समर्पण के साथ सक्रिय रहे, मैं सभी सम्मेलनों एवं कार्यकारिणी की बैठक में शामिल होता रहा। मैंने अपने बड़े से बड़े पारिवारिक कार्य की उपेक्षा की और एक दो ऐसे भी अवसर आये जब पत्नी के अस्वस्थ होने की स्थिति में भी मैं बैठक में भाग लेने पटना गया। जब बच्चों की पढ़ाई-लिखाई और अन्य दायित्वों का बोझ बढ़ने लगा, तब भी मैं तनावों के बावजूद जनवादी लेखक संघ के विस्तार के लिए कार्य करता रहा। लेकिन कुछ वर्षों बाद से यह मुझे अखरने लगा कि जनवादी लेखक संघ की कमान पार्टी की राज्य कमेटी के पदाधिकारियों के हाथों में होती थी। चन्द्रभूषण जी और कई साथियों की आपसी बातें, जो सबके सामने नहीं आती थीं, उससे यह भनक मिलती थी कि जिला सम्मेलन हो या राज्य सम्मेलन सब कुछ नहीं तो बहुत कुछ ऊपर से तय होता है और लेखकों को कहना-लिखना वही है, जो दल की विचारधारा के अनुकूल हो। पटना के छज्जू बाग में पार्टी के विधायक के बाहरी कमरे में जनवादी लेखक संघ की कार्यकारिणी की बैठक हो रही थी। उसमें राज्य सम्मेलन की तैयारियों के अलावा और कई विषयों पर चर्चा होनी थी। कामरेड ज्योति प्रकाश ने यह प्रश्न भी उठाया कि हमारे साथ ऐसे कवि-लेखक भी हैं, जो अपनी रचना में तो जनवादी दिखते हैं लेकिन जीवन में घोर सामन्ती हैं, भेद-भाव का परिचय देते हैं। यह बात पार्टी-नेतृत्व में भी है। यह कहना

था कि सब उन पर टूट पड़े। कामरेड डॉ. चन्द्रभूषण तिवारी ने बीच-बचाव किया। कहना न होगा कि कामरेड ज्योति प्रकाश विचारधारा और व्यवहार की एकता के कट्टर समर्थक थे। वह सामन्ती शोषण और उत्पीड़न-दमन के भुक्तभोगी थे, इसीलिए उनमें 'गोलीदागो पोस्टर' वाली कागजी आग के बजाय सच्ची आग थी। उनकी बात नहीं सुनी गई और कुछ ही महीनों बाद उनकी बेटी के सामने ही सामन्तों ने उन्हें मौत के घाट उतार दिया। फिर तो वही कर्म-काण्ड हुआ जो बाकी पार्टियाँ करती हैं। बक्सर में ज्योतिप्रकाश जी की प्रतिमा लगायी गई, जिसका अनावरण करने महासचिव कामरेड हरकिसन सिंह सुरजीत के साथ तत्कालीन मुख्यमंत्री लालू प्रसाद भी पधारे थे। संयोगवश मैं भी आमंत्रित था। यह चर्चा अपनी ही क्षुद्रता होगी कि मैंने चन्द्रभूषणजी के आग्रह पर कामरेड ज्योतिप्रकाश जी की पुत्री मंजुप्रकाश को हिन्दी से एम.ए. करने में यथासम्भव मदद की थी। लेकिन यह मेरा ही दुर्भाग्य है कि उन्हीं मंजुप्रकाश ने मुझे बुरी तरह अपमानित किया। मंजुप्रकाश बक्सर से विधायक हो गई थीं। गांधी मैदान के उत्तर में उनके पति सी.पी.एम. के ही विधायक कामरेड रामदेव वर्मा भी साथ रहते थे। उस दिन मेरे एल.एस. कॉलेज के साथी प्रोफेसर वागीश्वरी सिंह मेरे साथ थे। वह आरा में रह चुके थे। उन्होंने कहा, "चलो कामरेड मंजु से मिलते हैं।" मैंने अनिच्छा के बावजूद स्वीकृति दे दी। सोफा पर हम काफी देर तक बैठे रहे। मंजुप्रकाश जी नाइटी में आईं। मित्र को देखकर तो वह खुश हुईं मगर मुझे औपचारिक तौर पर प्रणाम भर किया। जाने क्या हुआ कि मेरे मित्र प्रो. वागीश्वरी सिंह और मंजुप्रकाश दोनों एक-दूसरे को देखकर रोने लगे। मुझे अपनी उपस्थिति अवांछित लगी और मैं उठने लगा तो मित्र ने हाथ के इशारे से बैठने को कहा। जब उनके अतीत की अनकही कथाएँ आँसुओं में बहकर ठहर गईं तो मंजुप्रकाश मेरी तरफ मुखातिब हुईं और मुझ पर बरस उठीं। उनका आक्रोश इसलिए फूट पड़ा कि मैंने पारिवारिक सम्पत्ति में बराबर-बराबर हिस्से के लिए मझले भैया के विरुद्ध पार्टीशन सूट दायर किया था। वह दो बार निलम्बित हो चुके मेरे भाई साहब को ईमानदार बतला रही थीं और मुझे एक ईमानदार अफसर को परेशान करनेवाला आदमी। वह इस हद तक बढ़ गईं कि उन्होंने पार्टी में मेरी शिकायत कर जनवादी लेखक संघ से निकलवा देने तक की धमकी दे डाली। तब मुझसे न रहा गया। मैंने उनसे कहा कि मैं मार्क्सवाद जानने से बहुत पहले ही से (1960 से) प्रगतिशील रहा हूँ। मेरी यह प्रगतिशीलता न तो जनवादी लेखक संघ की देन है न ही सी.पी.आई.एम. की। एक गरीब और पिछड़ी जाति के घर में पैदा होने की निरन्तर यातना से गुजरने की स्वाभाविक अभिव्यक्ति है मेरी प्रगतिशीलता। 'गीत, जो बेताज फिरते, मैं उन्हें अब ताज दूँगा', 'आजाद

वतन के होने पर जिनके भी सर पर ताज गया, भारत के भूखे इन्सानो, पूछो तो कहाँ स्वराज गया' और 'गली-गली में, गाँव-गाँव में भूखा हर इन्सान है, लूट रहे घरवाले घर को, सोया हिन्दुस्तान है।' जैसी दर्जन से अधिक गीत-कविताएँ (छूती हुई दूरियाँ, 1967) मेरी जन्मना प्रगतिशील दृष्टि के प्रमाण हैं। इसीलिए मैं आपकी पार्टी का कार्ड होल्डर न हूँ न कभी बनूँगा। एक रचनाकार के रूप में मेरे लिए अपने अनुभवों के आलोक में सच कहने की स्वतंत्रता सर्वोपरि है। कहकर मैं सीढ़ियों से तेजी से उतरकर नीचे चलता हुआ गांधी मैदान की सड़क पर आ गया। बाहर मैं क्षोभ और दुख से भरा मित्र का इन्तजार करता रहा। एक पल के लिए इन दोनों के भावोच्छ्वसित मिलन को याद कर इच्छा हुई कि मैं मित्र को छोड़कर चल दूँ। आखिरकार उन्होंने भी मंजुजी को मुझे अपमानित करने से नहीं रोका। खैर, कुछ मिनटों बाद मित्र आ गये। इस तरह मैंने जिस जनवादी लेखक संघ को अपने रामललित सिंह जैसे साथियों के साथ खून-पसीना बहाकर खड़ा किया था, उससे मेरे जैसे लेखकों का मोह भंग स्वाभाविक था। प्रसंगात् इस घटना का उल्लेख असंगत न होगा, जिससे पाठक यह समझ सकें कि मैं किस समर्पण और संलग्नता के साथ जनवादी लेखक संघ में सक्रिय था।

मुजफ्फरपुर का जिला सम्मेलन होना था। कहने को जलेस में कई सदस्य थे। लेकिन नगर भवन में होनेवाले जिला सम्मेलन की सारी तैयारियों का भार मुझी पर था। कार्ड छपवाने से लेकर नगर के साहित्यकारों, रंगकर्मियों और समाचार-पत्रों के दफ्तरों तक कार्ड पहुँचाने से लेकर बैनर बनवाने तथा अल्पाहार तक का सारा प्रबन्ध मैं कई दिनों से कर रहा था। जिला सम्मेलन के दिन भी सुबह कई और लोगों को निमंत्रण-पत्र देकर पैदल लौट रहा था। सामने से एक नया स्कूटर खरीदने वाले सज्जन 'गरीब स्थान' से उसकी पूजा कराकर आ रहे थे और उन्होंने नया-नया स्कूटर चलाना सीखा था। उनके स्कूटर से मुझे ऐसी जबर्दस्त ठोकर लगी कि सारा आसमान घूमता हुआ महसूस हुआ और मैं सड़क पर गिरकर अचेत हो गया। कई जगह कट गया था और खून बहने लगा। दसेक मिनटों के बाद मुझे होश आया। वह व्यक्ति मुझसे माँफी माँगने लगा-"सर! मुझे माँफ कर दीजिए। एफ.आई.आर. मत कीजिए।" यह घटना ठीक काजीमुहम्मदपुर थाने के सामने हुई थी। वह गले में माला पहने चन्दन लगाये अत्यन्त भयभीत था। इसलिए मैं किसी तरह पास अपने घर आ गया और प्रारंभिक चिकित्सा के बाद आयोजन को सफल बनाने में फिर से जुट गया। नगर भवन में संध्या समय स्मरणीय स्तर की संगोष्ठी एवं कवि-सम्मेलन-मुशायरा हुआ जिसकी अध्यक्षता प्रसिद्ध हास्य-व्यंग्य कवि स्व. रामजीवन शर्मा 'जीवन' ने की और सभा के मुख्य और विशिष्ट अतिथि

क्रमश: डॉ. चन्द्रभूषण तिवारी और नवगीत-प्रवर्तक राजेन्द्र प्रसाद सिंह थे। डाक्टर ने आराम की सलाह के साथ ही बोलने से भी मना किया था क्योंकि ठुड्डी के नीचे टाँके भी पड़े थे। कार्यक्रम का संचालन मैंने ही चोट की असह्य वेदना के बीच किया था। लोग मुझे बारहा यह नसीहत भी दिया करते हैं कि आप हर काम को इतनी गम्भीरता से क्यों लेते हैं? क्यों हर काम में अपना सब कुछ झोंक देते हैं? कम कीजिए, करने का ज्यादा दिखावा करिए। लेकिन यह मेरे स्वभाव के विपरीत है। मैंने जो किया, पूरे मन से किया या नहीं किया। जनवादी लेखक संघ के लिए मैंने पूरे समर्पण और लगन के साथ काम किया और सिवान से बेगूसराय तक मैं प्राय: सभी कार्यक्रमों में भाग लेता रहा। कहना न होगा कि 1988-89 तक जनवादी लेखक संघ की गतिविधियों में कहीं न कहीं मेरी भी छोटी-मोटी भूमिका होती थी। मैं अपनी जिस सरलता के कारण हर मोर्चे पर मार खाता रहा, वही कहानी यहाँ भी दुहरायी गई। मैंने सोचा, संगठन में नये लोगों को शामिल करने से सांस्कृतिक-साहित्यिक गतिविधियों में गति आयेगी। पेशे से कोर्ट में पेशकार मगर शेरोशायरी करनेवाले एक पूर्व छात्र को सदस्य क्या बनाया, एक साल के अन्दर जिला जनवादी लेखक संघ के वे सदस्य, जो मेरे ही द्वारा लाये गये थे, सारा काम छोड़कर मेरे विरुद्ध यहाँ-वहाँ दुष्प्रचार करने लगे। जिला जनवादी लेखक संघ में अंग्रेजी का एक लेक्चरर भी था, जो रुपये लेकर कॉपियों में अंक बढ़ाता था। इन दिनों वही बी.आर.ए. बिहार विश्वविद्यालय के अंग्रेजी विभाग का प्रोफेसर और अध्यक्ष है। एक पत्र-पत्रिकाएँ बेचनेवाला वह शख्स भी था, जो इन दिनों प्रकाशक है। मैंने आजिज आकर केन्द्रीय कमिटी के सदस्यों तक यह बात पहुँचायी कि वे लोग जनवादी लेखक संघ को अपनी मुट्ठी में रखकर भी कोई काम नहीं करते और मैं पहले की तरह ही अब भी काम करना चाहता हूँ, आप उनसे संघ को मुक्त कीजिए लेकिन मेरे साथियों ने मेरा सहयोग करने के बजाय उन्हीं को मजबूत किया। हद तो हो गई कि 1989 में प्रसिद्ध कथाकार चन्द्रमोहन प्रधान के निवास पर विवाद सुलझाने के लिए बैठक हुई, जिसमें पर्यवेक्षक के रूप में डॉ. नीरज सिंह पधारे थे। लेकिन उक्त पेशकार शायर महोदय एवं उनके पिछलग्गू उस पत्रिका बेचनेवाले ने मुझ पर, मेरे परिवार पर ऐसे-ऐसे घटिया आरोप लगाये कि संघ के पुराने साथी मेरे साथ उठकर चले आए और नीरज जी ने कोई हस्तक्षेप नहीं किया। आज मैं अत्यन्त व्यथित मन से यह कहना चाहता हूँ कि मैं इतने अपमान और विरोध के बावजूद जनवादी लेखक संघ में विचारधारा के प्रति अपनी निष्ठा के कारण हूँ न कि शोहरत के लोभ से बल्कि मैं साहित्य और संस्कृति के क्षेत्र में इसलिए काम करता हूँ कि इससे मेरा मनुष्य और अधिक मनुष्य बनता रहा है।

आज मैं यह स्पष्ट कर देना चाहता हूँ कि एक लेखक के लिए लेखक संघों की यह अप्रत्यक्ष बंदिश भी बाधा है, जहाँ वह अपनी तरह से जनपक्ष में बोलना भी चाहे तो न बोले क्योंकि उसके लेखक संघ की प्रेरक पार्टी की विचारधारा इसकी इजाजत नहीं देती। उन दिनों इन लेखक संघों के बीच पारस्परिक संवाद और आवाजाही की वकालत करने के कारण कई बार मुझे अपने वरिष्ठ साथियों से भला-बुरा भी सुनना पड़ा था। मैंने कई बार संघ के मंचों से अपने विचारों को रखा था लेकिन वैचारिक कठमुल्लेपन के आधार पर मुझ पर ही हमले हुए। और आखिरकार वह दिन भी आ गया कि वाममोर्चे के शासन में नन्दीग्राम और सिंगुर में जनता पर गोलियाँ चलीं और लोग मारे गये। उस समय मैं प्रेमचन्द पर धर्मवीर और अन्य लोगों के द्वारा हो रहे आक्रमणों के प्रसंग में 'रहबर और रहनुमा प्रेमचन्द' पुस्तक लिख रहा था। 'रंगभूमि' के विश्लेषण के क्रम में मैंने नन्दीग्राम और सिंगुर की घटनाओं की चर्चा करते हुए लिखा था-''सरकार को टाटा की पसन्द के आगे झुकना पड़ा, उसे सिंगुर के किसानों के हितों की तनिक भी चिन्ता नहीं थी। उसे चिन्ता थी तो बस टाटा के हितों की, तभी तो उसने टाटा के इच्छानुरूप भूमिखण्डों का अधिग्रहण करवाया। माकपा के कार्यकर्ता इसी में खुशी और गर्व अनुभव कर रहे हैं कि दूसरे राज्यों की तुलना में पश्चिम बंगाल सरकार ने किसानों को जमीन का मुआवजा अधिक दिलवाया है। टाटा मोटर या सेज के लिए भूमि देने के सम्बन्ध में वाम मोर्चे सरकार ने इस तथ्य को क्यों नजरअन्दाज कर दिया कि भूमि-अधिग्रहण की आड़ में जनाधार खो चुकी तृणमूल कांग्रेस, भाजपा, कांग्रेस जैसी पार्टियाँ ऐसा कुछ कर सकती हैं जिससे किसान-मजदूर के प्रति प्रतिबद्ध वामदालों की छवि जनता में खराब हो? इतने नाजुक मुद्दे को हैंडिल करने में दूरदर्शिता और धैर्य का परिचय दिया गया होता तो यह स्थिति नहीं बनती कि आज जनता की नजर में वामदलों की किरकिरी हो गई। कम्युनिस्ट को कम से कम अपना चेहरा केन्द्र की कांग्रेस और गुजरात की भाजपा सरकार से भिन्न और अधिक जनोन्मुखी और मानवीय तो रखना ही चाहिए। क्या सिंगुर और नन्दीग्राम की घटनाओं ने कम्युनिस्टों के चेहरे पर खरोचें नहीं डाली हैं?'' (रहबर और रहनुमा प्रेमचन्द, पृष्ठ-104-105)

सी.पी.एम. के साथी किसी भी कीमत पर यह मानने को तैयार न थे कि नन्दीग्राम और सिंगुर कम्युनिस्ट आन्दोलन को बहुत पीछे ले जाने वाली घटनाएँ हैं और इससे आन्दोलन पीछे चला गया है। लेकिन सच कहने का फल यह हुआ कि धीरे-धीरे मैं जनवादी लेखक संघ के लिए अछूत होता चला गया। इससे एक बड़ा लाभ यह हुआ कि मैं अब पूर्णतया मुक्त भाव से एक लेखक और सामाजिक कार्यकर्ता के रूप में शहरों-कस्बों और गाँवों में घूम-घूमकर

बुद्ध, कबीर और मार्क्स के सन्देशों को पहुँचा रहा हूँ। कवि-कथाकार मित्र विष्णु नागर का यह अनुभव है–"सही अपने काम को करते जाने का ही महत्त्व है, फिर चाहे आपको जीते जी या मरने के बाद भी कोई न पूछे। पूछने न पूछने का फैसला आनेवालों पर छोड़ देने से बड़ी व्यावहारिकता कुछ नहीं। अपना काम करके मुक्त हो जाना चाहिए।"

मैं 1971 में बिहार लोक सेवा आयोग की अनुशंसा पर लेक्चरर नियुक्त हुआ तो मैं अपने गाँव दादर के एक छोटे से घर से प्रतिदिन साइकिल से मुजफ्फरपुर के लंगट सिंह कॉलेज जाया करता था। आज की तरह वह कंक्रीट के बने मकानों का जंगल नहीं था, सचमुच चारों तरफ लीचियों की घनी वृक्षावलियाँ होती थीं, कोई रास्ता न था, बाँध था, जो जगह-जगह टूटा-फूटा था। शाम होते ही घना अँधेरा डर पैदा करता था लेकिन सब तरह की कठिनाइयों के बीच अन्दर गीत-संगीत उमड़ता रहता था। अक्सर अपने गाँव से कॉलेज आने-जाने की ऐसी ही किसी रात्रिकालीन यात्रा में साइकिल का पैडिल चलाते समय यह गीत फूटा था। सचमुच मेरी जिन्दगी का सबब भी यही रहा है :

मैं अँधरे-अँधरे बढ़ा जा रहा
एक पल की मधुर चाँदनी के लिये।
आँख जब से खुली, मेघ काले घिरे
चाँद तो क्या कहीं एक तारा नहीं,
जो जलाए दिये, सिर्फ कालिख-धुएँ
राह में एक जुगनू सहारा नहीं।
है अँधेरी गुफा में घुटन जिन्दगी
साँस बाकी महज रोशनी के लिये।

मेरी जीवन-यात्रा का लक्ष्य उस प्रकाश की खोज और विस्तार है जो भेद-भाव से सर्वथा मुक्त कर हममें करुणा से ओत-प्रोत करने वाली गहरी मानवीयता का संचार करता है। समय के साथ मेरी यह खोज विवेक और संवेदना के गहराते संकट की वजह से और मुश्किल होती जा रही है। लोलुपता और बर्बरता ने सभ्यता और संस्कृति को अपदस्थ कर दिया है। दोनों की अभिन्न शक्ति ने दुनिया में जहाँ भी जो कुछ भी श्रेष्ठ और सुन्दर है उस पर चौतरफा हमला बोल दिया है ताकि संसार की सारी सम्पदा पर दुनिया के कुछ मुट्ठी भर पूँजीवादी घरानों का एकाधिकार रहे। स्वाधीनता-प्राप्ति के इन सत्तर वर्षों में गरीबी और अमीरी की खाई इतनी चौड़ी हुई है कि देश की अस्सी प्रतिशत वंचित जनता का जीवन बद से बदतर होता चला जा रहा है। केन्द्र और राज्यों में शासन करनेवाली राजनीतिक पार्टियाँ देश और विदेशों

के कारपोरेट घरानों के हाथों बिकी हुई हैं। दूसरी तरफ अपने देश के अलावा दुनिया के कई देशों में नस्लवादी-साम्प्रदायिक कट्टरता ने हिंसा का ताण्डव कर रखा है। अफगानिस्तान-पाकिस्तान से लेकर अरब-देशों में जिस तरह से आतंकी आत्मघाती हमलों में निरपराध मारे जा रहे हैं, वह अतीत में विश्व के कई देशों में हुई तानाशाही हिंसा में मारे गये लाखों निरपराध मनुष्यों की याद ताजा कर देती है और हमें सोचने के लिए मजबूर कर देती है कि सभ्यता की दीर्घकालीन यह यात्रा और ज्ञान-विज्ञान की हमारी सारी उपलब्धियाँ अर्थहीन हो गई हैं। अभी नाइजेरिया में नाइजेरियायी इस्लामिक संगठन बोको हराम (Boko Haram) ने 25 फरवरी, 2014 को योबे राज्य की राजधानी दामात्रु से सत्तर किलोमीटर दूर एक छात्रावास पर बमबारी की, जिसके कारण सोये हुए 59 बच्चे या तो आग की लपटों में जल मरे या आक्रमणकारियों द्वारा मार दिये गये। 'बोको हराम' जैसे संगठन का शाब्दिक अर्थ है-'पश्चिमी शिक्षा पापपूर्ण' है। यह कट्टर सोच भारत के पुराने कट्टर हिन्दू पंडितों-शास्त्रकारों के उसी कठमुल्लेपन का परिचायक है, जिसमें सात समुन्दर पार विदेश जाना या अंग्रेजी शिक्षा प्राप्त करना धर्मच्युत होना अथवा भ्रष्ट होना माना जाता था। अभी-अभी गार्जियन न्यूजपेपर्स के हवाले से 19 मार्च, 2014 के 'द हिन्दू' समाचारपत्र में यह छपा। सऊदी अरेबिया में लगे पुस्तक मेले में फिलस्तीनी महान कवि-लेखक महमूद दरवेश के साहित्य से ईश-निन्दा विषयक उद्धरण के आधार पर उनकी पुस्तकों के विरोध में कुछ कट्टरवादियों ने जबर्दस्त हंगामा किया जिससे उनकी किताबें प्रदर्शनी से हटा ली गईं। यह इस्लामिक संसार के सबसे महत्त्वपूर्ण कवि की कृतियों पर प्रतिबन्ध है। महमूद दरवेश की सार्वभौम स्वीकृति का इससे बेहतर उदाहरण और क्या होगा कि उनकी कविताएँ सारे अरब जगत की स्कूली कक्षाओं में पढ़ायी जाती हैं। मतांधता की हद यह है कि बिना किसी अदालती कार्रवाई के एक समाचार-पत्र के स्तम्भकार हमाजा काशगरी को इसलिए दो साल जेल काटना पड़ा कि उन्होंने पैगम्बर मुहम्मद साहब से कल्पित संवाद की श्रृंखला ट्यूट की थी। यही मतांधता भारत में भी दिखलायी है। उनके दबाव में 'द हिन्दूज : ए अल्टरनेटिव हिस्ट्री' (वेन्डी डोनियर) की सारी प्रतियों को प्रकाशक ने बाजार से वापस ले लिया। आखिर जाति, नस्ल और सम्प्रदाय के नाम पर फैल रही यह दकियानूसी कट्टरता किस तरह के विकासशील विश्व का निर्माण करेगी?

उस दिन मैं लिच्छवी एक्सप्रेस से हाजीपुर जा रहा था। हॉकर ने अखबार दिया तो यह पढ़कर कि स्टेंस और उनके बच्चों का हत्यारा गिरफ्तार हो गया, मेरे मुँह से सहसा निकल गया—आखिर हत्यारा पकड़ा गया। सामने सफेद कुर्ता-पाजामे में एक गौरांग युवक ने मुझे टोक दिया—''दारासिंह जी ने एक राक्षस का वध

किया था, उन्हें आप हत्यारा मत कहिए।" यह सुनकर मैं स्तब्ध रह गया। जब मैंने उससे प्रश्न किया कि अपना देश छोड़कर पच्चीस-तीस वर्षों से भी अधिक समय से अधिकतर गरीब और उपेक्षित आदिवासी एवं दलित कुष्ठ रोगियों की अत्यन्त समर्पित भाव से चिकित्सा और सेवा करनेवाला व्यक्ति आपकी नजर में राक्षस कैसे हो गया? उस युवक ने एक से एक मूढ़तापूर्ण बातें कीं जिनका तथ्यगत रूप से कोई ऐतिहासिक साक्ष्य नहीं था। उसने दारा सिंह को अवतारी पुरुष कहा तो मुझे समझते देर न लगी। मैंने उस युवक को इतिहास-पुराण-साहित्य के आलोक में राक्षस और अवतार का अर्थ समझाना चाहा तो कम्पार्टमेंट में यात्रा कर रहे सारे यात्रियों ने उसे धिक्कारना शुरू कर दिया। उसने अपने बगल में बैठे किसी व्यक्ति से कान में फुसफुसाकर मेरे बारे में कुछ पूछा। उसके बाद वह मेरे पैर छूने लगा और यह भी कहने लगा-"मैं बी.आर.ए. बिहार विश्वविद्यालय में अखिल भारतीय विद्यार्थी परिषद् का सदस्य हूँ।"

"जब किसी प्रकार की कट्टरता जीवन में घर कर जाती है तो व्यक्ति के दिलो-दिमाग के दरवाजे हमेशा के लिए बन्द हो जाते हैं और वह कोल्हू के बैलों की तरह आँखों पर पट्टी बाँधे निरर्थक ही चलता रहता है।" मैंने अत्यन्त सहज स्वर में उसे बतलाया। ट्रेन हाजीपुर पहुँचनेवाली थी। उतरते समय उसने फिर मेरे पैर छूने चाहे तो मैंने मना किया कि यह प्रथा सही नहीं है। श्रद्धा आन्तरिक हो, सच्ची हो तो पाँव छूने की जरूरत क्या है? मैं उसके जाने के बाद सोचता रह गया कि ऐसे लोग कैसा मानवीय समाज बनाएँगे? दुनिया के कोने-कोने में विचारकों, सन्तों, लेखकों-कलाकारों, सामाजिक कार्यकर्त्ताओं और संगठनों का जाति-धर्म-नस्ल की अलगाववादी राजनीति के विरुद्ध संघर्ष चल रहा है ताकि सम्पूर्ण विश्व भाईचारे के प्रेमसूत्र में बँधकर अधिक मानवीय और सुखी हो लेकिन अपने देश में ही नहीं, दुनिया के कई देशों में कट्टरतावादी वे चाहे जिस किसी भी धार्मिक सम्प्रदाय से जुड़े हों, खून की नदियाँ बहा रहे हैं और सभ्यता, संस्कृति और इतिहास की धारा को विपरीत दिशा में मोड़ने का दुस्साहस कर रहे हैं। व्यक्ति हो या संगठन, शासक हो या उच्चपदस्थ अधिकारी, वह इस जीवन-सत्य की अनदेखी करता है कि अतीत भले ही शव के समान निष्क्रिय और निष्प्राण दिखता हो, वह कभी पीछा नहीं छोड़ता, इसलिए वर्तमान को अधिक-से-अधिक मानवीय रूप में जीना अनिवार्य है क्योंकि वही कल अतीत होकर हमारा पीछा करेगा। यदि वह मानवीय होगा तो जीवन के सांध्यवर्षों में भी प्रीतिकर अनुभूति के साथ हममें और अधिक जीवन-ऊर्जा का संचार करेगा। अन्यथा अतीत की अमानवीयता अन्तिम वर्षों में जीवन को त्रासद बना देगी। अदृश्य और निराकार विवादित

ईश्वर को एक किनारे छोड़ भी दें तो प्रकृति का भी यही न्याय है कि आपको आपके किये का पुरस्कार या दण्ड तो मिलकर रहेगा, इसी जीवन में, इसी धरती पर। ज्योति बा फुले यह अक्षरश: सही कहते हैं–"अरे, किसी आदमी ने किसी मामूली आदमी की बेवजह यदि हत्या कर दी तो हमको कितनी पीड़ा होती है। उसी तरह ज्यूलियस सीजर ने लाखों लोगों की हत्या की तो उसको मरने से पहले पछतावा हुआ होगा और पीड़ा हुई होगी, यह सिद्ध कर दिखाने की यहाँ कोई आवश्यकता नहीं है।" ऐसे बर्बर लोगों की मृत्यु कभी स्वाभाविक नहीं होती, इसे स्पष्ट करते हुए ज्योति बा फुले यह कहना भी नहीं भूलते– "ज्यूलियस सीजर को स्वाभाविक मौत नहीं आई थी। सबसे पहली बात यह है कि वह जनतंत्रात्मक राज्य का पूरा हिमायती था और उस काम में उसको कुछ शक्ति प्राप्त होते ही उसने अपने रोम के जनतंत्रात्मक राज्य के सभी लोगों को गुलाम बनाकर उनका खुद राजा बन जाने का प्रयास किया। लेकिन यह बात ईश्वर को मंजूर नहीं थी। निष्पक्ष ब्रूट्स, जो उसका प्यारा दोस्त था, की प्रेरणा से क्यास्का ने सीजर के पेट में नंगी तलवार घोंप दी। इस तरह उसको जब घायल किया गया था तब उसको मरने से पहले कितनी पीड़ा हुई होगी।" जूलियस सीजर जैसे सत्ता और शक्ति के शीर्ष पर पहुँचे हुए लोग दूसरों की हत्या–हिंसा करते हुए अपने अहंकार में यह भूल जाते हैं कि जिस निर्ममता के साथ उन्होंने दूसरों को तड़पा–तड़पाकर मारा है, प्रकृति बहुत पहले ही उन्हें भी उसी तरह बल्कि उससे कहीं अधिक बुरी तरह तड़पा–तड़पाकर मारने का अचूक निर्णय ले चुकी है।

मैं अपने इस अत्यन्त प्रिय देश में एक कोने से दूसरे कोने की यात्रा करते हुए इसकी नैसर्गिक सुन्दरता और समृद्धि से निरन्तर अभिभूत होता रहा हूँ। सभी प्रदेशों, सभी जातियों और सम्प्रदायों के लोगों से मेरा जो गहरा अपनापा है, जो आत्मीय सम्बन्ध है, उसकी अनुभूति मुझे इस धरती से गहरे स्तर पर जोड़े रखती है। लेकिन जब इसी मनोहरा धरती को मनुष्यों के रक्तपात से लाल होते हुए देखता हूँ तो इच्छा होती है कि काश यह पृथ्वी और इस पर रहनेवाले हम लोग वैसे ही सहज और सुन्दर होते, जिस रूप में प्रकृति ने हमें सहज और सुन्दर बनाया है। चारों तरफ पर्वत शृंखलाएँ, कल–कल निनाद करती नदियाँ, हरे–भरे फूलों–फलों से आच्छादित बाग–बगीचे, भाँति–भाँति के पक्षियों का मधुर कल–कूजन, ऊँचे पहाड़ों से गिरता उज्ज्वल धवल जल–प्रपात और ऋतुओं के अनुसार अपने परिधान बदलती हुई प्रकृति के असंख्य मनोहारी और अनूठे रूप विभिन्न भाषाओं–बोलियों वाले, रंगे–बिरंगे परिधानों में पारस्परिक भाईचारे के बीच जीते हुए असंख्य लोग, मुझे यह बोध होता था कि सचमुच पृथ्वी पर कहीं स्वर्ग है तो, यहीं है, इसी भारत में है। लेकिन

नहीं, यह तो महज एक यूटोपिया है। लोकसभा चुनाव की (2014) गरमागहमी में उस सुबह पुल पर अपने इन्टर कॉलेज जा रही मित्र की पुत्री ममता को ऑटोरिक्शा चालक पीछे से ठोकर मारकर भाग गया और वह नीचे गिरी दर्द से परेशान छटपटाती रही। वह तीस-चालीस मिनटों तक पड़ी दर्द से असहाय कराहती रही, कई दर्जन चमचमाती कारें गुजर गईं, पचासों मोटरसाइकिल सवार गुजरे लेकिन किसी में इतनी संवेदना नहीं हुई कि वह रुककर बच्ची को देखे, उसे सहारा दे। तभी ठेला लेकर उधर से गुजरते हुए ठेलेवाले की उस बच्ची पर नजर गई और वह तुरंत ठेला लगाकर उसके पास गया। उसने उसे सहारा देकर गद्दा बिछाकर बिठाया। जब उसे होश आया तो उसने अपने स्कूल के सहकर्मियों को फोन करके बुलाया। वह ठेला चालक गरीब ही नहीं, अपढ़ भी था। मुजफ्फरनगर के नर-संहार के बीच यह समाचार भी जीवन-सत्य-'सवार ऊपरि मानुष तहार ऊपरे नाई' को ही प्रमाणित करता है-RIOT-HIT MUSLIMS FIND SOLACE IN HINDU VILLAGE : THE TELEGRAPH MONDAY, 03 FEB, 2014 पालदा ग्राम के हिन्दुओं ने हसन और दूसरे सौ मुसलमानों की दंगाई हिन्दूवादियों के हमलों से रक्षा की और ग्रामीणों ने कई सप्ताह और कई महीने तक उन्हें आश्रय दिया। पालदा के ग्रामीणों की करुणा और सज्जनता से प्रेरित होकर चार सौ पचास मुस्लिम परिवारों ने वहाँ भूखण्ड खरीदकर रहने का प्रबन्ध किया। जाट-समाज के साठ वर्षीय सम्मानित सदस्य रामसिंह ने अपनी दोनों बाँहें फैलाकर उनका गर्मजोशी के साथ स्वागत किया है। साम्प्रदायिक हिंसा की आग में जलने वाले इस कथित महान देश में रामसिंह जैसे लोग मनुष्यता की मशाल थामे दिखाई पड़ते हैं। तब फिर से सुन्दर, सुखी और श्रेष्ठ भारत के वे सपने हमारी आँखों में झिलमिलाने लगते हैं, जिन्हें देखते हुए खुदीराम बोस, भगत सिंह और अशफाक उल्लखाँ जैसे अनगिनत क्रान्तिकारियों ने फाँसी के फंदे को हँसते-हँसते चूम लिया था।

इसलिए जब कभी मेरे गांधीवादी मित्रों ने साबरमती आश्रम चलने का आमंत्रण दिया तो मैं सहम गया। गुजरात जाऊँ, जहाँ न अब गांधी की सत्य, अहिंसा और भाईचारे की कोई स्मृति शेष है और न ही उनकी मानवात्मा को आलोकित करनेवाले नरसिंह मेहता की कोई याद बाकी है? मुझे आज अपना सारा संघर्ष और सारा दुख दंगों में या दलित नर-संहार में मारे गये अथवा भूख के कारण या व्यवस्था की लापरवाही के कारण मृत लोगों के परिजनों की अन्तहीन यातना और अन्तर्वेदना के समक्ष अत्यन्त तुच्छ और मामूली जान पड़ता है। गुजरात के जूनागढ़ के तलाजा ग्राम में (प्राचीन नाम जीर्णदुर्ग) सम्वत् 1470 को जन्म लेने वाले महान वैष्णव सन्त नरसिंह मेहता जैसे मुझे आज भी पुकार-पुकार कह रहे हैं--बेटे! तुम्हारा मार्ग भी वही है, जो मेरा है और

सम्पूर्ण विश्व का भी मार्ग वही है; इससे विचलित हुए नहीं कि हाथ से सब कुछ गया। सुनो, मेरी आत्मा से निकली यह मेरी वाणी–

''वैष्णवजन तो तेने कहिए जे पीर पराई जाणे रे
पर दुःखे उपकार करे तोये, मन अभिमान न आणे रे।
सकल लोकमां सहने वंदे, निन्दा न करे केनीरे।।
वाच काछ मन निश्छल राखे, धन जन जननी तेनी रे
समदृष्टि ने तृष्णा त्यागी, परस्त्री जेने मात रे।
जिह्वा थकी असत्य न बाले पर–धन वन काले हात रे।।
मोह–माया व्यापे नहीं जेने, दृढ़ वैराग्य जेने मनमां रे।
राम–नामशुं ताली लागी, सकल तीर्थ तेना मनमां रे।।
बण लोभी ने कपट रहित छे, काम–क्रोध निर्वाया रे।
भणे 'नरसैंया' तेनं दरसन करतां, कुल एकोतेर तर्या रे।।''

❂❂❂